高等职业教育道路运输类专业系列教材

公路施工组织与概预算

GONGLU SHIGONG ZUZHI YU GAIYUSUAN

主　编　周庆华
副主编　焦　莉　李　艳
参　编　史　静　李晶晶

西安交通大学出版社
XI'AN JIAOTONG UNIVERSITY PRESS

图书在版编目(CIP)数据

公路施工组织与概预算 / 周庆华主编. — 西安：西安交通大学出版社，2024.6

ISBN 978-7-5693-2950-6

Ⅰ.①公… Ⅱ.①周… Ⅲ.①道路施工-施工组织-高等职业教育-教材 ②道路工程-概算编制-高等职业教育-教材 ③道路工程-预算编制-高等职业教育-教材 Ⅳ.①U415

中国版本图书馆 CIP 数据核字(2022)第 231962 号

书　　　名	公路施工组织与概预算 GONGLU SHIGONG ZUZHI YU GAIYUSUAN
主　　　编	周庆华
策 划 编 辑	曹　昳
责 任 编 辑	张　欣　曹　昳
责 任 印 制	张春荣　刘　攀
责 任 校 对	魏　萍
封 面 设 计	任加盟
出 版 发 行	西安交通大学出版社 (西安市兴庆南路1号　邮政编码 710048)
网　　　址	http://www.xjtupress.com
电　　　话	(029)82668357　82667874(市场营销中心) (029)82668315(总编办)
传　　　真	(029)82668280
印　　　刷	西安五星印刷有限公司
开　　　本	787 mm×1092 mm　1/16　印张　16.75　字数　348千字
版次印次	2024年6月第1版　2024年6月第1次印刷
书　　　号	ISBN 978-7-5693-2950-6
定　　　价	48.00元

如发现印装质量问题，请与本社市场营销中心联系。

订购热线：(029)82665248　(029)82667874

投稿热线：(029)82668804

版权所有　侵权必究

前　言

"公路施工组织与概预算"是高职交通运输与土建类专业的一门主干课程。随着我国对交通基础设施建设力度的加大，公路建设的迅猛发展对建设者施工组织的编制水平和工程成本控制的能力提出更高的要求。为了适应新形势下的新要求，本书在内容编排上凸显职业教育特色，秉承知识体系全面、理论够用、注重实践的理念，强调解决实际问题的能力，系统阐述了公路施工组织设计编制原理与概预算文件编制方法。

全书分为八个项目，主要内容包括：公路施工组织设计概述，公路施工部署与施工方案的制订，公路施工项目的时间组织，网络计划技术，资源需求计划的编制，公路施工平面图设计，公路工程定额，公路工程概算、预算文件编制。本书采用活页式教材的模式编写而成，书中选取岗位典型任务展开学习，每个任务后附有任务检验和任务训练单，同时书中还对本课程涉及的思政元素进行系统梳理，形成每个任务的思政目标，强调德育培养，凸显德技兼修的培养目标。

本书依据《工程网络计划技术规程》(JTJ/T 121—2015)、《高速公路施工标准化技术指南》、《公路工程建设项目概算预算编制办法》(JTG 3830—2018)、《公路工程预算定额》(JTG/T 3832—2018)、《公路工程机械台班费用定额》(JTG/T 3833—2018)等行业最新技术标准、规范和技术指南编写，并与相应的职业资格标准衔接。

本书由陕西交通职业技术学院周庆华担任主编，陕西交通职业技术学院焦莉、李艳担任副主编，史静、李晶晶和中交第一公路勘察设计研究院有限公司吉军鹏参与编写。具体人员及分工为周庆华编写项目一任务1.1、项目四和项目七，李晶晶编写项目二和项目六任务6.2，李艳编写项目三和项目八任务8.1到任务8.5，焦莉编写项目五，史静编写项目一任务1.2和项目六任务6.1，吉军鹏编写项目八任务8.6。

在编写本书时，参考了相关著作和文献资料，在此谨向原作者表示感谢！书中的教学视频选自道路桥梁工程技术专业资源库建设课程《公路施工组织与概预算》和省级在线精品课程《铁路施工组织与概预算》，谨向两个课程团队的老师表示感谢！由于编者水平有限，书中难免有缺点和疏漏，敬请各位读者批评指正。

编者

2023 年 9 月

目　录

项目1　公路施工组织概述 ……………………………………………（ 1 ）
　任务1.1　认知公路工程基本建设 …………………………………（ 1 ）
　任务1.2　认知公路施工组织设计 …………………………………（ 10 ）

项目2　公路施工部署与施工方案的制订 …………………………（ 34 ）
　任务2.1　认知公路施工部署 ………………………………………（ 34 ）
　任务2.2　公路施工方案的制订 ……………………………………（ 37 ）

项目3　公路施工项目的时间组织 …………………………………（ 40 ）
　任务3.1　施工过程的时间组织方式 ………………………………（ 40 ）
　任务3.2　流水施工组织原理 ………………………………………（ 46 ）
　任务3.3　认识施工进度计划图 ……………………………………（ 65 ）

项目4　网络计划技术 ………………………………………………（ 70 ）
　任务4.1　认知网络计划技术 ………………………………………（ 70 ）
　任务4.2　双代号网络计划图的绘制 ………………………………（ 73 ）
　任务4.3　双代号网络计划技术时间参数计算 ……………………（ 81 ）
　任务4.4　时间坐标网络计划图的绘制 ……………………………（ 91 ）
　任务4.5　单代号网络计划图绘制及时间参数计算 ………………（ 95 ）
　任务4.6　网络计划的优化 …………………………………………（ 102 ）

项目5　资源需求计划的编制 ………………………………………（ 112 ）
　任务5.1　认识资源需求计划 ………………………………………（ 112 ）
　任务5.2　劳动力需求计划编制 ……………………………………（ 114 ）
　任务5.3　材料需求计划编制 ………………………………………（ 123 ）

任务 5.4　施工机具与设备需求计划编制 …………………………………………（134）

项目 6　公路施工平面图设计 …………………………………………………………（143）
　　任务 6.1　施工平面图设计 ………………………………………………………（143）
　　任务 6.2　重点工程施工平面图设计 ……………………………………………（148）

项目 7　公路工程定额 …………………………………………………………………（156）
　　任务 7.1　认识公路工程定额 ……………………………………………………（156）
　　任务 7.2　认识定额体系 …………………………………………………………（161）
　　任务 7.3　公路工程预算定额的运用 ……………………………………………（167）

项目 8　公路工程概算、预算文件编制 ……………………………………………（184）
　　任务 8.1　公路工程概算、预算基础知识 ………………………………………（185）
　　任务 8.2　建筑安装工程费的计算 ………………………………………………（190）
　　任务 8.3　土地使用及拆迁补偿费的计算 ………………………………………（217）
　　任务 8.4　工程建设其他费用的计算 ……………………………………………（219）
　　任务 8.5　预备费及建设期贷款利息 ……………………………………………（229）
　　任务 8.6　概算、预算文件编制实例 ……………………………………………（232）

参考文献 ………………………………………………………………………………（262）

项目 1
公路施工组织概述

学习目标

(1) 了解公路工程基本建设的定义和内容；
(2) 掌握公路工程基本建设的组成；
(3) 熟悉公路工程基本建设的程序；
(4) 熟悉施工组织设计文件的内容；
(5) 了解施工组织设计文件的编制步骤。

思政目标

(1) 理解公路建设的战略意义，提升职业自豪感，树立"交通强国"的理想信念；
(2) 理解编制公路施工组织设计文件的目的和作用，体会建设过程精心设计、科学筹划、优化管理的重要意义，从而提升工作责任心和使命感；
(3) 体会公路施工组织设计文件编制过程的规范性和严谨性，培养科学、认真的工作态度。

任务 1.1　认知公路工程基本建设

任务描述

作为公路建设项目的参与者，需要准确认识公路工程基本建设项目。要求了解公路基本建设的定义、内容，掌握公路基本建设项目的组成，熟悉公路工程基本建设的程序，从而树立"交通强国"的理想信念和严谨认真的工作态度。

知识储备

一、公路建设的含义及内容

公路运输生产离不开公路路线、桥涵、隧道等生产资料。公路建设是为公路运输生产提供或更新诸如路线、桥涵、隧道等固定资产的行为活动。公路建设的内容，按其任务与分工不同可分为以下三方面。

1. 公路工程小修、保养

公路工程构造物在长期使用过程中，受到行车和自然因素的作用而不断损坏，只有通过定期和不定期的维修保养，才能保证固定资产的正常使用，保持运输生产不间断地进行，使原有生产能力得到维持。所以，公路工程小修、保养是实现固定资产简单再生产的重要手段之一。

2. 公路工程大修、中修与技术改造

由于受到材料、结构、设备等多方面的制约，公路各组成部分具有不同的寿命。尽管固定资产经过维修，但是也不可能无限期地使用下去，到一定年限某些组成部分就会丧失功能，这时就需要进行固定资产的更新工作。公路工程大修、中修这种固定资产的更新，一般是与公路的技术改造相结合进行的（如局部改线、改造不合标准路段、提高路面等级等）。通过这种更新与技术改造来提高公路的通行能力，实现固定资产简单再生产和部分扩大再生产。

3. 公路工程基本建设

为了适应生产和流通发展的需要，通过公路工程基本建设，经勘察、设计和施工以及有关的经济活动等，将一定建筑材料按设计要求与技术标准使用机械设备建造成公路构造物，实现固定资产扩大再生产，达到不断扩大公路运输能力的目的。

二、公路基本建设的特点

公路是呈线形分布的人工构造物，里程长、结构复杂，与其他工业产品相比具有以下特点。

1. 施工周期长

公路工程建设规模大，施工工序复杂，需要较长时间地占用各种资源，直至整个施工结束。在建设过程中，必然耗费大量人力、物力和财力，同时建设中还要受到工艺流程和施工程序的制约，使各专业、各工种间必须按照合理的施工顺序进行配合，从而导致施工周期长。

2. 施工流动性大

公路工程的产品都是固定性的构筑物，各类工作人员及各种机械和材料都要按一定的顺序进场施工，任务完成之后，再按一定的顺序转移到另一个工地。这种施工的流动性会增大资源调配的难度。

3. 受自然因素影响大

公路工程施工大部分是露天作业，受气候、水文、地形等自然因素影响很大，这些都会给工程施工造成很大难度，同时也增加了使用阶段的维护费用。

4. 施工管理工作量大

公路工程因技术等级及工程所处的地理环境不同，公路的组成结构也千差万别，复杂多样。不仅每个工程要单独设计、单独施工，同时还需要勘察设计、施工、监理、造价咨询、消防、环境保护、材料供应等多家单位通力合作才能完成。因此，施工管理的工作量很大。

三、公路基本建设项目的组成

每项基本建设工程，就其实物形态来说，都由许多部分组成。为了便于编制各种基本建设的施工组织设计和概预算文件，必须对每项基本建设工程进行项目划分。基本建设工程可依次划分为基本建设项目、单项工程、单位工程、分部工程和分项工程。

（1）基本建设项目，简称建设项目或基建项目，一般是指有独立的总体设计，经济实行独立核算，行政上具有独立组织形式的建设项目。如交通运输建设方面的一条公路、一条铁路、一个港口，工业建设方面的一个矿井、一个工厂，文教卫生建设方面的一所学校、一个医院等。

（2）单项工程，又称建设项目，是指具有独立的设计文件、竣工后可以独立发挥生产能力或效益的工程，如某公路建设项目中的一段路线（合同段）或某独立大、中桥梁工程，某隧道工程等。

（3）单位工程，是单项工程的组成部分，一般指不能独立发挥生产能力（或效益），但具有独立施工条件的工程。如某隧道单项工程，可分为土建工程、照明和通风工程等单位工程；一条公路中的一段路线（合同段）作为单项工程，其范围内的路基工程、路面工程、交通安全设施等都可以作为一个单位工程。

（4）分部工程，是单位工程的组成部分，一般是按照单位工程中的主要结构、部位来划分的。如每个合同段的路基工程包含路基土石方工程、排水工程、小桥工程、涵洞工程等各个分部工程。

（5）分项工程，是分部工程的组成部分，是按照工程的不同结构、不同材料和不同施工方法等因素划分的，如分部工程中的路基土石方工程包含土方路基、石方路基、软土地基等分项工程。它是建筑安装工程的一种基本构成因素，是为了组织施工以及为确定建筑安装工程造价而设定的一种产品。关于公路建设项目的组成可参阅《公路工程质量检验评定标准 第一册 土建工程》(JTG F80/1—2017)。

公路基本建设项目的组成，如图1-1所示。

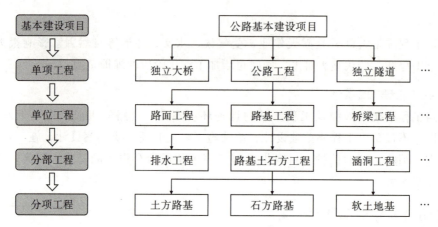

图1-1　公路基本建设项目组成示意图

四、公路基本建设程序

工程建设程序是指建设项目从构想、选择、评估、决策、设计、施工到竣工验收、投入生产等整个建设过程中，各项工作必须遵循的先后次序。按照建设项目发展的内在联系和发展过程，建设程序可分为若干阶段，具体的建设程序如图1-2所示。这些发展阶段有严格的先后次序，不能任意颠倒。

1. 编制项目建议书

根据国民经济发展的长远规划和公路网建设规划，提出项目建议书。项目建议书既是进行各项前期准备工作的依据，又是可行性研究的基础。它应对拟建项目的目的、要求、主要技术指标、原材料、投资估算及资金来源等提出文字说明。

2. 工程可行性研究

公路建设项目可行性研究是在对拟建工程所在地区社会、经济发展和公路网状况进行充分调查研究、评价、预测和进行必要的勘察工作的基础上，对项目建议的必要性、经济合理性、技术可行性、实施可能性，提出综合性研究论证报告。

可行性研究按工作深度分为预可行性研究和工程可行性研究两个阶段。预可行性研究应重点阐明建设项目的必要性，通过踏勘和调查研究，提出建设项目的规模、技术标准，进行简要的经济效益分析。工程可行性研究应通过必要的测量、地质勘探（大桥、隧道及不良地质地段等），在认真调查研究、拥有必要资料的基础上，对不同建设

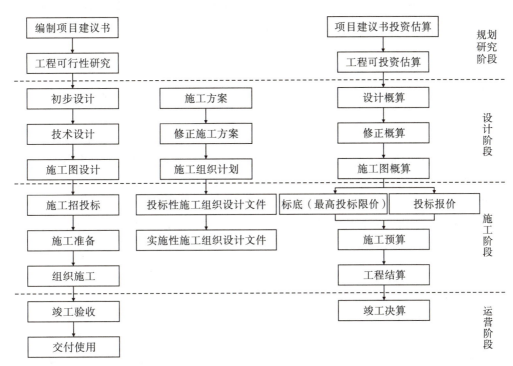

图1-2 公路基本建设项目的程序

方案在经济上、技术上进行综合论证,提出推荐建设方案。审批后的工程可行性研究报告为初步设计的依据。

3. 设计工作阶段

公路工程基本建设一般采用两阶段设计,即初步设计和施工图设计。对于技术简单、方案明确的小型建设项目,可采用一阶段设计,即施工图设计;对技术复杂而又缺乏经验的建设项目或建设中个别路段、特殊大桥、互通式立体交叉、隧道等,必要时采用三阶段设计,即初步设计、技术设计和施工图设计。

1)初步设计

初步设计应根据批准的可行性研究的要求和初测资料,拟订修建原则,选定设计方案,计算主要工程数量,提出施工方案意见,编制设计概算,提供文字说明和图表资料。初步设计文件经审查批准后,是国家控制建设项目投资及编制施工图设计文件或技术设计文件的依据,并且是订购或准备主要材料、机具设备,安排重大科研项目,筹划征用土地及控制项目投资的依据。

2)技术设计

技术设计应根据已批准的初步设计和补充初测,对重大、复杂的技术问题通过科学试验、专题研究,加深勘探调查及分析比较,解决初步设计中未能解决的问题,进一步落实各项技术方案,计算工程数量,提出修正的施工方案,编制修正设计概算。批准后的技术设计文件将作为施工图设计的依据。

3)施工图设计

一阶段施工图设计应根据批准的可行性研究和定测资料,拟定修建原则,确定设计方案和工程数量,提出文字说明和图表资料及施工组织计划,编制施工图预算,满足审批的要求并能适应施工的需要。

二阶段(或三阶段)施工图设计应根据批准的初步设计(或技术设计)和定测(或补充初测)资料,进一步对所审定的修建原则、设计方案、技术决定加以具体和深化,最终确定工程数量,提出文字说明和适应施工需要的图表资料以及施工组织计划,编制施工图预算。

设计文件必须由具有相应资质的公路勘察设计单位编制,其编制和审批应按交通运输部现行《公路工程建设标准管理办法》办理。

4. 列入年度基本建设计划、开展施工招投标

当建设项目的初步设计和概算经上报批准后,才能列入国家基本建设年度计划。建设单位根据颁布的国家年度基本建设计划,按照批准的可行性研究报告和设计文件,编制本单位的年度基本建设计划,报经批准后,再编制物资、劳动、财务计划。这些计划分别经过主管机关审查平衡后,作为国家安排生产、宏观调控物资和财政拨款或贷款的依据,并通过招标或其他方式落实施工和监理单位。

5. 施工准备

为了保证施工的顺利进行,在施工准备阶段,建设单位、勘测设计单位、施工单位、监理单位和建设银行均应在自己的职责范围内,针对施工要求充分做好各项准备工作。如建设主管部门应根据计划要求的建设进度,组建专门的项目管理机构,办理登记及拆迁,做好施工沿线有关单位和部门的协调工作,抓紧配套工程项目的落实,提供技术资料,落实材料、设备的供应。勘测设计单位应按照技术资料供应协议,按时提供各种图纸资料,做好施工图纸的会审及移交工作。施工单位应组织机具、人员进场,进行施工测量,修筑便道及生产、生活等临时设施,建立试验室,组织材料、物资采购,熟悉图纸的要求,编制实施性施工组织设计和施工预算,提出开工报告等。

6. 组织施工

施工单位应遵照施工程序合理组织施工,施工过程严格按照设计要求和施工规范,确保工程质量和安全施工。应推广应用新技术,努力缩短工期,降低造价,同时做好施工纪录,建立技术档案。施工组织应确保工程进度、施工质量和项目成本三者的协调和统一。

7. 竣工验收、交付使用阶段

基本建设项目竣工验收是工程建设阶段的最后一道程序,也是项目转入生产和使用阶段，发挥投资效益的标志，是一项严肃和细致的工作，必须按照《关于基本建设项目竣工验收暂行规定》和《公路工程竣工验收办法》的要求，认真负责地对全部基本建设工程进行总验收。竣工验收包括两部分内容：一是工程技术验收；二是工程资金决算。

全部基本建设工程经验收合格后，应立即移交给生产部门正式使用。在验收时，对遗留问题、存在问题要明确责任，确定处理措施和期限。

8. 建设项目后评价

建设项目后评价是指建设项目竣工验收合格后，正式投产并达到设计生产能力后对项目进行的再评价，是项目管理的延伸。这次再评价与可行性研究报告阶段的前评价前后呼应，通过对项目的立项阶段、设计施工、竣工投产、生产运营等全过程的再一次技术经济分析，来检测项目实施所取得的实际效果与预期效果的偏差，总结投资项目管理经验，为今后的项目决策和投资计划、政策的制定提供依据。

任务检验

一、填空题

1. 按照任务和分工不同，公路建设主要分为＿＿＿＿＿、＿＿＿＿＿和＿＿＿＿＿三个方面。

2. 为了便于编制各种基本建设的施工组织设计，基本建设工程可依次划分为＿＿＿＿＿、＿＿＿＿＿、＿＿＿＿＿、＿＿＿＿＿和＿＿＿＿＿。

3. 技术复杂的公路建设项目在设计阶段必要时需采用三阶段设计，即＿＿＿＿＿、＿＿＿＿＿和＿＿＿＿＿。

4. ＿＿＿＿＿是建筑安装工程的一种基本构成因素，是为了组织施工以及为确定建筑安装工程造价而设定的一种产品。

二、选择题

1. 以下描述中，（　　）不属于公路建设的特点。
   A. 施工周期长　　　　B. 施工流动性大　　　　C. 受自然因素影响大
   D. 施工管理工作量大　　E. 新工艺更新迅速

2. 具有独立的设计文件、竣工后可以独立发挥生产能力或效益的工程是（　　）。
   A. 基本建设项目　　　　　　　　B. 单项工程
   C. 单位工程　　　　　　　　　　D. 分部工程

3. 按照公路基本建设项目组成的划分方法，某合同段的路基工程是（　　），其中土石方工程是（　　），土方路基是（　　）。
   A. 基本建设项目　　　B. 单项工程　　　　　　C. 单位工程
   D. 分部工程　　　　　E. 分项工程

4. 公路建设项目施工图设计阶段的主要任务,包括提出文字说明和图表资料及(　　),编制(　　)。
　　A. 施工方案　　　　　　B. 施工组织计划　　　　　C. 施工组织设计
　　D. 设计概算　　　　　　E. 施工预算　　　　　　　F. 施工图预算

任务训练单

学习任务1.1　认知公路工程基本建设　　姓名＿＿＿＿　　班级＿＿＿＿
任务训练1：绘制公路基本建设项目的流程图。
任务训练2：在公路建设项目流程图上标出不同阶段编制的施工组织文件、计价文件。

建设流程　　　　施工组织文件　　　　计价文件

任务1.2　认知公路施工组织设计

 任务描述

作为公路建设项目的施工管理人员,需要全面认知公路施工组织的研究对象、类型和组成内容。本任务单元通过分析公路施工组织设计的案例,要求了解公路施工组织的研究对象,掌握施工组织设计文件的类型、组成内容以及编制步骤,同时体会建设过程精心设计、科学筹划、优化管理的重要意义,从而提升工作责任心和使命感。

 案例引入

本任务单元中选用四川省成洛大道(东延线)工程的实施性施工组织设计作为教学案例,案例内容详见后文,要求结合案例内容,详细分析施工组织文件的组成,实现学习任务目标。

 知识储备

一、公路施工组织的对象和目的

公路施工组织是研究公路建筑产品(一个建设项目或单位工程)生产(即施工)过程中诸要素合理组织的学科。即如何认真贯彻国家现行技术、经济政策和法令,从工程的全局出发,按照施工的客观规律和施工现场的实际情况,统筹考虑施工过程的人力、材料、机械、资金等诸多因素后,对整个工程的统筹计划和安排。它既是指导施工、编制施工作业的依据,也是施工组织管理的总纲领和总部署,对指导、管理施工的全过程具有十分重要的意义。

施工组织的目的,是使工程建设在一定时间和空间内,实现有组织、有计划、有秩序的施工,以期达到工程施工相对的最优效果,即在时间上耗时少——工期短,质量上精度高——功能好,经济上资金省——成本低。

二、公路施工组织设计的分类

1. 按编制对象的不同分类

(1)施工组织总设计。施工组织总设计是以一个施工项目为编制对象,用以指导整个工程项目施工全过程的各项施工活动的综合技术经济性文件。施工组织总设计一般在初步设计或扩大初步设计被批准之后,在总承包单位的总工程师主持下进行编制。

(2)单位工程施工组织设计。单位工程施工组织设计是以一个单位工程为对象,用以指导其施工全过程的各项施工活动的综合性技术经济文件。单位工程施工组织设计一般在施工图设计完成后,在拟建工程开工之前,在工程处的技术负责人主持下进行编制。

(3)分部(分项)工程施工组织设计。一般对工程规模大、技术复杂或施工难度大的建筑物,在编制单位工程施工组织设计之后,需要对某些重要的又缺乏经验的分部(分项)工程再深入编制施工组织设计,例如,深基础工程、地下防水工程等,由单位工程的技术人员负责编制。

(4)特殊施工组织设计。在某些特定情况下,还需要编制特殊施工组织设计,如:

①某些特别重要和复杂,或者缺乏施工经验的分部分项工程,如复杂的桥梁基础工程、隧道施工中的锚喷工程等。

②对一些特殊条件下的施工,如严寒、雨季、沼泽地带和危险地区等,需要采取一些特殊的技术措施,有必要专门编制施工组织设计,以保证施工的进行和质量要求以及人员的安全。

③某些施工时间较长的项目,即跨越几个年度的项目,在编制施工组织总设计时,不可能准确预见到以后年度各种施工条件的变化,这时有必要编制年度的项目施工组织总设计,用以指导施工。

2. 按设计与施工阶段不同分类

按照公路基本建设程序的要求,在工程设计、施工的各个阶段都必须编制相应的施工组织设计。准确地说,施工组织设计文件不是一个单独的文件,它是各阶段施工组织设计文件的总称。施工组织设计文件的分类如图1-3所示。

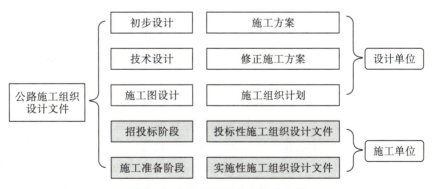

图1-3 施工组织设计文件的分类

(1)施工方案。施工方案是在初步设计阶段由设计单位负责编制,它是根据初步设计资料,在综合分析人工、材料、机械资金等诸多要素后,将施工方法、施工顺序、时间组织、空间组织等总体设想以文件形式汇总而成的。施工方案主要由施工方案说明，人工、主材及机具设备安排表，工程概略进度图，临时工程一览表组成。

(2)修正施工方案。修正施工方案是在技术设计阶段由设计单位负责编制的施工组织文件，它是根据初步设计的审查意见修改编制的，编制深度和内容比施工方案更详细、更具体。

(3)施工组织计划。施工组织计划是施工图设计阶段提交的文件，其内容比施工方案、修正施工方案更详细、更具体。施工组织计划主要由说明、工程进度图、主材及机具设备计划表、临时工程数量表、公路临时用地表、重点工程施工进度图及平面图组成。

(4)竞标性施工组织设计文件。竞标性施工组织设计是施工单位用于工程投标所编制的施工组织设计。它是投标文件中的必备文件，是中标后承包合同的重要组成文件。竞标性施工组织设计的内容、文件组成，通常与设计阶段的施工组织计划相似，但为满足招标文件的要求，应增加如下内容：施工单位、施工项目组织管理框架、人员组成、分工及法人代表、质量自检体系、人员和试验设备配备清单、施工安全和环境保护措施等。

(5)实施性施工组织设计。实施性施工组织设计是施工单位在施工准备阶段，根据设计图纸、野外调查资料及本单位的施工条件而编制的施工组织设计。其内容虽与施工组织计划相似，但却是上述各阶段施工组织设计中内容最详细、最具体、最可行的施工组织设计。

综上所述，公路建设项目从设计到施工，从施工方案到实施性施工组织设计，各阶段的施工组织设计彼此既是独立的又是相互联系的。其中前面的是后面的基础，后面的是前面的深入和细化。

三、公路施工组织设计的内容

与其他几种施工组织文件相比，实施性施工组织设计内容最为全面，设计最为具体，对各分项工程各工序和各施工队都要进行施工进度的日程安排和具体操作的设计。其主要内容一般包括以下内容。

(1)编制说明。对所编制的施工组织设计简略概要的介绍。

(2)编制依据。一般包括所涉及的国家和行业标准、规范和规程；与施工组织及管理工作有关的政策规定、环境保护条例，上级部门对施工的有关规定和工期要求等；工程招标文件、工程投标书、工程设计文件和设计图纸，与业主签订的施工合同文件；现场调查资料或报告；企业质量管理体系、环境管理体系和职业健康安全管理体系文件；定额及概预算资料等。

(3)工程概况。工程项目的主要情况，如工程性质、工程位置、工程规模、结构形式、技术标准、总工期、主要工程数量等；地形地貌、气象、水文和地质等自然条件；

资源供应情况，交通运输及水电等施工现场条件和技术经济条件；工程施工的特点和难点分析；合同特殊要求等。

（4）施工总体部署。一般包括：施工管理机构，项目目标，施工段及项目划分，施工顺序等。

（5）主要分部分项工程的施工方案。

（6）施工进度计划。

（7）资源供需计划。一般包括：劳动力需求计划、材料供需计划、机械设备需求计划等。

（8）施工平面布置。

（9）季节性施工保证措施。工程在冬季和雨季施工时，由于气候原因可能会造成施工中断，因此有必要制订相应的施工技术措施，以保证工程的质量、安全及施工的连续性。对缺水、风沙、高原、严寒、台风、潮汐等特殊地区的施工，也要根据其特殊性有针对性地制订专门的技术组织保证措施。

（10）质量、安全、职业健康、环境保护、文明施工等方面的保证措施。

四、施工组织设计编制程序

施工组织设计的编制应遵循一定的程序，要依据施工时的具体条件，按照施工的客观规律协调处理好各环节的关系、用科学的方法进行编制。

1. 一般的编制程序

（1）分析设计资料，了解工程概况，进行调查研究。掌握原始资料、熟悉编制依据是编制施工组织设计的需要。编制人员应充分了解工程概况，对施工对象的特点、重点和难点进行深入调查研究，全面理解设计意图，做到心中有数，为编制好施工组织设计打好基础。

（2）提出施工部署，选择施工方案，确定施工方法。工程施工不论规模大小都要根据可能的施工条件做出整体部署，在确保工期和工程质量的前提下对各单项施工的顺序进行总体安排。选择能保证施工部署顺利实现的施工方案，确定从宏观上控制工程进度的施工方法。

（3）分施工阶段，安排工艺流程，编制工程进度。根据施工部署，按照确定的施工方法划分施工阶段，具体安排各单项工程施工的工艺流程，计算其工程数量和施工作业的持续时间。编制工程进度图，安排的竣工日期不得超过建设计划规定的工期。

（4）计算资源需求，编制资源计划，调整工程进度。根据编制的初步工程进度图，计算人工、材料、机具在施工期间的动态需求量，编制人工、主要材料和主要机具计划表，如超出实际所能供应量，应对工程进度图进行适当调整。

（5）编制临时计划，组织工地运输，布置施工平面。临时设施包括临时生产、生活设施，临时供水、供电、供热计划等。便道、便桥、预制场等临时生产设施按施工的实际进度和需要编制计划。临时生活设施应能保证施工高峰期施工人员的生活需要。

施工现场需要大量外购材料，合理的运输组织既要满足工程进度对材料的需用量，又要有适当的储备。运输、使用、储备三者之间应保持恰当的比例，以减少临时仓库的规模。

施工场地与施工条件各地不同，因地制宜布置的施工平面应综合考虑施工需要、安全、环境等因素。

(6)计算经济指标，编写施工组织设计说明。主要的技术经济指标有工期劳动生产率、质量安全机械化作业程度、工程成本、主要材料消耗等。这些指标与相近或类似的工程对比，就能反映施工组织设计的技术经济效果。

施工组织设计编制完成后要对其内容加以说明。

以上的编制步骤是相互关联的，需要反复调整才能得到最优方案。图1-4所示为公路施工组织设计的编制流程，但在不同的施工组织设计阶段，实际的编制程序会调整。

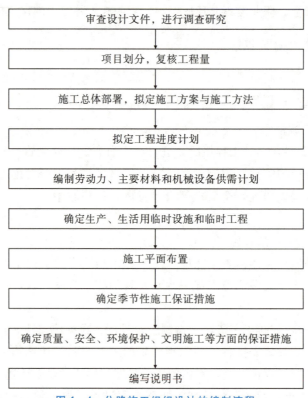

图1-4 公路施工组织设计的编制流程

2. 编制公路施工组织设计的注意事项

施工组织设计关系到技术、经济、管理、政策等诸多方面。在编制过程中应认真处理好以下几点，才能使施工组织设计对工程施工起到真正的指导作用：

(1)根据工程的特点集中力量解决好施工中的主要矛盾。

(2)认真细致地安排好工程项目的施工次序。施工组织设计要解决各项工程的施工先后顺序和相互搭接的关键问题，合理调整施工次序来保证重点工程施工。

(3)施工展开的行进方向应注意技术物质和生活资料的补给，为工地运输创造条件。

(4)留有余地，便于调整。公路工程影响施工的因素很多，特别是偶然性因素的影响更大。施工组织设计在执行过程中会出现各种无法预见的问题，这就要求编制的施工组织设计能根据现场发生的意外情况进行修改、调整、补充，以确保工程进度计划的实现。

五、实施性公路施工组织设计实例

公路施工组织设计可分为投标性施工组织设计和实施性施工组织设计。本例编制的是四川省成洛大道东延线工程的实施性施工组织设计。（为适应教学要求，下文对原工程施工组织设计文件作了适当的简化。）

(一)工程概况

成洛大道东延线位于成都市龙泉驿区东北部，路线起于成洛大道终点，经泉水沟，采用洛带古镇隧道穿过鲤鱼村，在三道拐出隧道，经过大石村钟家老房子，过石板沟进入将军顶隧道。在大湾村三组李家湾出隧道后，沿沟谷东北侧坡地行进。于大兰跨过无粮湾，沿河谷东北侧坡地继续前行，在罗家湾花庙子附近接上五福大道金堂段终点。

本项目主线方案起点位于已建成的成洛大道终点处，东止于正在修建的五福大道金堂段终点。起讫桩号为 K0+500～K11+555.576，全长 11.056 km。项目共设大桥 408 m/3 座，涵洞(通道)27 座，长隧道 4924 m/2 座，隧道管理区 1 处与养护工区 1 处合并设置，其余部分均为路基。

临时工程共设置了 15 处改移道路(G1～G15，其中 G3K 为分离式立交，以桥梁形式上跨主线，分离式立交桥长 106 m)，涵洞 6 道，改移道路总长 4.264 km，路基宽度为 4.5 m、7.0 m 和 7.5 m。

1. 地理位置及气象水文

成洛大道东延线起点段(K0+500～K2+000)位于龙泉驿区洛带镇，属龙泉山西部，为成都平原向低山过渡的丘陵区；K2+000～K11+555.576 由西至东方向经过龙泉低山地带。本项目区海拔高度 460～921.6 m，切割深度约 200～510 m，线路经过境内最高峰为将军顶，海拔 921.6 m。

项目区位于成都平原东部和川中丘陵西缘，属我国亚热带季风气候区。气候温和，四季分明，雨量充沛，湿度大、云雾多。日照少，平均风速小，无霜期长，大陆性季风气候显著,多年日平均气温 16.6 ℃,年平均降雨量 920.5 mm,雨量较为丰富;年均日照时数为 1268.7 h,属全国日照低值区之一。风向夏季多偏南风,冬季多偏北风。年平均风速为 1.1 m/s,最大风速为 15 m/s。

区内主要地质构造是龙泉山褶皱带和龙泉山次生断裂带。该线路曲线内沿线不良地质为滑坡,沿线特殊岩土为石膏层。

2. 主要技术指标

公路等级:双向 4 车道一级公路。

设计速度:60 km/h。

路基宽度:整体式路基宽度 23 m,分离式路基宽度 11.25 m。

汽车荷载等级:公路—Ⅰ级。

最小曲线半径:设计值 200 m。

最大纵坡:6%。

3. 主要工程项目及数量

(1)路基工程。路基工程数量表如表 1-1 所示。

表 1-1　路基工程数量表

序号	项目	单位	数值	序号	项目	单位	数值
1	路基清表	万 m³	12.44	8	防护 C20 混凝土	万 m³	0.96
2	挖土方	万 m³	17.85	9	M7.5 浆砌片石	万 m³	0.55
3	石方开挖	万 m³	96.70	10	客土喷播植草	万 m²	11.1
4	土方回填	万 m³	14.73	11	三维植被网	万 m²	4.127
5	石方回填	万 m³	61.36	12	排水 C20 混凝土	万 m³	1.07
6	冲击碾压	万 m³	10.31	13	钢筋	t	150
7	特殊路基处理	万 m³	19.28	14	土工格栅	万 m²	13.81

(2)路面工程。路面工程数量表如表 1-2 所示。

表 1-2　路面工程数量表

序号	项目	单位	数值	序号	项目	单位	数值
1	沥青混凝土路面	万 m²	12.49	5	水泥稳定类基层	万 m²	13.37
2	路面垫层	万 m²	14.83	6	黏层油	万 m²	24.99
3	碎石垫层	万 m²	14.83	7	透层油	万 m²	13.36
4	20 cm 3.5%水泥稳定底基层	万 m²	13.84	8	水泥混凝土基层 26 cm	万 m²	7.7

(3) 桥涵工程量。桥涵工程数量表如表 1-3 所示。

表 1-3 桥涵工程数量表

序号	项目	单位	数值	序号	项目	单位	数值
1	水泥混凝土	万 m³	12600	4	圆管涵	m	239.5
2	钢筋	t	1933	5	盖板涵	m	806.4
3	钢绞线	t	156.24				

(4) 隧道工程。隧道工程数量表如表 1-4 所示。

表 1-4 隧道工程数量表

序号	项目	单位	数值	序号	项目	单位	数值
1	土石方开挖	万 m³	94.28	6	型钢	t	5677.32
2	喷射混凝土	万 m³	6.54	7	EVA 防水板	万 m²	29.28
3	模筑混凝土	万 m³	21.26	8	无纺布	万 m²	29.29
4	钢筋	t	4456.02	9	波纹管	万延米	4.63
5	锚杆	万延米	175.04				

4. 总工期

本项目为中国水电建设集团投资 BT+EPC 项目，工期 36 个月。

(二) 施工总体安排

1. 施工总平面布置

项目共建 1 个预制场、5 个钢木加工厂和 5 个混凝土拌和站，本着少占地和方便施工的原则进行施工场地布置，具体布置情况参见《施工总平面布置图》。

2. 预制梁场

项目桥梁工程共有 130 片 30 m T 梁和 4 片 25 m 箱梁，其中预应力箱梁为现浇梁。T 梁预制场设置在主线路基上，中心桩号 K8+650，长 310 m，面积 7130 m²。从小桩号向大桩号方向依次为制梁区、存梁区。预制场内设胎座 6 座，配备 50 t 龙门吊 2 座。存梁区配置 2 台 50 t 龙门吊移梁、存梁，场地全部硬化，按标准化建设要求建设布置，梁场布置图如图 1-5 所示。

3. 施工便道、便桥

施工中材料、设备进场通道可利用原有道路。由于本项目在龙泉山区与淮洛路及乡村公路有相互交叉。为保证原有道路的功能，并把既有乡村公路与本项目主线有效衔接起来，方便沿线的车辆上下本项目，共进行 15 处改移道路，将因本项目实施被阻断的道路衔接起来，并满足当地群众的生产、生活需要。

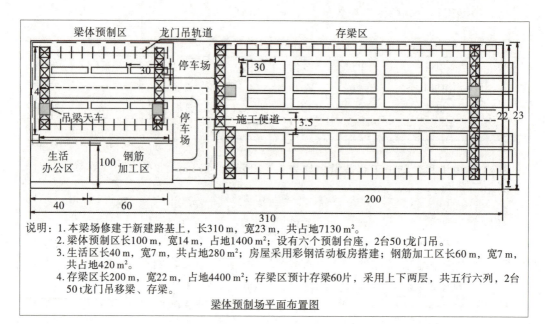

图 1-5 梁场布置图

4. 施工用电

生活区及预制场地，施工中考虑与当地电力部门联系，配备 5 台变压器。变压器配置是洛带古镇隧道进出口各一套 800 kV·A＋630 kV·A 的变压器；将军顶隧道进出口各一台 630 kV·A＋630 kV·A 的变压器。所有变压器适用范围为隧道洞内施工、拌和站、办公区、钢筋加工场和施工用电；生活用电和施工用电从洞口变压器接出后分开布置。路桥分部共设置 1 台 315 kV·A 箱变，供给生活、拌和站、预制场及桥梁施工用电。

5. 施工用水

全线工程用水资源较为丰富，主要为山涧溪水、地下水或自来水等。

6. 项目部组织机构

按照中国水电建设集团积极开拓非水电市场的要求，树立全新的建设管理理念，积极探索、深化 BT 项目的管理新模式，由中国水电建设集团路桥工程公司调派精兵强将，配备一流技术管理人才，建立一个精干高效的施工总承包部，全面负责本项目的施工管理工作。总承包部由 1 名总经理、1 名生产副经理、1 名安全总监、1 名项目总工程师和 1 名总经济师共 5 人组成项目领导班子；并设 7 个部门，即设计部、工程技术部、质量部、经营核算部、安全环保部、财务部和综合管理部，质量部作为试验室的归口管理部门。土建隧道工程分四个施工队，路桥涵分三个施工队；其余路面、机电、绿化和安全设施工均按一个施工队进行施工。

(三)施工组织设计方案

1. 路基工程

1)概况

本项目路基工程主要施工内容包括:路基清表、挖方路基、填方路基、结构物台背回填及特殊路基处理、路基边坡防护、排水和涵洞工程。

2)总体施工方案

(1)本项目路基的土石方明挖及填方工程量较大,分别为114.4万 m^3 和98.5万 m^3,根据沿线土石方分配情况和弃土场位置,路基分为三个施工队同时进行施工,具体划分如下。路基一队:K0+500~K2+035段。路基二队:K4+950~K6+040段。路基三队:K8+055~K11+555.776。各段落内路基防护及排水,涵洞工程也按三个作业队同时进行施工。

(2)路堤填筑开工前先进行试验路段施工,进行路基填筑作业等一系列试验,确定相关碾压参数。

(3)路堑开挖采取纵向分层、横向分台阶自上而下分级开挖,防护紧跟的施工方案。

(4)土石方运输采用PC320挖掘机装车、20 t自卸车运输的方法。

(5)填筑采用TY220推土机推料,PY190平地机整平,YZ22振动压路机碾压,碾压参数以试验段的试验数据为准。

3)工期安排

路基工程计划于2013年9月1日开工,2016年3月31日结束,共计31个月。

4)路基工程的机械设备

本项目路基工程的机械设备表如表1-5所示。

表1-5 本项目路基工程的机械设备表

序号	名称	规格型号	产地	数量/台(套)	性能	备注
1	挖掘机	PC320	日本	12	良好	
2	推土机	TY220	中国	7		
3	自卸汽车	KM1166G6		30		
4	振动压路机	YZ18		6		
5		YZ22		6		
6	冲击式压路机	YCT25		1		
7	平地机	PY190		6		
8	洒水车	东风		6		
9	柴油发电机	200 kW		2		
10	电焊机	BX6-125		8		
11	蛙式打夯机	HW20		8		
12	混凝土罐车	9 m^3		8		

5）路基工程人力资源配置

路基工程人力资源配置表如表1-6所示。

表1-6 路基工程人力资源配置表

序号	工种名称	人数	备注
1	施工负责人	3	施工队总负责
2	技术负责人	3	施工技术负责
3	质检工程师	3	
4	技术员	6	现场技术及资料
5	试验检测工程师	6	
6	材料员	3	
7	安全员	6	
8	普工	120	
9	爆破工	9	
10	砌筑工	24	
11	司机	18	
12	混凝土工	12	
13	模板工	12	
14	钢筋工	9	
15	电焊工	6	
合　计		240	

6）各分项工程施工方法与技术措施

(1)路基处理。路基采用TY220推土机、PC320挖掘机与20 t自卸汽车相配合对施工区域内的表层种植土进行全面清理，所清理的腐殖土运至与之较近的弃土场。路基填筑前，先要对不同路基原基使用不同施工工艺进行不同程度的处治，经验收合格后，进行下一步的施工。

(2)土方开挖。土方开挖时，先做好堑顶排水沟。深挖路堑要尽量避开雨季施工，开挖时要加强对边坡稳定性的监测，边坡及时清刷整修，加固及防护工程紧跟施工。路堑开挖方式要根据地形情况、土层产状等因素合理确定。

(3)石方开挖。本项目合同内石方开挖总量为96.7万 m^3，石方地段采用浅孔或深孔微差松动爆破，边坡采用光面爆破。对于全挖路堑地段，采用纵向浅层开挖，横向台阶布孔，中深孔松动控制爆破；对于高边坡半挖路堑，采用分层布孔，深孔松动控制爆破，上层顺边坡沿倾斜孔进行预裂爆破，下层靠边坡的垂直孔控制在边坡线以内。少量石方段和局部石方如侧沟、挡墙挖基、刷边坡等采用风动凿岩机造孔，浅孔松动控制爆破。

(4)路基填筑。正式施工前用路堤填料铺筑长度为200 m的试验路段，以确定合适的工艺和参数，试验段填筑结束后，经检测并经监理工程师批准后，采用经试验确定的配套设备、填筑厚度、碾压工艺制定施工作业指导书，按作业指导书进行路基正式填筑施工。

(5)排水工程。路基地表排水采用路堤边沟、平台截水沟、急流槽等形式。铺砌之前，对边沟、排水沟、急流槽和截水沟进行修整，确保线型顺畅，同时保证沟底和沟壁坚实平整，沟底标高及断面尺寸符合图纸要求。按设计要求进行基础处理，并夯压密实。

水沟开挖完放样后，模板采用钢模板，钢管支撑，混凝土采用商品混凝土，人工入仓，插入式振捣器振捣密实，覆盖洒水养生。浇筑时，先浇筑沟底，再浇筑侧壁。边沟预制盖板混凝土在就近的预制场集中预制，工程车运至施工现场，人工配合16 t吊车安装。

(6)路基的边坡防护。本地区每年的5月到9月为雨季，雨季时间较长，长时间降雨过后，易造成路基边坡的失稳。因此，在雨季到来之前及时做路基的边坡防护就显得尤为重要。路基边坡防护主要采取衡重式路肩挡土墙、拱形骨架护坡、正六边形骨架、客土喷播植草、三维网喷播植草等。

2. 路面工程

本项目主线路面的结构形式为"15 cm未筛分碎石垫层＋20 cm³ 5％水泥稳定碎石底基层＋34 cm 5％水泥稳定碎石基层＋粗粒式改性沥青7 cm(AC－25C)下面层＋5 cm中粒式改性沥青(AC－20C)中面层＋4 cm细粒式改性沥青(AC－13C)上面层"。

桥面铺装形式为"5 cm中粒式改性沥青(AC－20C)下面层＋4 cm细粒式改性沥青(AC－13C)上面层"。

隧道路面结构层为"26 cm强度不小于5 MPa的水泥混凝土下面层＋6 cm中粒式改性沥青(AC－20C)中面层＋4 cm细粒式改性沥青(AC－13C)上面层"。

1)施工安排

本项目路面基层分为路基和隧道两个作业面分别施工，路面沥青混凝土面层按一个作业面进行施工。

2)工期安排

路面工程计划于2015年9月1日开工，2016年5月31日结束，共计9个月。

3)路面工程机械设备

路面工程机械设备表如表1－7所示。

表1-7 本项目路面工程的机械设备表

序号	名称	规格型号	产地	数量/台(套)	性能	备注
1	推土机	TY220	中国	1	良好	
2	平地机	PY190		1		
3	振动压路机	YZ22		1		
4	钢轮压路机	XD121E	德国	1		
5	双钢轮压路机	DD15		1		
6	胶轮压路机	26 t	中国	2		
7	摊铺机	ABG423		1		
8	沥青撒布车	ZST-2000		1		
9	自卸汽车	KM1166G6		20		
10	洒水车	东风		2		

4)路面工程人力资源配置

路面工程人力资源配置表如表1-8所示。

表1-8 路面工程人力资源配置表

序号	工种名称	人数	备注
1	施工负责人	2	施工队总负责
2	技术负责人	2	路面施工技术负责
3	质检工程师	2	
4	技术员	4	现场管理及资料
5	试验检测工程师	4	
6	材料员	2	
7	安全员	4	
8	普工	20	
9	司机	20	
10	混凝土工	24	
11	模板工	10	
12	钢筋工	8	
13	电焊工	4	
	合计	106	

5)未筛分碎石垫层施工

15 cm 未筛分碎石垫层施工采用外购砂石料,由 20 t 自卸汽车运输至施工现场,用 TY220 推土机初平,PY190 平地机精平,一次性达到摊铺厚度,人工配合拣挑超粒径料,摊铺后的碎石基本均匀。经整平和整型后的未筛分碎石层,在全宽范围内采用 YZ22 振动压路机均匀振动碾压,凡压路机不能作业的地方,采用手扶式激振夯压实至规定的压实度。石料具体要求应符合《四川省高速公路施工标准化技术指南》(路基路面)中的相关要求。

6)水泥稳定碎石基层(底基层)施工

(1)试验段施工。经监理工程师批准后,在施工之前,选择 100 m 试验段进行施工,通过修筑试验段进行施工优化组合。修建试验段的具体任务是检验拌和、运输、摊铺、碾压、养生等所投入设备的可靠性,并检验混合料配合比设计是否满足设计要求和质量要求,检验各道工序的质量控制措施,测出施工用的生产配合比和松铺系数,确定一次施工长度和摊铺厚度,测定从拌和到碾压成型所需时间,从而确定施工方法。

(2)混合料拌和、运输。本项目稳定土混合料由商品混凝土站统一提供,运输至现场。

(3)混合料摊铺。水泥稳定碎石基层厚度 34 cm,分两层铺料碾压成型,水泥稳定碎石底基层厚度 20 cm,一次摊铺碾压成型。摊铺前,将下承层表面清扫干净,洒水湿润,摊铺采用 1 台摊铺机全幅摊铺作业。

(4)碾压。碾压时,遵循先低后高的原则,纵向保证 1/2～1/3 轮宽重叠。初压选用胶轮压路机静压 1～2 遍,碾压速度控制在 1.5 km/h;复压选用 12～15 t 单钢轮压路机碾压 3～4 遍,碾压速度控制在 2 km/h,边碾压边检测压实度,并及时检查高程、厚度是否合适,整修后用振动压路机碾压成型;最后用重型单钢轮压路机静压,终压控制在 2.5 km/h,直至无轮迹并合格为止。

(5)养生。养生 14 d,养生期间保持表面湿润,养生 7 d 后,可洒布下封层油。

7)沥青混凝土路面施工

本项目沥青混凝土采用商品混凝土,由拌和厂家严格按照施工要求拌和好后运输至施工现场。

(1)沥青混凝土拌和。安排专门试验检测人员常驻商品沥青混凝土拌和站,在沥青混凝土拌制过程中进行旁站取样,严格控制各种材料用量及其加热温度,严格控制拌和温度和出厂温度。要求拌和后的沥青混凝土要均匀一致,无花白、无离析和结团成块现象。

要每班抽样做沥青混凝土性能、矿料级配组成和沥青专用量检验。不符合技术要求的沥青混凝土禁止出厂。

(2)沥青混合料的施工温度。严格掌握沥青和集料的加热温度以及沥青混合料运输到施工现场的温度。集料温度应比沥青高 10～15 ℃,热混合料成品在贮料仓储存后,其温度下降不应超过 10 ℃。普通沥青混合料及改性沥青混合料的施工温度如表 1-9 所示。

表 1-9 沥青混合料的施工温度

单位：℃

项目	普通沥青混合料的施工温度	SBS 改性沥青混合料的施工温度
运输到现场温度	不低于 145	不低于 170
摊铺温度	不低于 140	不低于 165
初压开始温度（内部）	不低于 135	不低于 155
复压最低温度（内部）	不低于 120	不低于 140
碾压终了表面温度	不低于 80	不低于 100

（3）沥青混合料的运输。

①根据运距、拌和产量配备足够的自卸汽车，运输时要防止沥青与车厢板黏结，车厢应清扫干净，车厢侧板和底板应涂一薄层防粘剂。

②采用数字显示插入式热电偶温度计检测沥青混合料的出厂温度和运到现场温度。插入深度要大于 150 mm，在运料卡车侧面中部设专用检测孔，孔口距车厢底面约 300 mm。

③拌和机向运料车放料时，汽车应前后移动，分"前，后，中"装料，以减少粗集料的分离现象。

④沥青混合料运输车的运量要较拌和能力和摊铺速度有所富余，摊铺机前方应有五辆运料车等候卸料。

⑤运料车要有良好的阻燃棉篷布覆盖设施，卸料过程中继续覆盖直到卸料结束取走篷布，以保温或避免污染环境。

⑥连续摊铺过程中，运料车在摊铺机前 10～30 cm 处停住，不得撞击摊铺机，卸料过程中运料车要挂空挡，靠摊铺机推动前进。

⑦运输车进入摊铺现场时，轮胎上不得沾有泥土等可能污染路面的脏物。沥青混合料在摊铺地点凭运料单接收，若混合料不符合施工温度要求，或已经结成团块、已遭雨淋的不得用于路面施工。

（4）沥青混合料的摊铺。摊铺沥青混合料前，检查确认下层的质量，当下层质量不符合要求时，或未按要求撒布透层、粘层、铺筑下封层时，不得铺筑沥青面层。采用一台 ABG423 大功率摊铺机进行全幅摊铺。为保证路面线性的平顺，沥青混合料摊铺时，路面边缘立木模或钢模（涂刷隔离剂）。

摊铺沥青混合料应缓慢、均匀、连续不间断。摊铺过程中不得随意变换速度或中途停顿，摊铺机的摊铺速度应根据拌和机的产量、施工机械配套情况及摊铺厚度、摊铺宽度，按 2～4 m/min 予以调整选择。在铺筑过程中，摊铺机螺旋送料器要不停顿地转动,两侧保持有不少于送料器高度 2/3 的混合料,并保证在摊铺机全宽度断面上不发生离析。

摊铺不得中途停顿,摊铺好的沥青混合料要及时碾压,当不能及时碾压或遇雨时,要停止摊铺,并对卸下的沥青混合料采用覆盖等保温措施。遭受雨淋的混合料应废弃,不得卸入摊铺机摊铺。

(5)沥青混合料的压实成型。沥青混合料的压实是保证沥青面层质量的重要环节,施工前根据试验段确定合理的压路机组合方式及碾压步骤。在混合料不产生推移、开裂等前提下。初压、复压、终压都尽可能在高温下进行。同时不得在低温状态下作反复碾压,防止石料棱角磨损、压碎,破坏集料嵌挤。

压路机要以缓慢而均匀的速度碾压,压路机的适宜碾压速度与压路阶段(初压、复压、终压)及压路机的类型有关。通过试验段确定碾压组合。初步选定采用 2 台双钢轮压路机初压和复压,2 台胶轮压路机复压收光。碾压工艺:双钢轮静压 1~2 遍+双钢振 4~6 遍+胶轮收光至无明显轮迹。

压路机从外侧向中心碾压,相邻碾压带应重叠 1/3~1/2 轮宽,最后碾压路中心部分,压完全幅为一遍。

碾压段落长度为 30~50 m,具体长度根据天气及温度情况而定,天气晴朗或者温度较高时可长,天气阴或者温度较低时可短。要对初压、复压、终压段落设置明显标志,便于司机辨认。对松铺厚度、碾压顺序、压路机组合、碾压遍数、碾压速度及碾压温度应设专岗管理和检查,使面层做到既不漏压也不超压。

3. 桥梁工程

本项目共设置大桥 408 m/3 座,分离式立交桥 106 m/1 座。

三元大桥采用 5×30 m 正交布置,桥梁宽度 2×11.25 m,桥长 156 m。上部构造采用装配式预应力混凝土简支 T 梁,桥墩采用双柱式墩,桥台采用座板式桥台,桥台(半幅)采用 6 根群桩基础。

大兰水库大桥为 6×30 m 正交布置,桥梁宽度 2×11.25 m,桥长 186 m。上部构造采用装配式预应力混凝土简支 T 梁,桥墩采用双柱式墩,左幅 6 号桥台采用桩柱式桥台,桥台(半幅)采用 2 根桩基。0 号桥台、右幅 6 号桥台采用挡土式桥台,桥台(半幅)采用 4 根群桩基础。

庙子咀中桥为 2×30 m 正交布置,桥梁宽度 2×11.25 m,桥长 66 m。上部构造采用装配式预应力混凝土简支 T 梁,桥墩采用双柱式墩;左幅 0 号、2 号桥台采用桩柱式桥台,桥台(半幅)采用 2 根桩基。右幅 0 号桥台采用挡土式桥台,桥台(半幅)基础采用 4 根群桩基础。

分离式立交桥为 4×25 m 正交布置,桥梁宽度 8 m,全长 106 m。桥梁跨越主线,与主线右线交角 104°,上部结构采用预应力混凝土现浇连续箱梁。桥墩采用独桥墩;0

号、4号桥台采用桩柱式桥台,桥台采用2根桩基。

1)施工方案

(1)桩基础采用冲击钻机开挖成孔,混凝土罐车配合25 t吊车进行混凝土浇筑。

(2)承台、系梁紧跟基础施工,采用钢模,人工配合25 t吊车安装,混凝土罐车配合吊车进行混凝土浇筑。

(3)对于无间系梁的柱式墩,采用定型钢模板,一次立模浇筑完成,对于有间系梁的立柱,在间系梁处分两次立模浇筑完成。

(4)盖梁采用抱箍法施工。

(5)30 m T梁在预制场集中预制,平板运梁车运输,双导梁桥机统一架设。

(6)水泥混凝土拌和站设置在K8+600处右侧,采用混凝土运输罐车运输。

2)桥梁工程机械设备配置

桥梁工程的机械设备配置如表1-10所示。

表1-10 桥梁工程的机械设备配置

序号	名　称	规格型号	单位	数值	产地	现状
1	钢筋弯曲机	GW-40	台	6	中国	完好
2	钢筋切断机	GQ-40	台	6		
3	电焊机	BX6-315	台	10		
4	钢筋调直机	GT6-12	台	4		
5	冲击钻机	CK	台	10		
6	混凝土罐车	10 m³	辆	4		
7	装载机	ZL50	台	4		
8	吊车	25 t	辆	3		
9	挖掘机	PC320	台	1		
10	龙门吊	MGH50T	台	4		
11	架桥机	HZP100/30	台	1		
12	发电机	200 kW	台	2		
13	油压千斤顶		个	8		
14	油泵	3 kW	个	8		
15	压浆机	4.5 kW	台	2		
16	制浆机	4.5 kW	台	2		
17	附着式振动器		台	10		
18	振捣棒		个	15		
19	水泵	2 kW	台	4		
20	空压机	7.5 kW	台	2		
21	变压器	315 kV·A	台	1		

3) 各分项工程施工方法与技术措施

(1) 钻孔灌注桩施工。施工前先采用全站仪测量放样，根据设计桩顶高程，采用 TY220 推土机或 PC320 挖掘机对灌注桩施工区域进行平整碾压，并按施工要求修建泥浆池。

桩基采用冲击钻成孔，泥浆护壁，钢筋笼在现场加工制作，并绑扎成型，人工配合 25 t 吊车将就位后的钢筋笼整体吊入孔内。为防止钢筋偏位，可在钢筋笼顶加焊定位钢筋，与护筒连接，钢筋笼定位后，4 h 内浇注混凝土，以防止坍孔。

混凝土灌注完成后，采用风镐凿除桩头，混凝土强度达到至少 7 天（一般 14 天）进行超声波检测。

(2) 承台、系梁施工。基坑采用人工配合 PC320 挖掘机开挖，模板采用组合钢模，钢筋在钢木加工厂制作，运至现场后人工安装，混凝土在拌和站集中拌制，混凝土罐车运输，溜槽入仓，插入式振动棒分层振捣。混凝土达到设计强度后人工配合机械分层对称回填压实。

(3) 墩台施工。根据施工进度情况，安排专业队伍进行墩台施工，及时进行调整各施工队之间人员设备的调配，以满足施工进度需要。

墩柱模板采用定型钢模板，模板面板厚度为 6 mm，节与节连接采用"企口"型式，连接面板钢板厚 10 mm，每节加工长度为 6 m。

墩柱钢筋，分别在桥梁钢筋场制作成节，现场焊接成型，25 t 汽车吊配合人工安装，墩柱模板采用 Φ12 钢筋（配法兰螺丝）十字对称外拉、方木外撑固定，确保浇注混凝土时模板不倾斜移位。墩柱混凝土浇筑采用 25 t 吊车提升料斗用串筒入仓，插入式振动器分层捣实，层厚不超过 30 cm。

(4) 盖梁、台帽施工。根据施工进度情况，安排专业队伍进行盖梁施工，及时进行各施工队之间人员设备的调配，以满足施工进度需要。

盖梁模板采用大块定型钢模板，抱箍法施工，在抱箍上焊钢牛腿，牛腿上放置工字钢或槽钢（背焊）形成工作平台，平台四周设安全防护网。混凝土由拌和楼集中拌制，混凝土罐车运输，25 t 吊车配吊罐入仓，插入式振捣器分层振捣密实。

(5) 预应力混凝土 T 梁施工。本项目的 3 座大桥共有 130 片 30 m 后张法预应力 T 梁。T 梁计划在 K8+650 的预制厂进行统一预制，然后运输至施工现场采用双导梁架桥机进行架设。

T 梁模板采用定型钢模板，委托厂家定做。混凝土由拌和站集中拌制，混凝土罐车运输，50 t 龙门吊配吊罐入仓。钢筋在钢木加工厂集中制作，运至现场后人工安装。覆盖土工布洒水养护至少 14 d，混凝土强度达到 90% 以上时两端张拉，伸长量和应力值双向控制，真空吸浆法压浆，龙门吊起吊移梁。

(6) 25 m 现浇箱梁施工。跨线分离式立交桥为 4×25 m 的现浇预应力箱梁结构，共计 4 片 25 m 箱梁。现浇箱梁计划从分离式立交小桩号向大桩号方向逐跨进行浇筑。

(7) 桥面调平层及桥面铺装。桥面采用 10 cm 厚的 C40 混凝土调平层＋9 cm 的沥青混凝土桥面铺装。

①调平层施工。

防撞护栏施工完成且混凝土强度达到设计要求后,在行车道两侧布置高程控制带(带宽 30 cm),立模并加固,经验收合格,将桥面混凝土铺装顶部设计高程用黑墨线标记在模板上(每 5 m 设一个高程控制点)。现场绑扎桥面钢筋网,混凝土浇筑,平板振捣器振捣,木模收面,全断面一次成型,采用"三振二抹一拉毛"的方法施工。土工布覆盖,洒水养生,养生不少于 14 d,养生期间确保混凝土面始终处于潮湿状态。

②桥面铺装。

桥面铺装和主线路面工程沥青混凝土同时施工,在施工时应注意桥面泄水孔的施工。其施工工序为下面层拉毛及测量放线→撒布下封层→沥青混凝土拌制与运输→沥青混凝土摊铺→碾压→接缝处理。

4. 防护排水工程施工方案

1)边沟、排水沟施工

(1)采用人工挖基,挖基尺寸满足设计要求。

(2)边沟和涵洞结合处与涵洞洞口建筑配合,以便边沟水流畅通引入涵洞。

(3)排水沟尽量采用直线,长度不超过 500 m,排水沟与其他水道连接做到畅通。

(4)砌缝均匀饱满,砌体抹面平整,压光直顺,保持没有裂缝、突鼓现象。

2)护坡施工

(1)护坡必须在坡面夯实平整,铺设沙砾垫层后方可砌筑。

(2)砌体的外露面和坡顶、边口选用表面平整的石块。

(3)砌筑时每 10 m 设一沉降缝,缝宽 2 cm,用沥青木板填塞。

(4)在护坡距地面 30 cm 处和 130 cm 处分别设泄水孔,泄水孔尺寸为 5 cm×10 cm,泄水孔间距为 2 m,上下错开设置。

(四)施工进度安排

1. 工程主要的结点工期

本项目计划于 2013 年 8 月 1 日开工,2016 年 7 月 31 日完工,总工期 36 个月,详见总体进度计划横道图(图 1-6)。工程主要的结点工期如下。

涵洞工程:2013 年 9 月 1 日—2014 年 9 月 30 日。

路基土石方工程:2013 年 12 月 1 日—2015 年 9 月 30 日。

桥梁工程:2014 年 2 月 16 日—2015 年 8 月 31 日。

梁板预制及安装:2014 年 6 月 1 日—2015 年 6 月 10 日。

洛带古镇隧道:2013 年 8 月 20 日—2016 年 1 月 31 日。

将军顶隧道：2014 年 2 月 11 日—2015 年 7 月 31 日。
路面工程：2015 年 9 月 1 日—2016 年 5 月 31 日。
交安工程：2016 年 1 月 1 日—2016 年 6 月 10 日。
临时改路工程：2014 年 3 月 1 日—2014 年 8 月 31 日。
绿化工程：2016 年 1 月 1 日—2016 年 5 月 15 日。
机电工程：2015 年 6 月 1 日—2016 年 4 月 30 日。
房建工程：2014 年 3 月 1 日—2015 年 12 月 31 日。

2. 主要分项工程进度指标

1)路基工程

(1)项目路基土石方开挖共计 114.4 万 m^3，工期为 2013 年 9 月 1 日—2014 年 12 月 31 日，计 486 个工作日，日平均开挖强度为 0.235 万 m^3。

(2)合同内路基填筑 98.5 万 m^3，工期为 2013 年 12 月 1 日—2014 年 12 月 31 日，计 395 个工作日，日平均填筑强度为 0.25 万 m^3。

2)桥梁工程

(1)桥梁钻孔灌注桩共 93 根 1172 延米，工期为 2014 年 2 月 16 日—2014 年 7 月 31 日，计 165 个工作日，日平均灌注强度约为 0.56 根 7.1 延米。

(2)梁板预制共计 130 片，工期为 2014 年 7 月 1 日—2015 年 6 月 10 日，计 344 个工作日，日平均预制强度约为 0.378 片。

3)隧道工程

(1)洛带古镇隧道和将军顶隧道洞身开挖及初期支护共计 9710 延米，工期为 2013 年 9 月 21 日—2015 年 9 月 30 日，计 739 个工作日，日平均开挖支护强度为 13.139 延米。

(2)隧道二次衬砌共计 9848 延米，工期为 2013 年 10 月 20 日—2015 年 11 月 10 日，计 751 个工作日，日平均开挖支护强度为 13.113 延米。

4)路面工程

(1)路面基层共计 224.4 万 m^2，工期为 2015 年 11 月 21 日—2015 年 12 月 31 日，计 40 个工作日，日平均铺筑强度为 5.64 万 m^2。

(2)沥青混凝土路面共计 546.3 万 m^2，工期为 2016 年 3 月 1 日—2016 年 5 月 31 日，计 91 个工作日，日平均铺筑强度为 6.0 万 m^2。

(五)施工总平面图

根据线路所经区域的水文、地质、地形、地貌及交通等情况，结合工程量的分布，本着方便适用合理和便于管理的原则，进行平面布置。平面布置时，应合理使用场地，保证现场道路水、电、排水系统畅通；对便道与各工点进行综合布置，并与场外道路连接；尽量利用永久征地；拌和站考虑分散与集中相结合，混凝土集中拌和设置在桥涵密集处；施工队伍尽量靠近施工现场。施工总平面布置如图 1-7 所示。

(六)资源需要量计划

根据本合同段提供的工程数量清单及工期的安排，提出具体使用计划。详见"（三）施工组织设计方案"中各分项工程资源需要量表。

(七)工期、质量、安全、成本、环保施工技术措施

1. 工期保证措施

（1）调选精兵强将，强化施工管理。施工单位进场后，将组建各种专业化队伍，投入足够的管理力量、技术力量和劳动力，迅速进驻施工现场，并建立健全各种管理体系，在施工中始终抓住工程中的重点、难点，确保工程按期完工。

（2）应用先进的生产设备及采用先进合理的施工工艺。广泛应用成型配套的机械化生产线，充分发挥机械作用，组织机械化施工。采用先进的施工方法，制定合理的施工工艺，及时下达各关键工序的施工作业指导书。

（3）加强网络计划管理。运用网络技术，抓好关键线路，对工程的重难点和控制工期的工序统筹考虑、优先安排。在保证质量、安全的前提下，尽可能地多开工作面，控制作业循环时间，合理安排作业层次，并采取措施减少雨季和冬季对施工的影响，利用有利季节加快施工进度。

（4）编制好实施性施工组织设计。加强施工计划的科学性，运用网络技术、系统工程等新技术原理，根据本项目工程的技术特点、现场实际情况等编制详细的、切实可行的实施性施工组织设计，选择最优施工方案，使工程施工做到点线明确、轻重分明、计划可靠、资源配置合理。

（5）积极推广先进经验和先进技术，提高劳动生产率。积极采用"四新"技术，坚持信息化施工管理，科学制定施工方案。运用动态网络管理技术，寻找关键工序、关键点，确保资源最优配置，深挖潜力，合理安排工序，组织平行、交叉、流水作业，特别是协调好施工、道路交通之间相互干扰，有效争取施工时间。

2. 工程质量保证措施

1）技术保证

（1）成立测量队。

负责工程的控制测量及测量抽查工作。施工队组建测量班负责施工放样，在测量队指导下工作。确保隧道和桥梁中线，路线高程和各结构物几何尺寸的准确性。

（2）建立试验室。

选派有资质的试验技术人员，配备齐全的试验仪器，建立严格的试验检测制度。

成洛大道（东延线）工程

图1-6 施工总体进度计划

标识号	任务名称	单位	工程量	工期	开始时间	完成时间
1	1、准备工作	项	1	30 d	2013年8月1日	2013年8月30日
2	2、路基工程	项	4	942 d	2013年9月1日	2016年3月30日
3	2.1、路基土石方	项	6	668 d	2013年12月1日	2015年9月30日
4	2.1.1、路基挖方(K0+500 K2 035)	万m3	5.1	60 d	2014年9月1日	2014年10月30日
5	2.1.2、路基填方(K0+500-K2-035)	万m3	27.2	394 d	2014年9月1日	2015年9月30日
6	2.1.3、路基挖方(K4+950 K6 040)	万m3	33	151 d	2013年12月1日	2014年4月30日
7	2.1.4、路基填方(K4+950-K6-040)	万m3	21	181 d	2013年12月1日	2014年5月30日
8	2.1.5、路基挖方(K8+055-K11+555)	万m3	76.3	318 d	2014年2月16日	2014年12月30日
9	2.1.6、路基填方(K8+055-K11+555)	万m3	50.3	318 d	2014年2月16日	2014年12月30日
10	2.2、涵洞工程	项	1161.83/27道	395 d	2013年9月1日	
11	2.2.1、涵洞工程(K0+500-K2-035)	m	238.55/5道	153 d	2014年5月1日	2014年9月30日
12	2.2.2、涵洞工程(K1+950-K6-040)	m	327.51/5道	121 d	2014年9月1日	2014年12月30日
13	2.2.3、涵洞工程(K8+055-K11+555)	m	595.77/17道	165 d	2014年9月16日	2014年7月30日
14	2.3、排水工程	m3	21635	700 d	2014年5月1日	2016年3月30日
15	2.3.1、排水工程	m3	21635	700 d	2014年5月1日	2016年3月30日
16	2.4、防护工程	m3	67960	700 d	2014年5月1日	2016年3月30日
17	2.4.1、防护工程	m3	67960	700 d	2014年5月1日	2016年3月30日
18	3、桥梁工程	项	4	561 d	2014年2月16日	2015年8月30日
19	3.1、三元大桥工程	项	4	487 d	2014年5月1日	2015年8月30日
20	3.1.1、桩基	m/根	482/40	91 d	2014年5月1日	2014年7月30日
21	3.1.2、墩柱、盖梁	m3/个	800.7/12	173 d	2014年6月11日	2014年11月30日
22	3.1.3、梁板预制、安装	m3/片	1513.2/50	207 d	2014年11月16日	2015年6月10日
23	3.1.4、桥面铺装及防撞护栏	m	575.3	91 d	2015年6月1日	2015年8月30日
24	3.2、大兰大桥工程	项	4	378 d	2014年2月16日	2015年2月28日
25	3.2.1、桩基	m/根	468/32	73 d	2014年2月16日	2014年4月30日
26	3.2.2、墩柱、盖梁	m3/个	1564/14	213 d	2014年4月1日	2014年10月30日
27	3.2.3、梁板预制、安装	m3/片	1815.8/60	153 d	2014年7月1日	2014年11月30日
28	3.2.4、桥面铺装及防撞护栏	m	688.3	90 d	2014年12月1日	2015年2月28日
29	3.3、庙子坝中桥工程	项	4	305 d	2014年4月1日	2015年1月30日
30	3.3.1、桩基	m/根	182/14	71 d	2014年4月1日	2014年6月10日
31	3.3.2、墩柱、盖梁	m3/个	413.7/6	174 d	2014年5月11日	2014年10月31日
32	3.3.3、梁板预制、安装	m3/片	605.3/20	100 d	2014年7月11日	2014年12月10日
33	3.3.4、桥面铺装及防撞护栏	m	236.3	51 d	2014年12月11日	2015年1月30日
34	3.4、分离式立交桥工程	项	4	318 d	2014年2月16日	2014年12月30日
35	3.4.1、桩基	m/根	10/7	43 d	2014年2月16日	2014年3月30日
36	3.4.2、墩柱、盖梁	m3/个	200/5	122 d	2014年4月1日	2014年7月31日
37	3.4.3、现浇箱梁	m3/片	531/1	153 d	2014年6月1日	2014年10月30日
38	3.4.1、桥面铺装及防撞护栏	m3	175	60 d	2014年11月1日	2014年12月30日
39	4、隧道工程	项	4	894 d	2013年8月20日	2016年2月30日
40	4.1、洛带古镇隧道进口	项	9	828 d	2013年10月25日	2016年1月30日
41	4.1.1、地表注浆	项	1	68 d	2013年10月25日	2013年12月31日
42	4.1.2、明洞开挖	项	1	11 d	2014年1月10日	2014年1月20日
43	4.1.3、洞口排水及防护	项	1	11 d	2014年1月10日	2014年1月20日
44	4.1.4、明洞衬砌及洞门	m	15	31 d	2014年3月11日	2014年4月10日
45	4.1.5、上导坑开挖及初期支护	m	1458	596 d	2014年2月11日	2015年9月30日
46	4.1.6、下导坑开挖及初期支护	m	1458	589 d	2014年3月11日	2015年10月20日
47	4.1.7、C30仰拱及C15仰拱回填	m	1458	589 d	2014年3月21日	2015年10月30日
48	4.1.8、C30衬砌砼浇筑	m	1458	579 d	2014年4月11日	2015年11月10日
49	4.1.9、基层及附属工程	项	1	152 d	2015年9月1日	2016年1月30日
50	4.2、洛带古镇隧道出口	项	8	742 d	2013年8月20日	2015年8月31日
51	4.2.1、明洞开挖	项	1	12 d	2013年8月20日	2013年8月31日
52	4.2.2、洞口排水及防护	项	1	20 d	2013年9月1日	2013年9月20日
53	4.2.3、明洞衬砌及洞门	m	15	31 d	2013年10月21日	2013年11月30日
54	4.2.4、上导坑开挖及初期支护	m	1457	617 d	2013年9月21日	2015年5月30日
55	4.2.5、下导坑开挖及初期支护	m	1457	609 d	2013年10月10日	2015年6月10日
56	4.2.6、C30仰拱及C15仰拱回填	m	1457	609 d	2013年10月20日	2015年6月20日
57	4.2.7、C30衬砌砼浇筑	m	1487	598 d	2013年11月10日	2015年6月30日
58	4.2.8、基层及附属工程	项	1	153 d	2015年4月1日	2015年8月31日
59	4.3、将军顶隧道进口	项	8	535 d	2014年2月11日	2015年7月30日
60	4.3.1、明洞开挖	项	1	10 d	2014年2月11日	2014年2月20日
61	4.3.2、洞口排水及防护	项	1	8 d	2014年2月21日	2014年2月28日
62	4.3.3、明洞衬砌及洞门	m	15	30 d	2014年4月1日	2014年4月30日
63	4.3.4、上导坑开挖及初期支护	m	1008	395 d	2014年3月1日	2015年3月30日
64	4.3.5、下导坑开挖及初期支护	m	1008	396 d	2014年3月21日	2015年4月20日
65	4.3.6、C30仰拱及C30仰拱回填	m	1008	395 d	2014年4月1日	2015年4月30日
66	4.3.7、C30衬砌砼浇筑	m	1008	385 d	2014年4月21日	2015年5月10日
67	4.3.8、基层及附属工程	项	1	152 d	2015年3月1日	2015年7月30日
68	4.4、将军顶隧道出口	项	9	535 d	2014年2月11日	2015年7月30日
69	4.4.1、地表注浆	项	1	18 d	2014年2月11日	2014年2月28日
70	4.4.2、明洞开挖	项	1	10 d	2014年2月11日	2014年2月20日
71	4.4.3、洞口排水及防护	项	1	8 d	2014年2月21日	2014年2月28日
72	4.4.4、明洞衬砌及洞门	m	15	30 d	2014年4月1日	2014年4月30日
73	4.4.5、上导坑开挖及初期支护	m	1008	395 d	2014年3月1日	2015年3月30日
74	4.4.6、下导坑开挖及初期支护	m	1008	396 d	2014年3月21日	2015年4月20日
75	4.4.7、C30仰拱及C30仰拱回填	m	1008	395 d	2014年4月1日	2015年4月30日
76	4.4.8、C30衬砌砼浇筑	m	1008	385 d	2014年4月21日	2015年5月10日
77	4.4.9、基层及附属工程	项	1	152 d	2015年3月1日	2015年7月30日
78	5、路面工程	项	4	274 d	2015年9月1日	2016年5月31日
79	5.1、未筛分碎石垫层	万m2	11.8	60 d	2015年9月1日	2015年10月30日
80	5.2、3.5%水泥稳定碎石底基层	万m2	13.4	70 d	2015年9月21日	2015年11月30日
81	5.3、5%水泥稳定碎石基层	项	2	40 d	2015年11月21日	2015年12月30日
82	5.3.1、水泥稳定碎石下基层	万m2	13.4	20 d	2015年11月21日	2015年12月10日
83	5.3.2、水泥稳定碎石上基层	万m2	211	20 d	2015年12月1日	2015年12月30日
84	5.4、沥青面层	项	3	92 d	2016年3月1日	2016年5月31日
85	5.4.1、7cm粗粒式沥青砼下面层	万m2	124.9	20 d	2016年3月1日	2016年3月20日
86	5.4.2、5cm中粒式沥青砼中面层	万m2	210.7	41 d	2016年3月21日	2016年4月30日
87	5.4.3、4cm细粒式沥青砼上面层	万m2	210.7	31 d	2016年3月1日	2016年5月31日
88	6、其他工程	项	2	183 d	2014年3月1日	2014年8月30日
89	6.1、改移道路工程	项	3	183 d	2014年3月1日	2014年8月30日
90	6.1.1、路基工程	km	4.264	152 d	2014年3月1日	2014年7月30日
91	6.1.2、路面工程	km	4.264	91 d	2014年6月1日	2014年8月30日
92	6.1.3、涵洞工程	m/道	96.45/6	91 d	2014年3月1日	2014年5月30日
93	6.2、改沟工程	项	569	61 d	2014年3月1日	2014年4月30日
94	6.2.1、改沟工程	m	569	61 d	2014年3月1日	2014年4月30日
95	7、交安工程	项	3	162 d	2016年1月1日	2016年6月10日
96	7.1、标志基础	项	1	90 d	2016年3月1日	2016年5月30日
97	7.2、标志及安全设施装置安装	项	1	91 d	2016年3月1日	2016年5月30日
98	7.3、标线	项	1	30 d	2016年5月1日	2016年6月10日
99	8、绿化景观工程	项	1	136 d	2016年1月1日	2016年5月15日
100	8.1、绿化	项	1	136 d	2016年1月1日	2016年5月15日
101	9、机电工程	项	1	335 d	2015年6月1日	2016年4月30日
102	9.1、机电安装、调试	项	1	335 d	2015年6月1日	2016年4月30日
103	10、房建工程	项	1	671 d	2014年3月1日	2015年12月31日
104	10.1、隧道管理站及变电所	项	1	671 d	2014年3月1日	2015年12月31日
105	11、交工验收	项	1	31 d	2016年7月1日	2016年7月31日
106	11.1、工程交工	项	1	31 d	2016年7月1日	2016年7月31日

图1-6 施工总体进度计划

(3)投入高素质的人才群体。

抽调施工技术骨干，特别配备多年从事类似工程施工的高级专业技术人员，组成人才群体，担负本工程建设重任。

2）施工保证

(1)工艺控制措施。

单位工程开工前，认真编制实施性施工组织设计，主要分部、分项工程开工前，编制施工方案，经监理工程师审批后，严格按照施工组织设计施工，认真进行技术交底，交方法、交工艺、交标准，并在施工过程中经常检查落实情况。

(2)工序质量控制措施。

①操作者必须具有相应工种岗位的实践技能，必须做到考核合格、持证上岗，坚持"三检"制度。

②检查质量责任制落实情况，提高自我控制施工质量的意识。

③推行工序作业样板制，以点带面，达到全面程序化、标准化、规范化作业的目的。

(3)工程原材料质量控制措施。

按有关要求实行材料采购招标。建立材料进场前的检查验收和取样送检制度，杜绝不合格材料进入现场，对经检验不合格材料必须限时清理出现场。

(4)严格工序质量验收。

按技术规范和验收评定标准验收工序质量，填写中间交工证书，并经监理工程师签证。对存在个别缺陷的工序，限期改正；对质量不合格工序坚决返工。

3. 施工安全保证措施

(1)建立安全保证体系。树立"安全第一"的思想，抓生产必须抓安全，以安全促生产。项目部成立以项目经理为首的安全领导小组，配备专职安全工程师，负责全面的安全管理工作；各施工作业班(组)要配备专职安全员，负责各项安全工作的落实。

(2)加强全员安全教育。通过安全教育，使广大职工牢固树立"安全第一、预防为主"的意识，做到思想上高度重视施工安全，生产上严格执行操作规程。

(3)坚持经常和定期安全检查，及时发现事故隐患，堵塞事故漏洞，奖罚当场兑现。

(4)不断改善劳动条件，搞好劳动保护，定期对职工进行体检，预防疾病的发生。

(5)生产、生活设施的现场布置要结合防汛考虑，并在汛期到来前做好各项防范准备工作。

(6)施工现场要设临时围墙和门卫，做好防盗、防火、防破坏工作。

(7)建立伤亡事故及时报告制度，做到"三不放过"，即：事故原因分析不清不放过；事故责任人和当事人未受到教育不放过；没有防范措施不放过。

4. 成本控制保证措施

(1)加强成本管理与控制的教育,使项目全员懂得施工成本的高低与个人收入的关系,做到全员参加成本管理和控制,提高增产节约、降低消耗、杜绝浪费的意识。

(2)编制项目的目标成本和班组责任成本,实行项目责任成本管理。

(3)实行工序成本责任制与奖惩制度。

(4)项目各管理层实行层层责任成本承包制。

5. 环境保护与水土保护措施

(1)施工中严格按设计要求和规定进行取土、弃土、弃渣、挖基、回填,避免对道路、农田造成污染和水土流失堵塞河道。

(2)施工排水和废料的处理按环保要求执行,排列和堆放到指定地点。

(3)施工现场材料、机械堆放整齐,施工有条不紊,做到工完料尽。施工过程中要保护当地水源和建筑物。

(4)生活区设垃圾箱并带盖。垃圾入箱,及时清理,运至环境保护部门指定地点弃放。

(5)对项目全员进行环保教育,提高环保意识,全员动手做好环境保护工作。项目全员要做好周围的绿化工作,不破坏天然植被;施工完毕将破坏的植被予以恢复。

(6)施工中如发现文物、古迹、宝藏,应及时向业主及有关部门报告并负责保护。

任务检验

一、填空题

1. 公路施工组织的目的,是使工程建设达到施工相对的最优效果,即_____,_____,_____。

2. 按设计与施工阶段不同,施工组织设计可以分为_____、_____、_____、_____和_____。

3. 按编制对象的不同,施工组织设计可分为_____、_____、_____和_____四类。

二、问答题

1. 什么是施工组织设计?施工组织设计的任务是什么?
2. 简述公路施工组织设计文件的主要内容。
3. 施工组织设计除采用文字表述外还可以附哪些图表?

任务训练单

学习任务 1.2　认知公路施工组织设计　　姓名_____　班级_____　日期_____
任务实施 1：绘制公路施工组织设计的编制流程图

项目 2

公路施工部署与施工方案的制订

 学习目标

(1) 掌握公路工程施工部署的作用和内容；
(2) 了解公路施工项目管理组织机构的职责和组成；
(3) 掌握施工方案制订的主要内容；
(4) 熟悉确定施工方法的注意事项；
(5) 熟悉选择施工机具的注意事项；
(6) 掌握安排施工顺序的基本原则。

思政目标

(1) 理解编制公路施工部署的作用和内容，体会施工过程科学筹划、优化管理的重要意义，从而提升工作责任心和使命感。
(2) 理解施工方案制订对于整个施工组织的重要性，体会施工方案合理性和科学性的重要意义，培养因地制宜、科学论证的工作态度。

任务 2.1 认知公路施工部署

 任务描述

结合项目 1 中公路施工组织设计案例，认知公路工程施工部署的具体工作内容。本任务单元要求通过分析实际案例，了解公路施工项目管理组织机构的职责和组成、施工段落划分和施工队伍设置的原则，以及施工方案的制订原则。同时要求体会施工总体部署编制过程中科学筹划、优化管理的重要意义，从而提升工作责任心和使命感。

项目 2
公路施工部署与施工方案的制订

知识储备

施工部署是对整个建设项目从全局上做出的统筹规划和全面安排,它主要解决影响建设项目全局的重大战略问题,根据建设项目的性质、规模和客观条件不同,其内容和侧重点有所不同。一般应包括设置施工组织机构、划分施工段落、布置施工队伍、制订施工方案等内容。

一、设置施工组织机构

1. 公路施工项目管理组织机构

公路施工项目的组织机构——项目经理部,是以具体公路施工项目为对象,以实现质量、工期、成本、安全和文明施工相统一的综合效益为目标的一次性、临时性组织机构,是施工企业派驻施工现场实施管理的权力机构,它负责施工现场的全面管理工作。一般设置工程技术部、办公室、材料设备部(机料部)、合同经营部、财务部五个职能部门,职能部门设置和人员配备应合理分工,密切协作。管理层下设置各专业作业队,作业队下再设作业班组。常见的职能式项目经理部组织机构如图 2-1 所示。

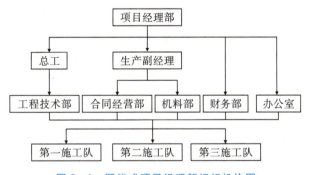

图 2-1 职能式项目经理部组织机构图

2. 项目经理部的功能

(1)项目经理部实行项目经理负责制。在项目经理领导下,负责施工项目从开始到竣工的全过程施工生产管理活动,它对作业层负有管理与服务的双重职能并向公司负责。

(2)项目经理部是项目的办事机构,为项目经理的正确决策提供信息依据;同时又要执行项目经理的决策意图。

(3)项目经理部是一个组织整体。要促进管理人员的合作,协调部门之间、管理人员之间的关系;凝聚管理人员的力量,调动每个人的积极性,发挥其应有的作用。

(4)项目经理部是代表施工企业履行工程承包合同的主体,是最终产品质量责任的承担者，要代表企业对业主全面负责。

二、划分施工段落

施工段落的划分应符合以下原则：

(1)为便于各段落的组织管理及相互协调，段落的划分不能过小，应采用现代化的施工方法和施工工艺，即采用目前市场上拥有的效率高、能保证施工质量的施工机械，保证正常的流水作业和必要的工序间隔，从而保证施工质量；施工机械也不能过大，过大起不到方便管理的作用。段落的大小应根据单位本身的技术能力、管理水平、机械设备状况，结合现场情况综合考虑。

(2)各段落之间工程量基本平衡，投入的人力、材料施工设备及技术力量基本一致，都能够在一个合理的(或最短的)工期内完成工程。

(3)避免造成各段落之间的施工干扰(施工交通、施工场地临时用地等)。即各段落之间应有独立的施工道路及临时用地，土石方填挖数量基本平衡，避免或减少跨段落调配，以避免造成段落之间相互污染或损坏修建的工程、影响工效等。

(4)工程性质相同的地段(如石方、软土段)或施工复杂难度较大而施工技术相同的地段尽可能避免化整为零，以免既影响效率，也影响质量。

(5)保持构造物的完整性，除了特大桥之外，尽可能不肢解完整的工程构造物。

三、布置施工队伍

在项目确定及完成施工段落划分以后，确定施工队伍的布置，施工队伍的布置应根据项目或施工段落划分情况，结合施工作业方式进行。一般道路工程可按照工程内容来划分和布置，如土方施工队，石方施工队，涵洞、通道施工队，桥梁施工队，排水防护工程施工队，路面基层施工队，路面面层施工队等；也可以按照专业作业方式划分，如机械土石方施工队、人工土石方施工队、砌筑工程施工队、钢筋工程施工队、模板工程施工队、混凝土浇筑工程施工队等。

对于一般大型项目其施工段落划分和施工队伍的布置常常以上述两种方法交替使用，即某一个项目中按照专业划分后又按若干个作业班组进行施工，如涵洞、通道施工队中又可根据涵洞、通道数量的多少划分为基础开挖、基础砌筑、模板安装、混凝土浇筑、盖板预制、盖板安装等；桥梁施工队中又可划分为基础施工、下部构造、上部构造、桥面铺装等。

四、制订施工方案

工程施工方案的制订是决定整个工程全局的关键，施工方案一经确定，则整个工程施工的进程、人力、机械的使用量和布置、工程质量、施工安全、工程成本、现场的状况等也就随之被确定下来。施工组织的各个方面都与施工方案有关。施工方案的优劣,在很大程度上决定了施工组织设计的质量和施工任务完成的好坏。

选择施工方案的基本要求是科学合理、组织严密、实用性强,施工期限满足业主要求,确保工程质量和施工安全,工料、机消耗和施工费用最低。

任务检验

一、填空题

1. 施工部署一般应包括_____、_____、_____、_____等内容。

2. _____是以具体公路施工项目为对象,以实现质量、工期、成本、安全和文明施工相统一的综合效益为目标的一次性、临时性组织机构。

二、问答题

1. 简述划分施工段落的基本原则。
2. 简述选择施工方案的基本要求。

任务 2.2　公路施工方案的制订

任务描述

结合项目一中公路施工组织设计案例,认知公路施工方法确定、施工机具选择和施工顺序安排过程中应遵循的原则和注意要点。本任务单元要求通过分析实际案例,了解公路施工方法的确定、施工机具的选择和施工顺序的安排过程中应遵循哪些基本原则。同时要求理解施工方案的制订对于整个施工组织的重要性,体会施工方案合理性和科学性的重要意义,培养因地制宜、科学论证的工作态度。

知识储备

施工方案是对工程项目所做的总体安排,是根据建设目标和要求对施工技术、方法、资源等进行的统筹规范,是施工组织设计文件的核心内容。工程施工方案包括的主要内容有技术方面的内容(施工方法的确定、施工机具的选择)和组织方面的内容(施工顺序的安排、流水施工的组织等)。

一、施工方法的确定

施工方法是施工方案的核心内容,它对工程的实施具有决定性作用。各施工过程均可采用不同的施工方法进行施工,而每一种方法都有其各自的优点和缺点。要从若干可行的施工方法中选择能够保证施工质量、提高劳动生产率、加快施工进度及充分利用施工机械的方法。

选择施工方法应考虑以下几个方面的问题：

(1)选择的施工方法必须具备实现的可能性。

(2)选择的施工方法应满足合同工期的要求。

(3)选择的施工方法能够保证施工质量和施工安全，降低工程成本。

(4)选择施工方法时应进行多种可能方案技术经济比较。

(5)选择施工方法时，尽量采用机械化施工，提高机械化施工水平，加快施工进度。

二、施工机具的选择

拟定施工方法和选择施工机械是合理组织施工的关键，二者有紧密的联系。施工方法一经确定，机械设备的选择就应以满足施工方法的要求为基本依据。而正确地选择施工机械，会使施工方法更为先进、合理。因此，施工机械选择的恰当与否，在很大程度上决定了施工方法是否可行。在选择施工机械时，应注意以下几点：

(1)只能在现有的或可能获得的机械中进行选择，尽管某种机械在各方面都是合适的，如不能得到，就不能作为一个供选择方案。

(2)所选择的机械(具)必须满足施工的需要，但又要避免大机小用。

(3)选择机械(具)时，要考虑互相配套，充分发挥主机的作用。如在土方工程施工中，自卸汽车运输配合单斗挖土机挖土时，自卸汽车的数量必须保证挖土机能连续不断地工作，不致因等车而停歇。同时汽车的容量也必须与挖土机斗容量相匹配，以保证充分发挥挖土机效力。

(4)施工机械(具)的选择，必须满足施工质量和工期的要求。

(5)在选择施工机械(具)时，必须从全局出发，不仅要考虑到在本单位工程或某分部分工程施工中使用，还要考虑到同一现场上其他单位工程或其他分部分项工程是否也可使用。

三、施工顺序的安排

施工顺序安排得好，可以加快施工进度，减少人工和机械的停歇时间，并能充分利用工作面，避免施工干扰，达到科学地、均衡地、连续地施工。在安排施工顺序时，要重点考虑决定施工顺序的主要因素，仔细分析各种不同施工顺序对工期、质量成本等所产生的效果，做出最佳的施工顺序安排。

安排施工顺序的原则如下：

(1)必须符合工艺的要求。公路工程项目各施工过程之间存在一定的工艺顺序关系，例如钻孔后必须尽快灌注水下混凝土，否则就要塌孔，所以两道工序必须紧密衔接。

（2）必须使施工顺序与施工方法、施工机械相协调。例如，桥梁上部构造采用现浇混凝土的施工顺序与采用架桥机进行装配化施工的施工顺序就显然不相同，所以，施工方法不同，采用的机械设备不同，其施工顺序也必然不同。

（3）考虑施工质量的要求。

在安排施工顺序时，要以确保施工质量作为前提条件，影响工程质量时，要重新安排或者采取必要的技术措施。

（4）必须考虑水文、地质、气候的影响。

安排施工顺序时必须充分考虑洪水、雨季、冬季、季风、不良地质地段的影响。有的因素对施工顺序的安排起着决定性的作用。如桥梁下部构造工程一般应安排在汛期之前完成或之后开始。

（5）必须考虑影响全局的关键工程的合理施工顺序。

例如，路线工程中的某大桥、某隧道、某深堑，若不在前期完工，将导致其他工程无法开展（如无法运输材料、机具，工期太长等），此时应集中力量攻克关键工程。

（6）必须遵从施工过程的基本原则。

即符合施工过程的连续性、协调性、均衡性、经济性的原则。

（7）必须考虑安全生产的要求。

（8）充分考虑工期和成本等。

任务检验

一、问答题

1. 简述公路施工方法确定的主要原则。
2. 简述选择施工机具时应注意的要点。
3. 简述安排施工顺序时应服从的主要原则。

项目 3
公路施工项目的时间组织

 学习目标

(1)熟悉施工过程组织的原则及内容;
(2)掌握三种工程项目施工作业方式的特点;
(3)掌握流水施工时间参数、类型及工期的计算方法;
(4)掌握三种施工进度计划图的特点;
(5)掌握横道图和垂直图的绘制方法。

 思政目标

(1)理解施工过程的时间组织对于整个工程实施的重要性,感受在时间组织中的科学性和严谨性,培养注重细节,认真严谨的工作作风;
(2)在选定施工工艺的前提下,将时间组织与施工工艺相结合,实现科学管理,优化施工进度方案,提升锐意进取、不断革新的工作意识。

任务 3.1 施工过程的时间组织方式

任务描述

本单元主要学习施工过程的内容及组织原则,以及施工过程三种基本作业方式的使用方法和特点,要求了解施工过程的内容及组织原则,掌握施工过程三种基本作业方式的使用方法和特点,体会时间组织中的科学性和严谨性,培养注重细节、认真严谨的工作作风。

项目 3
公路施工项目的时间组织

案例引入

某桥位于东市以西 20 km 处的郊区县境内,是一条县级公路上的新建桥梁。长 104 m,桥面净宽(7+2×1.0) m,该桥设计为 5×20 m 的钢筋混凝土简支 T 梁桥,基础采用桩基础,桩径 1.5 m,桩长 24 m,桥墩为双柱式桥墩,柱径为 1.2 m,墩高 10 m。基础和桥墩位置如图 3-1 所示,施工顺序为从西岸到东岸。试分析该桥桩基础、桥墩、盖梁等工程项目的施工作业特点,选取合适的组织方式。

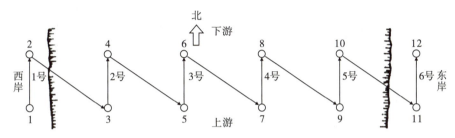

图 3-1 桥墩位置示意图

知识储备

一、施工过程组织的内容

施工作业基本方式

施工过程就是生产工程产品的过程,它是由一系列的施工活动组成的。公路施工过程组织是研究如何在施工生产过程中,以科学有效的方式来生产产品,要实现生产周期短、占用资金少、生产效率高,并保证产品质量好、成本低。因此,施工过程组织是公路工程施工组织设计和施工管理的重要内容。

公路工程项目的施工过程组织包括空间组织、时间组织和资源组织。

1. 空间组织

施工过程的空间组织有两方面问题。第一,是施工项目各种生产生活、运输行政办公等设施的空间布置问题,即施工平面图设计。第二,是施工作业队伍在空间(主要是具体工程施工平面空间)的布置问题。施工作业队伍的布置也是施工组织机构设置的内容,既要考虑技术因素,也要考虑组织因素。

2. 时间组织

进行施工过程时间组织的目的,就是要求在时间上,使各施工队伍之间按设计的施工顺序紧密衔接,在符合工艺要求、充分利用工时和设备的条件下,尽量缩短生产周期。所以,时间组织主要解决工程项目的施工作业方式以及施工作业单位的排序和衔接问题，这也是本单元的重点内容。

3. 资源组织

施工过程的资源组织也即资源计划，包括资源需要量计划与资源供应计划。工程施工项目的资源需要量计划，是在确定了施工方案及施工进度计划的基础上编制的，应满足施工方案施工进度对资源的要求。

二、施工过程的组织原则

影响施工过程组织的因素很多，如施工性质、施工类型、机械设备条件、施工规模大小、自然条件等。这使施工过程的组织难度加大，因此，科学合理地组织施工过程尤为重要。为了降低工程成本，缩短施工工期，保证工程质量，应遵守以下基本原则。

1. 施工过程的连续性

施工过程的连续性是指施工的各阶段、各工序在时间上是紧密衔接的，不发生各种不合理的中断现象。即在施工中劳动对象始终处于被加工或检验状态，或者处于自然过程中，劳动者不出现停顿的窝工现象。保持和提高施工过程的连续性，可以避免不必要的等待和窝工，提高劳动生产率；缩短建设周期、节省流动资金，具有很大的经济意义。施工过程的连续性同施工技术水平有关，机械化和自动化水平高就容易实现施工的连续性。

2. 施工过程的协调性

施工过程的协调性，也称为比例性。它是指施工各阶段、各工序之间在施工能力上要保持一定的比例，各施工环节的劳动力、生产效率、设备数量等都必须互相协调，不发生脱节和比例失调现象。协调性是保证施工顺利进行的前提，使施工过程中人力和设备得到充分利用，避免了施工中的停顿和等待，从而缩短施工周期。因此，施工过程的协调性是施工过程连续性的物质基础，没有协调性就很难保证连续性。

3. 施工过程的均衡性

施工过程的均衡性，也称为节奏性。它是指施工过程的各个环节，都要按照施工计划的要求，在一定时间内完成相等数量的产品（工作量），或产品（工作量）数量的变化率相同。即单位时间的产量趋于相同或产量递增（减）量趋于相同，使各施工班组或设备的施工负荷保持相对稳定，不发生时紧时松或前松后紧现象。均衡生产能充分利用设备和工时，避免突击赶工造成的各种损失；有利于保证生产质量、降低成本；有利于资源的调配，使资源的使用也趋于均衡。

4. 施工过程的经济性

施工过程的经济性是指施工过程组织除应满足技术要求外，还必须追求经济效益，要用最小的施工投入得到尽可能大的施工产出。施工组织的根本目的就是在不影响工程质量和进度的前提下,尽可能降低工程造价。所以,连续性、协调性、均衡性这三项原则最终都要通过经济性来反映,以是否经济可靠作为衡量标准。

三、时间组织的基本作业方式

公路工程是线形分布的工程,具有固定性、分散性等特点。在施工组织方面,就公路工程总体而言,其施工组织具有集中与线形分布的双重性。因此,施工过程时间组织是通过作业班组在施工对象间进行作业的运动方式来表现的。在公路施工过程中,公路施工的时间组织有三种基本作业方法:顺序作业法、平行作业法、流水作业法。

1. 顺序作业法

顺序作业法是指当有若干个施工任务时,在完成一个任务后,接着再去完成另一个任务,依次按顺序进行,直至完成全部任务的施工作业方式。

顺序作业法的特点是没有充分利用工作面进行施工,工期长;每天投入施工的劳动力、材料和机具的种类比较少,有利于资源供应的组织;施工现场的组织管理比较简单;不需要专业分工协作。

2. 平行作业法

平行作业法是指当有若干个施工任务时,各个施工任务同时开工、平行生产的一种施工作业方式。这种方法的实质是使用增加资源的方法来达到缩短工期的目的,一般适用于需要突击性施工的工程项目。

平行作业法的特点是充分利用了工作面进行施工,工期短;每天同时投入施工的劳动力、材料和机具的数量较大,影响资源供应的组织工作;如果各工作面之间需共用某种资源时施工现场的组织管理比较复杂、协调工作量大;不需要专业分工协作。

3. 流水作业法

流水作业法是指当有若干个施工任务时,各个施工任务相隔一定时间依次进行施工生产,相同的工序依次进行,不同的工序平行进行的一种施工作业方式。

流水作业法是一种比较先进的施工作业方法,借用工业流水生产的概念,以施工专业化为基础,将不同工程对象的同一施工工序交给专业施工队(组)执行,各专业队(组)在统一计划安排下,依次在各个作业面上完成指定的操作。前一操作结束后转移至另一作业面,执行同样操作,后一操作则由其他专业队继续执行。各专业队按大致相同的时间(流水节拍)和速度(流水速度),协调而紧凑地相继完成全部施工任务。流水作业符合工艺流程,组织紧凑,有利于专业化施工。

流水作业法的特点是实现了专业化生产,有利于提高劳动生产率,保证工程质量;专业施工队能够连续作业,相邻工作队的开工时间能最大限度地搭接;尽可能地利用工作面进行施工,工期较短;每天投入的资源量较为均衡,有利于资源供应的组织;需要较强的组织管理;满足施工过程的组织原则。

这种方法可以充分利用工作面，有效地缩短工期，一般适用于工序繁多、工程量大而又集中的大型建筑物的施工，如大型桥梁、立交桥、隧道等工程的施工组织。

【例 3-1】 拟修建跨径 6 m 的同类型钢筋混凝土矩形板桥 m 座（$m=4$），假定 4 座小桥的劳动量相等，施工条件、技术配备、工程数量等也基本相同。根据小桥的施工工艺，将每座小桥的施工过程划分为 4 道工序，其中挖基坑需要 6 人，砌基础需要 5 人，砌桥台需要 12 人，安装矩形板需要 3 人，每座小桥上每一道工序所需的工作时间均相等，即 $t_i=4$ d，试采用三种基本作业方法完成该施工任务。

由三种作业方式的工程施工进度图 3-2 可以看出，顺序作业法是 4 座桥按先后顺序进行施工，后一座桥的施工必须待前一座桥全部竣工后才能进行。施工总工期 $T=mt=4\times16$ d$=64$ d，同时投入施工的劳动力（或其他资源）较少，劳动力需求量最高峰时 12 人，最低谷时 3 人。

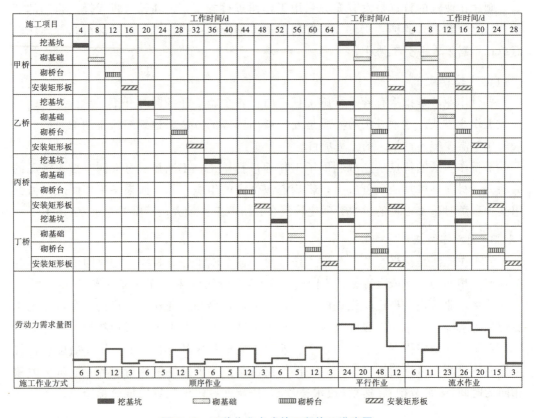

图 3-2 三种作业方式的工程施工进度图

平行作业法是 4 座桥同时开工，同时竣工，同时配备 4 组相同的劳动力。虽然施工总期限缩短为只有 $T=t=4\times4$ d$=16$ d，但所需劳动力（资源数）却按施工对象数量 m 的倍数增加，最多时 48 人，最少时 12 人。

流水作业与上述两种方法不同,其特点是将相同性质的项目或操作过程,由一个专业施工队(组)按定顺序连续在不同空间来完成。将上例各座桥的全部施工操作内容分4个独立的项目:挖基坑、砌基础、砌桥台、安装矩形板,分别交由4个专业班组施工,此时专业班组按规定的先后顺序(流水方向)进入各桥。由例3-1可知,本例中挖基坑专业班组由6人组成,最先在甲桥施工,再依次到乙、丙、丁三座桥施工,直到全部完成,共占用16个工作日。砌基础专业班组要等甲桥完成挖基坑任务后才能进入甲桥施工,并依次投入乙、丙、丁三座桥,每班5人,同样也占用16个工作日。砌基础班组比挖基坑班组推迟4 d开工,其他两个班组依次比前一班组推迟4 d开工,以后在甲、乙、丙、丁四座桥上连续施工。本例用流水作业法施工时总期限为28 d。

在流水作业法中,劳动力的总需要量随着各专业班组先后投入施工而逐渐增加,当全部班组投入后就保持稳定(本例为26人),直到第一个施工对象(甲桥)完成后才逐渐减少。

对于同一项工程的施工,采用顺序作业法工期较长,劳动力需要量较少,但周期性起伏不定。这不利于合理调配劳动力以及管理临时性设施。尤其在工种和技工的使用上极不合理。在本例中为减少间隔性的窝工,按照需求量最高峰时配备12人,也仅是在砌桥台的4 d才得到充分利用。有12 d中至少有半数人在等待施工,并且造成技工普工不分的现象,大大降低了工效,导致劳动力浪费。

采用平行作业法时,施工总工期缩短为16个工作日,但劳动力需要量相应增加4倍。这样在短期内集中4套人力和设备,往往是不可能的,也是不合理的。同时,人力方面会突然出现高峰现象,造成窝工,增加生活设施的支出。

采用流水作业法施工时,虽然总工期比平行作业法有所延长,但劳动力得到了充分的利用,在整个施工期内显得均衡一致。如果再考虑到机具和材料的供应与使用,附属产品生产的稳定,以及工程质量、工效的提高等因素,则流水作业法施工的优点更为明显。

任务检验

一、填空题

1. 公路工程项目的施工过程组织包括_____、_____和_____。
2. 施工过程的组织原则包括_____、_____、_____和_____。
3. 时间组织的基本作业方式包括_____、_____和_____。
4. 施工现场的组织管理最为简单,工期最长的作业方式是_____;工期最短,但是每天同时投入施工的资源数量较大的作业方式是_____;组织专业施工队开展作业,工期较短,每天投入的资源量较为均衡,但是需要较强的组织管理的作业方式是_____。

二、案例分析

针对本任务引言部分提到的案例,分析其施工工艺的特点,选择合适的施工作业方式。

任务 3.2 流水施工组织原理

任务描述

要求学生掌握流水作业的方法和步骤、流水作业法的主要参数,能根据给定任务完成流水作业的时间组织,并计算出施工工期。同时动手完成各种类型流水作业的施工进度图,在学习和绘图过程中培养注重细节、认真严谨的工作作风。

知识储备

一、流水施工的特点

1. 流水施工的组织原则和步骤

(1)划分施工段。将拟建的工程对象,依据已选择的施工方案和工程结构特点、空间位置及施工工艺流程,按自然形成的因素或人为因素划分为劳动量大致相等的施工段。

(2)划分工序并建立专业班组。按施工对象的工艺过程及其施工的先后顺序,将施工段划分为若干道工序,每道工序按工艺原则建立专业班组。

(3)每个作业班组,按照施工顺序,沿着一定的方向,依次、连续地由一个施工段转入下一个施工段,不间断地完成同类作业。

(4)确定和计算流水作业参数。

(5)本施工段相邻工序之间或本工序相邻施工段之间,在满足工艺要求和自然需要的条件下,尽可能紧密衔接。

2. 流水施工的特点

流水施工法的特点是生产的连续性和均衡性,因此,可使各种物质资源均衡地使用,使建筑机构及其附属企业的生产能力充分地发挥,劳动力得到合理的安排和使用,从而带来了较好的经济效果。它主要表现在以下几个方面:

(1)减少了工作的时间间歇,避免施工期间劳动力的过分集中,从而减少临时设施工程量、节约基建投资。

(2)由于实现生产专业化,为提高工人的技术水平和进行技术革新创造了有利条件,促进了劳动生产率和工程质量的不断提高。

(3)采用流水施工方法时,单位时间内完成的工程数量,在机械操作过程是按照主导机械的生产率来确定的;在手工操作过程是以合理的劳动组织为依据确定的,因此,可以保证施工机械和劳动力得到合理和充分的利用。

（4）由于工期缩短、劳动生产率提高、劳动力和物质消耗均衡，可以降低工程间接费用；同时由于资源得到充分的利用，减少了各种不必要的损失，可以降低工程直接费用。

必须指出，流水施工法只是一种组织措施，它可以在施工中带来很好的效果，而不要求增加任何的额外费用，是实现施工管理科学化的重要组成内容。现代的公路建设正沿着建筑工业化的道路发展，如建筑设计标准化、建筑结构装配化、构件生产工厂化、施工过程机械化、建筑机构专业化和施工管理科学化。这些方面是密切联系、互为条件的，既是实现公路建筑工业化必不可少的重要措施，也是公路施工企业实现工程质量好、工期短、成本低、效益高和安全施工的重要手段。

二、流水作业法的主要参数

用流水作业法组织施工时，施工过程的连续性、均衡性和协调性取决于一系列参数的确定，以及它们之间的相互联系，反映这些关系的参数就称为流水参数。一般把流水作业法的参数分为空间参数、工艺参数和时间参数。

流水施工参数

（一）空间参数

执行任何一项施工任务，都要占用一定范围的空间。在组织流水作业时，用工作面、施工段数这两个参数表达流水作业在空间布置上所处的状态，这些参数称为空间参数。

1. 工作面 A

某一专业工种的工人或某种型号的机械在进行施工操作时所必须具备的活动空间称为工作面，通常用 A 表示。

工作面的大小决定了最多能安置多少工人和布置多少台机械操作。它反映空间组织的合理性。工作面的布置以最大限度发挥工人和机械的效力为目的，并遵守安全技术及施工技术规范的规定。

2. 施工段数 m

在施工过程中，为了便于管理，经常把施工对象划分为劳动量大致相同的若干段，这些段就称为施工段，如某项工程共有 4 个涵洞，则每一个涵洞可视为一个施工段。施工段数通常用 m 表示。

为了保证施工过程的连续性和均衡性，在划分施工段时应注意以下几点：

（1）各施工段的劳动量应大致相等。

（2）各施工段的结构物应保持完整，尽量与结构界线（如桥梁、涵洞、沉降缝等）一致。

(3)施工段的划分不能太零碎,每段应有足够的工作面,以便于人工、机械的操作。如图3-3所示,该涵洞工程施工过程中,共有5座涵洞基础要施工,则施工段数$m=5$。

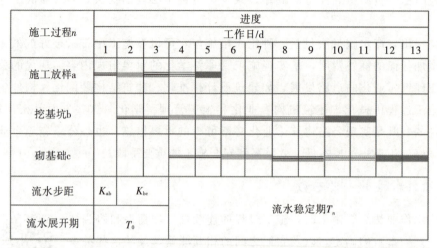

图3-3 某涵洞工程流水作业组织图

(二)工艺参数

任何一项施工任务的施工,都由若干不同种类和特性的工序(施工过程)组成,每一道工序都有其特定的施工工艺。在组织流水作业时,用工序(施工过程)和流水强度这两个参数来表达流水作业施工工艺开展顺序及特征,这些参数称为工艺参数。

1. 工序数 n

根据具体情况,把一个工程项目(分部工程)划分为若干道具有独自施工工艺特点的个别施工过程,叫作工序。如桥梁钻孔灌注桩工程可分为埋护筒、钻孔、浇注混凝土等工序;预制混凝土构件可分为钢筋组、木工组、支模板组、试验组、混凝土拌和站、混凝土运输、混凝土浇筑、混凝土振捣等工序。工序数常用 n 来表示。每一道工序由一个或多个专业班组来承担施工。

工序数要根据构造物的复杂程度和施工方法来确定,划分工序时,应注意以下问题:

(1)工序划分的粗细程度,应以流水作业进度计划的性质为依据。对于实施性的流水作业进度计划,应划分得细一些,可划分到分项工程。对于控制性的进度计划,应划分得粗一些,可以是单位工程,甚至是单项工程。

(2)结合所选择的施工方案划分工序。如钢筋混凝土结构的现场浇注与预制安装,沥青混凝土路面的机械摊铺施工与人工摊铺施工,两者划分施工工序的差异是很大的。

(3)划分工序应重点突出,抓住主要工序,不宜太细,使流水作业进度计划简明扼要。如路面工程可以划分为底基层、基层、面层。

(4)一个流水作业进度计划内的所有工序应按施工先后顺序排列,所采用的工序名称应与现行定额的项目名称一致。

如图 3-3 中,该涵洞工程按照施工工艺,将涵洞基础的施工分为测量放样、挖基坑、砌基础 3 道工序,则工序数 $n=3$。

2. 流水强度 v

流水强度又称流水能力或生产能力,每一工序(专业班组)在单位时间内所完成的工程量(如瓦工组在每工作班砌筑的瓦工体积数值)叫流水强度。流水强度越大,专业队应配备的机械、需用的人工及材料等也就越多,工作面相应增大,施工期限将会缩短。

(三)时间参数

每一工序(施工过程)的完成,都要消耗时间。在组织流水作业时,用流水节拍、流水步距、流水展开期和流水稳定期等参数来表达流水作业在时间排列上所处的状态。这些参数被称为时间参数。

1. 流水节拍 t_i

流水节拍是指一道工序(作业班组)在一个施工段上的持续时间。图 3-3 中,施工放样工序在各施工段上的流水节拍都等于 1 d,挖基坑工序在各施工段上的流水节拍都等于 2 d。

当施工段数目确定后,流水节拍的长短会影响总工期。影响流水节拍长短的因素有施工方案、施工段的工程数量、专业施工队的人数、机械台数、每天的作业班次等。从理论上讲,流水节拍越短越好。但是实际上,由于工作面的限制,流水节拍 t_i 有一个界限,必须考虑工作或机械操作所需要的最小工作面来确定流水节拍。

2. 流水步距 K

流水步距指两相邻不同工序(专业班组)相继投入同一施工段开始工作的时间间隔,即开始时间之差,通常用 K 表示。在图 3-3 中,施工放样专业队第一天开始作业,挖基坑专业队从第二天开始作业,则这两支专业队之间的流水步距 $K=1$ d。

流水步距 K 的大小,对总工期有很大影响。在施工段数目和流水节拍确定的条件下,流水步距越大,则总工期就越长;反之,则相反。确定流水步距时,在考虑正确的施工技术间歇、适当的工作面和施工的均衡性的同时,一般还应遵循以下原则:

(1)采用最小的流水步距,即相邻两工序在开工时间上最大限度地、合理地连接,以缩短工期。

(2)流水步距要能满足相邻两工序在施工顺序上相互制约的关系。

(3)尽量保证各施工专业队都能连续作业。

(4)确定流水步距要保证工程质量,满足安全施工的要求。

3. 流水展开期 T_0 和流水稳定期 T_n

从第一个施工专业队开始作业起,到最后一个施工专业队开始作业止,时间间隔为流水展开期，用 T_0 表示。显然，流水展开期之后，全部施工专业队都进入流水作业（$m>n$ 时），每天的各种资源需要量保持不变，各专业队每天完成相应的工作量，开始了连续、均衡而紧凑的流水作业阶段。如图 3-3 所示，流水展开期 T_0 的数值等于各流水步距 K 值之和。

流水稳定期 T_n 是从第一个施工段的末道工序开工时间算起，到最后一个施工段的末道工序结束时间为止的时间间隔。

如图 3-3 所示，流水作业的总工期 T 等于流水展开期 T_0 和流水稳定期 T_n 之和。

三、流水施工类型及总工期

由于构造物的复杂程度不同及所处的地理环境不同，使得其各自的流水参数也不一样。为了分析不同流水参数的组织方法，根据流水节拍的差异，将流水作业法施工又分为有节拍流水施工和无节拍流水施工。有节拍流水施工又可分为全等节拍流水施工、异节拍流水施工（包括成倍节拍流水施工和分别流水施工）。具体分类如图 3-4 所示。

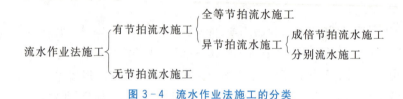

图 3-4 流水作业法施工的分类

流水施工的类型

（一）有节拍流水施工

1. 全等节拍流水施工

所有的施工过程在各个施工段上的流水节拍都相等时，即相同工序流水节拍相同，不同工序的流水节拍也相同，这样组织的流水施工方式称为全等节拍流水施工。

全等节拍流水施工

1）特点

(1) 流水节拍彼此相等，流水步距彼此相等，而且两者的数值也相等。即 $t_i = K_{ij} = $ 常数，这也是组织全等节拍流水作业的条件。

(2) 按每一道工序各组织一个施工专业队，即施工专业队的数目等于工序数 n。

(3) 每个施工专业队都能连续作业，施工段没有空闲，实现了连续、均衡而又紧凑的施工，是一种理想的组织方式。但是实际工程中，这种情况并不多见。

2）总工期计算

由图 3-5 可知，流水展开期 T_0 为各施工专业队（即工序）之间的流水步距 K_{ij} 值之和。施工专业队（即工序）数为 n 时，流水步距必然有 $(n-1)$ 个，则流水展开期 $T_0 = (n-1)K_{ij}$。

流水稳定期 T_n 为最后一个施工专业队（即工序）在每个施工段上依次作业的时间，

即流水稳定期 $T_n = mt_i$。

全等节拍流水的总工期为

$$T = (n-1)K_{ij} + mt_i = (m+n-1)t_i \tag{3-1}$$

【**例 3-2**】 某分部工程可以划分为 A、B、C、D 四个施工过程，划分为五个施工段，流水节拍均为 2 天，试组织流水作业施工。

要求：计算该流水作业的施工工期，并绘制施工横道图和垂直图。

解：$T = (m+n-1)t_i = (5+4-1) \times 2 \text{ d} = 16 \text{ d}$

全等节拍流水施工进度图如图 3-5 所示。

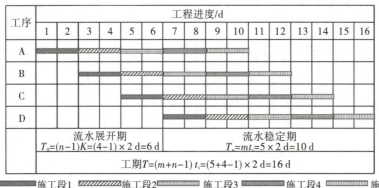

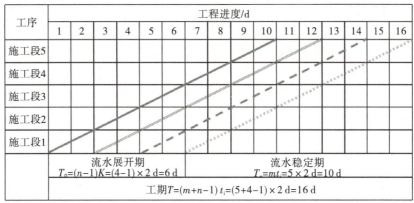

图 3-5 全等节拍流水施工进度图

2. 成倍节拍流水施工

成倍节拍流水施工指相同工序的流水节拍在所有施工段上都相等，不同工序的流水节拍彼此不相等，但互为整数倍数关系（1除外）。

如果仍按全等节拍流水组织施工，则会造成专业队窝工或作

成倍节拍流水施工

业面间歇,从而导致总工期延长。为了使各专业队仍能连续、均衡地依次在各施工段上施工,应按成倍节拍流水组织施工。其步骤如下:

(1)求各工序的流水节拍的最大公约数 K,它相当于各道工序都共同遵守的"公共流水步距"。为了使用方便,今后仍称这个 K 为流水步距。

(2)求各工序的施工专业队数目 b_i。每道工序的流水节拍 t_i 是 K 的几倍,就相应安排几个施工专业队,才能保证均衡施工,即施工专业队数目:$b_i = t_i/K$。同一道工序的各个施工专业队就依次相隔 K 天投入流水作业施工,这样才能保证均衡、连续地施工。

(3)将施工专业队数目的总和 $\sum b_i$ 看作是"总工序数 n",将 K 看作是流水步距,然后按全等节拍流水作业安排施工进度。

(4)计算总工期 T。将 $n = \sum B_i, K = k$ 代入式(3-1)得:

$$T = (m+n-1)t_i = (m + \sum bi - 1)K \tag{3-2}$$

【例 3-3】有六座类型相同的管涵,每座管涵包括四道工序。每道工序的工作时间(表 3-1):挖槽 3 d,砌基 6 d,安管 9 d,洞口 3 d。试用流水作业组织施工,计算总工期 T 并绘制流水施工进度图。

表 3-1 管涵每道工序的流水节拍

单位:d

工序	管涵①	管涵②	管涵③	管涵④	管涵⑤	管涵⑥
挖槽 a	3	3	3	3	3	3
砌基 b	6	6	6	6	6	6
安管 c	9	9	9	9	9	9
洞口 d	3	3	3	3	3	3

解:根据题意可得,该题目属于成倍节拍流水。

各工序的流水节拍的最大公约数 $K = 3$,

由 $b = \dfrac{t_i}{K}$ 得 $b_a = \dfrac{3}{3} = 1, b_b = \dfrac{6}{3} = 2, b_c = \dfrac{9}{3} = 3, b_d = \dfrac{3}{3} = 1$;

$$\sum b_i = 7$$

$T = (m+n-1)k = (m + \sum bi - 1)K = (6+7-1) \times 3 = 36$ d。

成倍节拍流水施工进度图如图 3-6 所示。

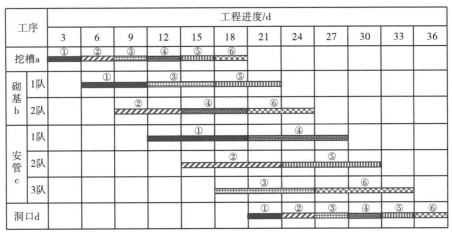

(a) 横道图

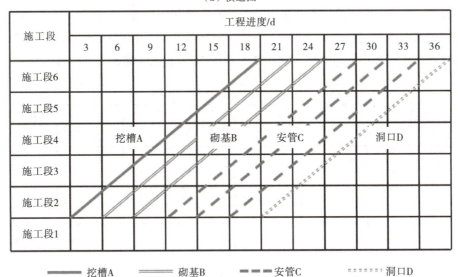

(b) 垂直图

图 3-6 成倍节拍流水施工进度图

3. 分别流水施工

分别流水施工是指各工序的流水节拍各自保持不变,即 $t_i=$ 常数,不同工序的流水节拍不完全相同,但不存在最大公约数(除 1 之外),流水步距 K 也是一个变数的流水作业。也就是说,同类工序的流水节拍在各施工段上相等,而不同类工序的流水节拍相互不完全相等。

分别流水施工

组织分别流水作业时,首先应保持各施工段本身均衡而不间断地进行,然后将各工序彼此衔接协调。既要避免各工序之间发生矛盾,也要尽可能减少作业面的空闲时间,使整个施工安排保持最大程度的紧凑,以达到缩短工期的目的。

由于流水步距是个变数,因此必须分别确定,这对各施工过程的相互配合和正确搭接是一个很重要的参数。下面通过一个例题来说明流水步距的确定方法。

【例 3-4】 以四道工序、五个施工段的项目来说明流水步距的计算方法,流水节拍详如表 3-2 所示。

表 3-2 流水节拍

单位:d

工序	施工段①	施工段②	施工段③	施工段④	施工段⑤
工序 a	2	2	2	2	2
工序 b	3	3	3	3	3
工序 c	2	2	2	2	2
工序 d	1	1	1	1	1

(1)当后一个施工过程的流水节拍 t_{i+1} 大于或等于前一个施工过程的流水节拍 t_i 时 ($t_{i+1} \geq t_i$),流水步距根据前一个施工过程所要求的时间间隔(或足够的作业面)决定,即 $K = t_i$。图 3-7 中的工序 a 与工序 b 就属于这种情形,其流水步距 K_{ab} 为 2 d。

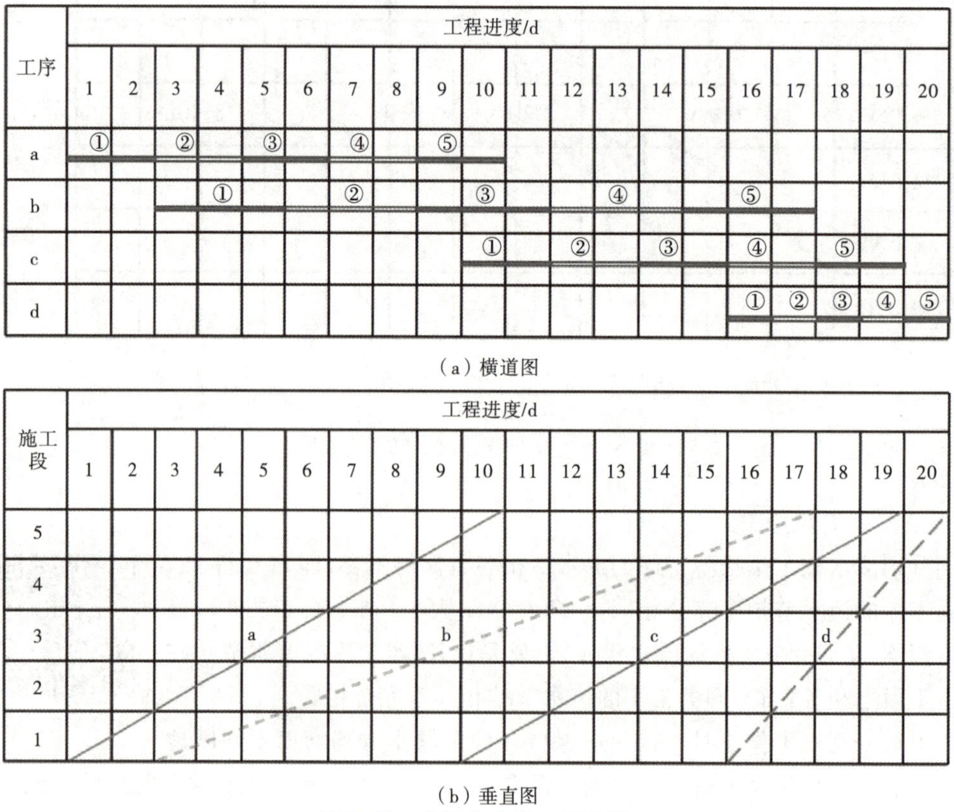

(a)横道图

(b)垂直图

图 3-7 分别流水施工进度图

(2) 当后一个施工过程的流水节拍 t_{i+1} 小于前一个施工过程的流水节拍 $t_i(t_{i+1} < t_i)$ 时,流水步距 K 用下式计算:

$$K = mt_i - (m-1)t_{i+1} \tag{3-3}$$

式中 m——施工段数。

图 3-7 中的工序 b 和工序 c、工序 c 和工序 d 都属于这种情形,已知 $m=5$,则

$$K_{bc} = 5 \times 3 - (5-1) \times 2 = 7(d)$$
$$K_{cd} = 5 \times 2 - (5-1) \times 1 = 6(d)$$

分别流水的总工期用下式计算:

$$T = T_0 + T_n = \sum K_{ij} + mt_n = 2 + 7 + 6 + 5 \times 1 = 20(d)$$

式中 T_0——流水展开期;

T_n——流水稳定期;

t_n——最后一个专业施工队的流水节拍;

K_{ij}——各相邻工序之间流水步距之和。

在实际的公路工程施工中,对于一个专业施工队来说,它可以按固定的流水节拍(或不变的速度)前进。但从整个工程的流水作业组织来看,各专业施工队按自己的流水节拍(或移动速度)前进,彼此不一定相同,也不一定成倍数关系,这主要是由于机械配备、施工条件、劳动生产率或其他外界因素影响所致。如果要求流水速度绝对统一,必然会使机械效率不能充分发挥或造成某些施工队窝工。为此,需要在统一的进度要求下,各专业施工队按照本身最合理、施工效率最高的流水速度进行作业。这是组织分别流水作业时应着重考虑和需仔细解决的问题。

(二) 无节拍流水施工

无节拍流水施工是指同类工序的流水节拍在各施工段上不完全相同,而不同类工序的流水节拍相互也不完全相等。也就是说,在组织流水施工时,$t_i \neq$ 常数,$K \neq$ 常数,$t_i \neq K$,也非整数倍。

无节拍流水施工

对于公路工程来说,在划分施工段时,各施工段的工程数量不一定完全相同,例如对于路基工程施工来说,沿线工程量的分布都是不均匀的,而大、中型桥梁或路基土石方的高填深挖,又属于集中型工程。因此,各施工段的工序呈现有节拍流水的情况是很少的,而无节拍流水则更符合工程的实际情况。在组织无节拍流水作业时,主要解决两个问题:确定无节拍流水作业的流水步距和施工总工期;确定无节拍流水作业的施工顺序。此部分主要讲解无节拍流水作业的流水步距和总工期问题,后文中将详细讲解流水作业施工顺序的确定方法。

无节拍流水的流水步距不是定值,通常可以采用下面两种方法来确定:

(1)紧凑法。它是指相邻工序之间以紧凑衔接为原则,即只要具备开工条件就开工,因此,紧凑法可以使工期最短,但各工序不一定连续。

(2)潘特考夫斯基法(数字错差法)。此法是先通过计算求得各相邻工序的最小流水步距,然后按连续作业原则绘制分别流水进度图。这样工期不一定最短,但相邻工序却是连续的。潘特考夫斯基法也称为"相邻队组每段作业时间累加数列错位相减取大差"法(数字错差法),具体步骤是先分别将两相邻工序的每段作业时间逐项累加,得出两个数列,然后将后工序的累加数列向后错一位对齐,逐个相减,得到第三个数列(仅取正值),从中取大值即为两相邻工序的流水步距。

【例3-5】 现有一钢筋混凝土结构物,分为四个施工段,每个施工段又分为立模、扎筋、浇混凝土三道工序,各工序工作时间如表3-3所示。试分别按照"紧凑法"和"数字错差法"组织流水施工,求总工期并绘制其施工进度横线图。

表3-3 不同工序的流水节拍

单位:d

工序	施工段			
	结构物①	结构物②	结构物③	结构物④
立模 a	2	3	3	2
扎筋 b	2	2	3	3
浇混凝土 c	3	3	3	2

解:(1)紧凑法。

按照紧凑法,即只要具备开工条件就开工来组织,流水作业如图3-8所示,工序b、工序c都是间断工作的,总工期为16 d。

工序	工程进度/d															
	1	2	3	4	5	6	7	8	9	10	11	12	13	14	15	16
立模 a	①			②			③			④						
扎筋 b			①			②			③		④					
浇混凝土 c					①			②			③			④		

图3-8 紧凑法的流水作业

(2)数字错差法。

流水步距的具体计算方法:

K_{ab}:

    2，5，8，10

  （－） 2，4，7，10

  ―――――――――――

    2，3，<u>4</u>，3，－10

K_{bc}:

    2，4，7，10

  （－） 3，6，9，11

  ―――――――――――

    <u>2</u>，1，1，1，－11

则：$K_{ab}=4$ d，$K_{bc}=2$ d。

无节拍流水的总工期用下式计算：

$$T = T_0 + T_n = \sum K_{ij} + \sum t_n = 4 + 2 + 11 = 17(\text{d})$$

按照数字错差法，计算出合适的流水步距，所有施工队伍都能连续开展作业，流水作业如图 3-9 所示，总工期为 17 d，比用紧凑法算出的工期长 1 d。

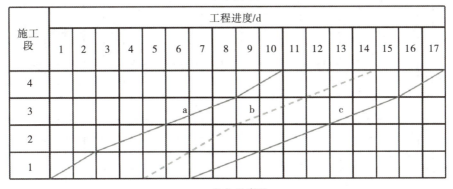

（a）横道图

（b）垂直图

图 3-9 数字错差法的流水作业

四、流水作业施工过程的时间排序

  确定无节拍流水作业的施工顺序。由于各施工段的相同工序都是无节拍流水，因此，无节拍流水作业的总工期不仅与流水作业的方式有关，而且还与施工段的施工顺序有关。为说明这个问题，我们先看下面的例子。

【例 3－6】 某工程有四个施工段，各工序的作业时间如表 3－4 所示，试着分别用①→②→③→④和④→③→②→①两种不同的施工顺序绘制流水作业横道图，并确定施工总工期。

表 3－4 流水节拍表

单位：d

工序	施工段			
	①	②	③	④
a	7	3	5	4
b	2	6	1	3
c	8	9	2	5
d	1	4	5	7

解：由流水节拍可知，a、b、c、d 四个工序在各施工段的流水作业，属于无节拍流水。若按①→②→③→④顺序施工，总工期 $T=45$ d，施工进度如图 3－10(a)所示；而如果按④→③→②→①顺序施工，总工期 $T=38$ d，施工进度如图 3－10(b)所示。

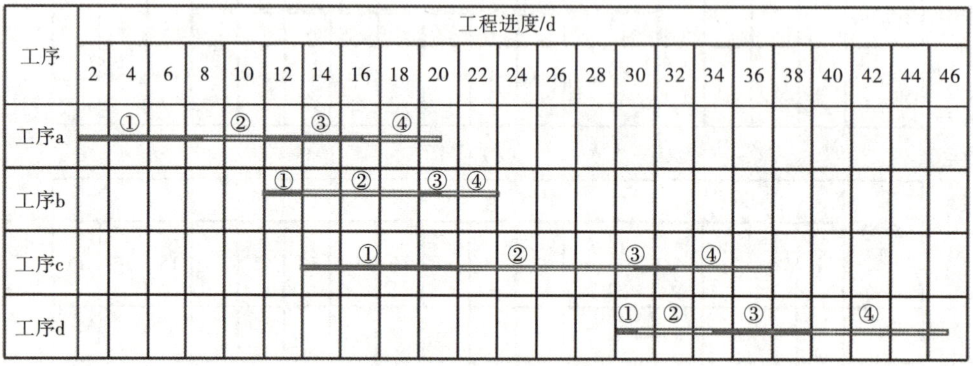

(a) ①→②→③→④顺序施工

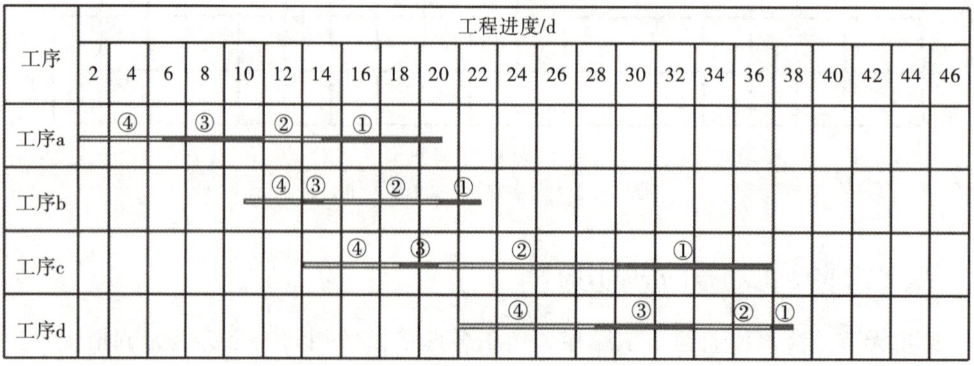

(b) ④→③→②→①顺序施工

图 3－10 不同施工顺序的流水施工进度图

由此可见，对于同样的施工任务，先施工哪一段，后施工哪一段，即若各施工段的施工顺序不同，则其总工期也是不一样的。因此，对于无节拍流水施工的时间组织，必须先确定最优施工顺序，这样我们可以在不增加任何资源和额外投入的情况下，得到一个最短的施工工期，这是一个很有意义的问题。下面介绍几种常用情况下的排序。

1. 两道工序，多个施工段时的施工顺序确定

假设某工程有 m 个施工段，但每个施工段的工序只有两个，则各施工段的排序问题可用约翰逊（S. M. Johnson）-贝尔曼（R. Bellman）法则（下面简称约贝法则）来解决。这个法则的基本原则是先行工序施工工期短的要排在前面施工，而后续工序施工工期短的要排在后面施工。具体做法是先根据已知条件列出"流水节拍表"，然后在表中依次选出最小的数 $\min\{t_a, t_b\}$，而且每列只选一次，若此"数"属于先行工序，则从前面排，反之，则从后面排，依次类推，直到完成排序，即可得到最佳施工顺序。

【例 3-7】某工程有 5 个施工段，a、b 两道工序，如表 3-5 所示。试确定最优施工顺序。

表 3-5 流水节拍表

单位：d

工序	施工段				
	①	②	③	④	⑤
a	4	4	8	6	2
b	5	1	4	8	3

解：由表 3-5 可知，表中第一个最小的数是 1，属于后续工序，故施工段②应排在最后施工，然后将施工段②这一列划去。

表中第二个最小的数是 2，属于先行工序，故施工段⑤应排在最前面施工，然后将施工段⑤这一列划去。

以此类推，最后可得出各段的最优施工顺序为⑤→①→④→③→②，通过绘制施工进度图可知总工期为 25 d；而按①→②→③→④→⑤顺序施工，则总工期为 33 d，较以上排列多 8 d。

2. 三道工序，多个施工段时施工顺序的确定

对于这类问题，如果符合下列两种情况中的一种，仍可采用约翰逊-贝尔曼法则，这两种情况如下。

(1) 第 1 道工序中最小的施工期 $\min(t_{ia})$ 大于或等于第 2 道工序中最大的施工期 $\max(t_{ib})$，即 $\min(t_{ia}) \geqslant \max(t_{ib})$。

(2) 第 3 道工序中最小的施工期 $\min(t_{ic})$ 大于或等于第 2 道工序中最大的施工期

$\max(t_{ib})$,即 $\min(t_{ic}) \geqslant \max(t_{ib})$。

对于 m 个施工段 3 道工序,当能满足上述两条中的一条时,可以把 3 道工序简化成 2 道工序的方法进行。可按下述步骤求得最优施工次序。

第 1 步:将各个施工段中第 1 道工序 a 和第 2 道工序 b 的流水节拍依次相加,即 $t_{ia}+t_{ib}$。

第 2 步:将各个施工段中第 2 道工序 b 和第 3 道工序 c 的流水节拍依次相加,即 $t_{ib}+t_{ic}$。

第 3 步:将前两步计算所得的施工周期看作"二道工序,多项任务"的情形。

第 4 步:按上述 m 个施工段 2 道工序时的排序方法,求出最优施工次序。

对于 n 道工序($n>3$),多个施工段时施工顺序的确定方法如下。

当工序数 $n>3$ 时,求解最优施工顺序比较复杂,但仍可按施工的客观规律采用将前后关联工序的周期按一定方式合并的方法,当将其适当合并为两道工序后,仍可按约翰逊-贝尔曼法则求出相对较优的施工顺序。

【例 3-8】 某工程有 5 个施工段,共分为 a、b、c 三道工序,各工序作业时间如表 3-6 所示,试确定最优施工顺序。

表 3-6 三道工序时的流水节拍

单位:d

工序	施工段				
	①	②	③	④	⑤
a	3	2	8	10	5
b	5	2	3	3	4
c	5	6	7	9	7

解:由表 3-6 可知,c 工序中最小的施工期 $\min\{t_{ic}\}=5$,而 b 工序中最大的施工期 $\max\{t_{ib}\}=5$,即 $\min\{t_{ic}\}=\max\{t_{ib}\}$,符合上述第二种情况,故将三道工序合并为两道工序,如表 3-7 所示,然后再按 m 个施工段两道工序的方法,用约翰逊-贝尔曼法则求得最佳施工顺序为②→①→⑤→④→③,若绘制施工进度图,可知,其总工期为 39 d,而按①→②→③→④→⑤顺序施工,则总工期为 42 d。

表 3-7 两道工序时的流水节拍

单位:d

工序	施工段				
	①	②	③	④	⑤
a+b	8	4	11	13	9
b+c	10	8	10	12	11

任务训练单

学习任务 3.2　流水施工组织原理　　　姓名_____　班级_____

任务训练1：某项工程，划分为 4 个施工段，每段均为 a、b、c 三道工序，由于工作面受限，a 工序需要 5 天，b 工序需要 15 天，c 工序需要 10 天，试用成倍节拍流水施工的方法组织时间，并绘制该项目的施工进度图

(a) 横道图

(b) 垂直图

学习任务 3.2　流水施工组织原理　　　　　　姓名＿＿＿＿＿＿　　班级＿＿＿＿＿＿

任务训练 2：某段公路有 4 道涵洞，已知每道涵洞挖基需 3 天，铺底需 2 天，砌墙身需 4 天，浇盖板需 3 天，回填需 1 天，试按照连续作业原则组织施工，并绘制该项目的施工横道图和垂直图

工序　　　工程进度/d

(a)横道图

施工段　　　工程进度/d

(b)垂直图

项目 3

公路施工项目的时间组织

| 学习任务 3.2 流水施工组织原理 | | 姓名＿＿＿＿＿ | 班级＿＿＿＿＿ |

任务训练 3：现有一钢筋混凝土结构物，分为四个施工段，每个施工段又分为三道工序，各工序工作时间如下表所示。确定最小流水步距，求总工期并绘制其施工进度横线图和垂直图

单位：d

工序	施工段			
	①	②	③	④
立模	2	3	4	3
扎筋	3	4	2	5
浇混凝土	2	3	3	2

(a) 横道图

(b) 垂直图

学习任务 3.2　流水施工组织原理　　姓名_____　班级_____

任务训练 4：已知各工序的持续时间见下表，按照 2 号、4 号、1 号、5 号、3 号的施工段先后顺序组织流水施工，试计算连续作业下各工序间的流水步距和总工期，并绘制横道图

单位：d

工序	施工段				
	1 号	2 号	3 号	4 号	5 号
A	5	3	4	5	5
B	4	5	4	3	3
C	4	3	4	4	3
D	6	5	6	5	3

工序	施工段				

工序	工程进度/d

任务 3.3　认识施工进度计划图

任务描述

了解施工进度计划的作用，熟悉三种常见的施工进度计划图，掌握三种进度图的特点，同时理解施工工艺与进度计划之间紧密的联系，注重科学管理，强化对施工进度方案不断优化的技能。

一、施工进度计划的作用

施工进度计划是控制工程施工进度和工程竣工期限等各项施工活动的依据，施工组织工作中的其他有关问题都要服从施工进度计划的要求，如计划部门提出月、旬作业计划，平衡劳动力计划；材料部门调配材料、构件；设备部门安排施工机械（具）的调度；财务部门的用款计划等均须以施工进度为基础。

施工进度计划反映了工程从施工准备工作开始，直到工程竣工为止的全部施工过程；反映了工程建筑与安装的配合关系，各分部分项工程及工序之间的衔接关系。所以施工进度计划有助于领导部门抓住关键，统筹全局，合理布置人力物力，正确指导施工生产活动的顺利进行；有利于工人明确目标，更好地发挥主人翁精神；有利于施工企业内部及时配合，协同作战。

二、施工进度计划图的形式

施工进度计划图通常是以图表表示的，主要形式有横道图、垂直图和网络计划图三种。

施工进度计划图

1. 横道图

其常用形式如图 3-11 所示。它由两大部分组成，左面部分是以分部分项工程为主要内容的表格，包括了相应的工程量定额和劳动量等计算依据；右面部分是指示图表，它是由左面表格中的有关数据经计算得到的。指示图表用横向线条形象地表示出分部分项工程的施工进度，线的长短表示某工作施工持续时间；线的位置表示施工过程的实际作业时间段；线上的数字表示劳动力需求量；线的不同符号表示作业队或施工段别，图中线段表示各施工阶段的工期，并综合反映了各分部分项工程相互间的搭接关系。

编号	工程名称	施工方法	工程量		20××年（月份）										起止时间	
			单位	数量	1	2	3	4	5	6	7	8	9	10	开工	结束
1	临时通信线路	人工为主	km	80	6										1月初	4月底
2	沥青混凝土基地	人工安装	处	1		35									2月初	3月底
3	清除路基	机械	m²	700000			4								1月初	4月底
4	路用房屋	人工	m²	1300				40							1月初	5月底
5	大桥	半机械化	座	1			56								3月初	9月底
6	中桥	半机械化	座	5					40						2月初	8月底
7	集中性土方	机械	m²	130000						20					3月初	8月底
8	小型构造物	半机械化	座	23					30						5月初	9月中旬
9	沿线土方	机械为主	m²	89000						36					4月初	7月底
10	基层	半机械化	m²	560000							30				6月初	9月底
11	面层	半机械化	m²	560000									20		9月15日	10月底
12	整修工程	人工为主	km	80										30	10月初	10月底

劳动力分布图

$K=R_{max}/R_{平均}=1.42$

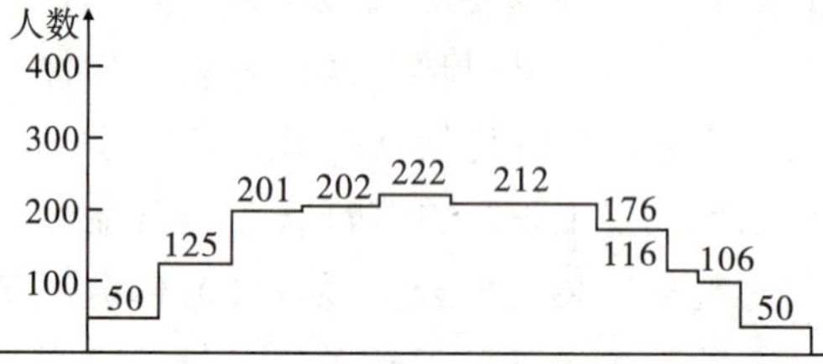
人数
400
300
200
100
50
125
201
202
222
212
176
116
106
50

图 3-11　某工程的施工横道图

这种表示方法比较简单、直观、易懂，容易编制，但有以下缺点：

(1)分项工程(或工序)的相互关系不明确。

(2)施工地点无法表示，只能用文字说明。

(3)工程数量实际分布情况不具体。

(4)仅反映出平均施工强度。

施工横道图适用于绘制集中性工程进度图、材料供应计划图或作为辅助性的图示附在说明书内用来向施工作业队下达任务。

2. 垂直图

垂直图，也称为斜线图，其表示特点是以纵坐标表示施工日期，以横坐标表示里程或工程位置，而各分部分项工程的施工进度则相应地以不同的斜线表示。工程量在图表上方相应位置表示，施工组织平面示意图可在图表的下方相应地表示，资源分布图可在图表右侧以曲线表示。图 3-12 为某公路工程的施工垂直图的应用实例。

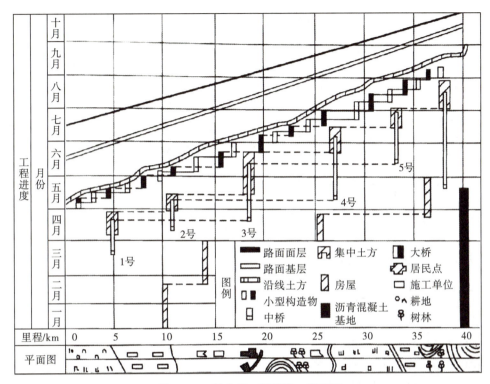

图 3-12 某公路工程的施工垂直图

垂直图的优点：弥补横道图的某些不足，工程项目的相互关系、施工的紧凑程度和施工速度都十分清楚，工程的分布情况和施工日期一目了然，从图中可以直接找出任何一天各施工队的施工地点和应完成的工程数量。

但垂直图仍有一些不足之处：

(1)反映不出某项工作提前(或推迟)完成对整个计划的影响程度。

(2)反映不出哪些工程是主要的，不能明确表达出哪些是关键工作。

(3)计划安排的优劣程度很难评价。

(4)绘制和修改进度图的工作量较大。

3. 网络计划图

网络计划图是一种广为使用的工程进度图的表示形式。网络计划图与横道图、垂直图比较，不但能反映施工进度，而且更能清楚地反映出各个工序、各施工项目之间错综复杂的相互联系、相互制约的生产和协作关系。不论是集中性工程，还是线形工程，都可以用网络计划图来表示施工进度。图 3-13 为某预制梁工程的施工网络计划图。网络计划图的基本原理、绘制方法和计算方法将在项目 4 中详细讲述。

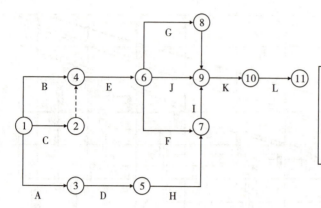

图 3-13 某预制梁工程的施工网络计划图

三、编制施工进度计划的依据和步骤

1. 编制施工进度计划的依据

(1)工程的全部施工图纸及有关水文地质、气象和其他技术经济资料。

(2)上级或合同规定的开工、竣工日期。

(3)主要工程的施工方案。

(4)劳动定额和机械使用定额。

(5)劳动力、机械设备供应情况。

2. 横道图的编制步骤

(1)按图 3-11 的格式绘制空白图表。

(2)根据设计图纸、施工方法、定额、概预算(指施工图设计和施工阶段)进行列项,并按施工顺序填入工程名称栏内。

(3)逐项计算工程量。

(4)逐项选定定额,填入其编号。

(5)进行劳动量计算。

(6)按施工力量[作业队、班(组)人数,机械台数]以及工作班制计算所需施工周期(即工作日数);或按限定的周期以及工作班制、劳动量确定作业队、班(组)的人数或机械台数,将计算结果填入图 3-11 相应栏内。

(7)按计算的各施工过程的周期,并根据施工过程之间的逻辑关系,安排施工进度日期。具体做法是按整个工程的开竣工日历,将日历填入日程栏内,然后即可按计算的周期,用直线或绘有符号的直线绘进度图。

(8)绘制劳动力安排曲线。

(9)进行反复调整与平衡,最后择优定案。

3. 垂直图编制步骤

对于线型工程，当施工方案确定以后，即可按下列步骤绘制用垂直图法表示的施工进度图。

(1) 绘出图表轮廓及表头，即将项目以及项目的工程量按相应的里程绘于图的上半部。

(2) 根据工程的开竣工日历，将进度日历绘于图左的纵坐标上。

(3) 将里程及工程的空间组织，即施工平面草图绘于图的下部。

(4) 进行列项，计算劳动量、周期、劳动力数、机械台数，一般可先列表算好，并与绘图结合，反复平衡优化。

(5) 按已算出的施工周期，分别以铅笔绘出不同符号的进度线，并按紧凑的原则，使各进度线相对移动至最佳位置，其具体画法如下。

①小桥涵工程：根据每座小桥涵的施工期长短，从可能施工之日起，在各桥涵的位置上用垂直直线画出施工期，并依次向流水方向移动，其垂直方向的全长即等于所有小桥涵施工期的总和。

②大中桥工程：绘制方法与小桥涵相同，但上、下部工程最好用两种线条表示。

③路面工程：路面是连续和等速施工，故进度应是一条斜直线，线的垂直高度等于路面所需的总工期，水平线的长度等于路面总里程；由于路基线起伏变化大，为了使路面线不致与路基相交(避免施工中断)，最好试排后再画。

④路基工程：几个队同时从某月某日并在指定的里程范围内开工，以斜线(用不同线条)表示时间和里程关系；为了保证路基施工不致中断，所有的斜线不能和桥涵线相交，否则要相对移动线的位置，借以改变其开工日期。

(6) 进行最后的调整。

调整的要点：①力求各线靠近而不相交；②检查总工期是否符合规定要求；③劳动力需要量力求均衡，避免出现高峰低谷；④补充图例和说明等；⑤最后以黑线加深线条。

任务检验

一、简答题

1. 施工进度计划的作用是什么？
2. 施工进度图的主要形式有哪些？各自的特点是什么？
3. 编制流水作业进度时，横道图与垂直图的主要区别是什么？

项目 4

网络计划技术

 学习目标

(1)了解网络计划图的工程特点；
(2)掌握双代号网络计划图的组成及识读方法；
(3)掌握双代号网络计划图的绘制方法；
(4)掌握双代号网络计划时间参数和关键线路的确定方法；
(5)掌握时间坐标网络计划图的绘制方法；
(6)掌握单代号网络计划图的绘制及时间参数计算方法；
(7)熟悉网络计划工期优化、费用优化、资源优化的方法。

思政目标

1. 感受在网络计划绘制和计算过程中的规范性和严谨性，培养科学、认真的工作态度。

2. 体会施工工艺与网络计划的编制、优化之间密不可分的制约关系，将多学科知识融会贯通，实现科学管理，优化改进，同时提升锐意进取、不断革新的工作意识。

任务 4.1 认知网络计划技术

 任务描述

本单元主要学习网络计划技术的基本概念、特点和类型，要求学生了解网络计划技术的发展历程、工程特点，体会先进的时间进度计划技术对公路建设的重要意义，并熟悉网络计划图的分类方式，为网络计划技术的后续学习奠定基础。

项目 4 网络计划技术

📖 知识储备

一、网络计划技术的发展简史

网络图是由箭线和节点组成的、用来表示工作流程的有序有向的网状图形。在网络图上标注作业时间等参数编制的施工进度计划称为网络计划。网络计划技术是随着现代科学技术和工业生产的发展而产生的，20世纪50年代后期产生于美国。20世纪60年代，网络计划技术在美国得到了迅速发展，并在欧洲国家、日本等广泛应用。目前网络计划技术已广泛应用于世界各国的工业、农业、建筑业、国防和科学研究各个领域，成为一种比较盛行的现代计划管理方法。通过运用计算机，可以进行网络计划绘制、网络优化分析和控制。

我国从20世纪60年代初在华罗庚的倡导下，对网络计划技术进行了研究和应用，于1991年颁布了《工程网络计划技术规程》(JGJ/T 1001—1991)，1992年形成相关国家标准，1999年重新修订颁布了《工程网络计划技术规程》(JGJ/T 121—1999)，目前最新规程是《工程网络计划技术规程》(JGJ/T 121—2015)。

二、网络计划技术的特点

网络计划与横道计划相比，具有以下优点：

(1)从工程整理出发，统筹安排，能全面而明确地表达出各项工作开展的先后顺序，反映出各项工作之间的相互制约和相互依赖的关系。

(2)通过时间参数计算，可以区分关键工作和非关键工作，并能反映出各项工作的机动时间，便于管理人员抓主要矛盾，确保控制计划总工期和合理安排人力、物力、财力等资源，从而降低成本、缩短工期。

网络计划技术特点及分类

(3)通过网络计划优化，可在若干可行方案中找出最优方案。

(4)在网络计划执行过程中，由于可通过时间参数计算，预先知道各工作提前或推迟完成对整个计划的影响程度，管理人员可以采取技术组织措施对计划进行有效控制与监督，从而加强施工管理工作。

(5)可以利用计算机进行时间参数计算、优化、调整，从而提高管理效率。

但是，网络计划实际计算工作量大，调整复杂，如果不利用计算机处理相关工作，在实际工作中很难发挥该技术的特点。此外，网络计划技术比横道图和垂直图难学难懂，因而，对技术人员的素质要求较高。

三、网络计划的分类

1. 按性质分类

（1）肯定型网络计划：工作与工作之间的逻辑关系以及工作的工期（各施工段的工作时间）都是确定的网络计划。

（2）非肯定型网络计划：工作之间的逻辑关系不肯定或工作的工期不确定的网络计划。

2. 按表示方法分类

（1）单代号网络计划。用单代号表示法绘制的网络图。每个节点表示一项工作，箭线用来表示各项工作之间的相互制约相互依赖的关系。

（2）双代号网络计划。用双代号表示法绘制的网络图。箭线用来表示各项工作，节点表示各项工作之间的逻辑关系。

3. 按有无时间坐标分类

（1）时标网络计划。以时间坐标为尺度绘制的网络计划图。

（2）非时标网络计划。不按时间坐标绘制的网络计划图。

4. 按网络计划层次分类

（1）总网络计划。以整个建设项目或单项工程为对象编制的网络计划。

（2）局部网络计划。以建设项目或单项工程的某一部分为对象编制的网络计划。

任务检验

一、填空题

1. 网络图是由_____和_____组成的、用来表示工作流程的有序有向的网状图形。在网络图上标注_____等参数编制的施工进度计划称为网络计划。

2. 网络计划按表示方法可分为_____和_____；按有无时间坐标可分为_____、_____。

3. 我国从 20 世纪 60 年代初在华罗庚的倡导下，对网络计划技术进行了研究和应用，并于 2015 年颁布了_____。

二、问答题

简述网络计划技术的特点。

任务 4.2　双代号网络计划图的绘制

任务描述

本单元主要学习双代号网络计划图的绘制方法。要求熟悉双代号网络计划图的组成、基本识读方法和绘制规则,掌握绘制方法,体会施工工艺与进度计划编制之间密不可分的相互制约关系,根据施工项目的工作流程编制出双代号网络计划图,将多学科知识融会贯通,实现科学管理,同时培养科学、认真的工作态度。

知识储备

一、双代号网络计划图的组成

双代号网络计划图一般由箭线、节点和线路三个基本要素组成。一项工作由两个节点和一根箭线表示,工作名称写在箭线上面,工作持续时间和资源写在箭线下面,在箭线前后的节点编上序号。例如,图 4-1 中以节点编号 i 和 j 代表一项工作。

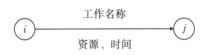

图 4-1　双代号网络计划图基本要素

双代号网络计划图的组成

1. 箭线

一根箭线表示一项工作或表示一个施工过程。根据施工组织设计阶段的不同,箭线表示的工作,取决于网络的层次,可能是单位工程,也可能是分部、分项工程。箭线分为实箭线和虚箭线。

实箭线表示的工作既消耗了时间又消耗了资源或只消耗了其中的一种,常用"———▶"表示。虚箭线表示的工作既不消耗时间也不消耗资源,只是用来表达工作之间的逻辑关系,常用"------▶"表示。

2. 节点

节点表示工作之间的衔接关系,代表前一项工作结束,后一项工作开始,不占时间、不耗资源,常用圆圈加编号表示。箭线的箭尾节点表示该工作的开始,箭线的箭头节点表示该工作的结束。

网络图中的每个节点都有自己的编号,节点编号必须满足三条基本规则:

第一，箭头节点编号大于箭尾节点编号；

第二，一个网络图中，所有节点不能出现重复编号；

第三，节点编号的号码可以按自然数顺序进行，也可以非连续编号，以便适应网络计划调整中增加工作的需要，即编号可留有余地。

3. 线路

从起始节点开始，沿着箭线方向连续通过一系列箭线和节点，最后到达终点节点的通路称为线路。每一条线路都有自己确定的完成时间，它等于该线路上各项工作持续时间的总和，也是完成这条线路上所有工作的计划工期。

二、双代号网络计划图的识图

1. 箭线

(1)内向箭线：指向该节点的箭线称为内向箭线。图 4-2 中节点⑤的内向箭线是 ②→⑤和③→⑤。

(2)外向箭线：流出该节点的箭线称为外向箭线。图 4-2 中节点②的外向箭线是 ②→④和②→⑤。

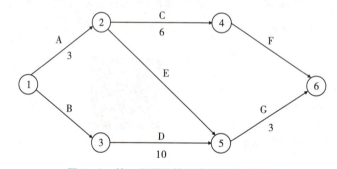

图 4-2 某工程项目的双代号网络计划图

双代号网络图逻辑关系及表达

2. 节点

(1)开始节点：最先开始的、无内向箭线的节点，如图 4-2 中节点①。

(2)结束节点：最终结束的、无外向箭线的节点，如图 4-2 中节点⑥。

(3)中间节点：既有内向箭线又有外向箭线的节点，如图 4-2 中节点②、③、④、⑤。

3. 工作关系

(1)紧前工作：就某一工作而言，紧靠其前的工作。图 4-2 中 D 工作的紧前工作是 B 工作。

(2)紧后工作：就某一工作而言，紧靠其后的工作。图 4-2 中 B 工作的紧后工作是 D 工作。

(3)平行工作：就某一工作而言，与其同时施工的工作，都是该工作的平行工作，

图 4-2 中 A 工作和 B 工作就是平行工作。

4. 约束关系

（1）全约束：A、B 工作均完成后同时进行 C 和 D 工作，即 A 工作的紧后工作有 C、D 工作，B 工作的紧后工作亦有 C、D 工作，如图 4-3 所示。

（2）半约束：A 工作的紧后工作有 C、D 工作，B 工作的紧后工作有 C 工作或 D 工作，如图 4-4 所示。

双代号网络图中的虚工作及应用

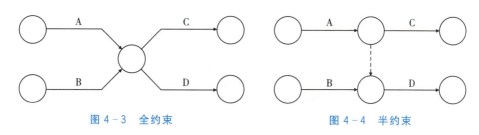

图 4-3 全约束　　　　　图 4-4 半约束

（3）三分之一约束：A 工作的紧后工作有 C、D 工作，B 工作的紧后工作有 D、E 工作，如图 4-5 所示。

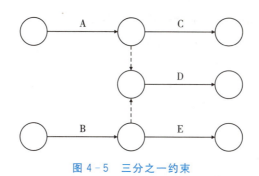

图 4-5 三分之一约束

三、绘制双代号网络计划图的基本规则

（1）一张网络计划图中只允许有一个起始节点和一个终点节点。

（2）一对节点之间只能有一条箭线。

（3）网络计划图中不允许出现闭合回路。

（4）网络计划图中不允许出现相同编号的节点或相同代码的工作。

（5）一条箭线箭头节点编号应大于箭尾节点编号。

（6）一个网络图中不允许单代号、双代号混用。

（7）网络计划图的布局应合理，要尽量避免箭线的交叉。当箭线的交叉不可避免时，可采用"暗桥""断线"等方法来处理，如图 4-6 所示。

双代号网络图绘制规则和方法

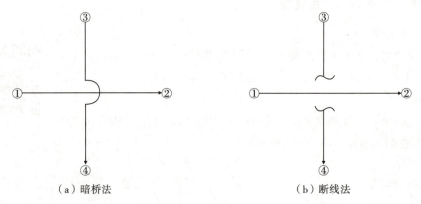

图 4-6　箭线交叉

四、双代号网络计划图的绘制

1. 绘制双代号网络计划图的步骤

(1) 工程任务分解。将工程任务分解为若干个单项的工作。

(2) 确定各单项工作的相互逻辑关系。即明确指出各工作在开始之前应完成哪些工作(紧前工作),以及工作结束之后有哪些工作(紧后工作)。

(3) 确定各单项工作的持续时间。确定工作的持续时间至关重要,工作持续时间的可靠性,直接影响计划的质量。

(4) 填写工作关系表。以上三项确定之后,将这些资料填写到工作关系表。通常工作关系表的基本内容包括:工作代号、工作名称、紧后工作(或紧前工作)、持续时间等。

(5) 绘制双代号网络计划草图。草图绘制时,如果拟定的是紧后工作关系,则可按前进法绘制,所谓前进法,即指从最初节点开始到最终节点的方法。如果拟定的是紧前工作关系,可按后退法绘制,所谓后退法即指采用从最终节点到最初节点的方法来绘制。当然紧前工作关系和紧后工作关系也可以相互转换。

(6) 整理成图。由于绘制草图时,主要目的是表明各工作关系,所以布局上不是十分合理,同时难免会有多余虚工作等。因而需要对草图进行整理,去掉多余的虚箭线,调整位置,尽量去掉箭线的交叉,检查工作关系是否正确,检查是否符合绘图规则。

(7) 进行节点编号。节点编号的要求是由小到大、从左至右,箭头的号码大于箭尾的号码,不允许重号,但可不必连续编号,以便增减新的节点。在满足节点编号规则的前提下,可按删除箭线法进行编号:即先给网络图起点编号,再在图上划去该节点引出的全部箭线,对图中剩下的没有箭线进入的节点依次编号,直到全部节点编完号为止。

【例 4-1】 制定一段城市道路更新工程的网络计划图。

解：先分解该项目。工程可分解为测量、土方工程、路基施工、安装排水设施、清理杂物、路面施工、路肩施工、清理场地等八项，分别用 A、B、C、D、E、F、G、H 表示；然后确定各单项工作之间的关系，并根据各自的工程量确定持续时间(表 4-1)。

表 4-1 工作关系表

工作代号	A	B	C	D	E	F	G	H
工作名称	测量	土方工程	路基施工	安装排水设施	清理杂物	路面施工	路肩施工	清理场地
紧后工作	B	C,D,E	F,G	F	G	H	H	—
持续时间/d	1	8	3	6	2	4	3	2

绘图前，先找出工作之间的约束关系，该例中，工作 C、D、F、G 构成半约束关系，工作 C、E、F、G 亦为半约束关系。绘图中，注意其绘制方法，用前进法绘制得到图 4-7。

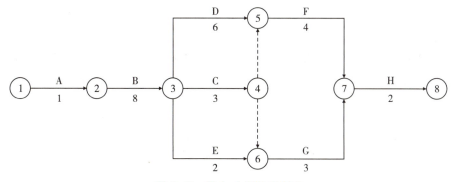

图 4-7 例 4-1 网络计划图

【例 4-2】 试根据表 4-2 绘制双代号网络图。

表 4-2 各单项工作的关系表

工作代号	A	B	C	D	E	F	G	H	I	J
紧前工作	—	—	—	B	B,C	A,D	D,A	E	F	G,H
紧后工作	F,G	D,E	E	F,G	H	I	J	J	—	—

解：该例给出的是紧前关系，根据前、后逻辑关系，将已知的紧前工作关系转换为紧后工作关系，列入表中。并找出工作之间的约束关系，工作 A、D、F、G 构成半约束关系，工作 B、C、D、E 为半约束关系，并按照前进法和后退法进行草图绘制，如图 4-8 所示。

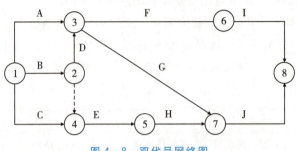

图 4-8 双代号网络图

任务检验

一、填空题

1. 双代号网络图一般由_____、_____和_____三个基本要素组成,其中_____代表工作,_____代表工作衔接关系。

2. 网络计划图中的工作关系主要包括_____、_____和_____三种。

3. 下图的双代号网络图中,工作 A 的紧后工作有_____,工作 D 的紧后工作有_____,工作 G 的紧前工作有_____,工作 A 的平行工作有_____。

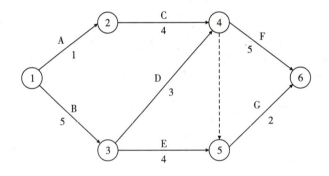

二、选择题

1. 下列关于网络计划中的说法,正确的是( )。

A. 网络计划图中允许有闭合回路的出现

B. 特殊情况下,网络计划图允许有多个开始节点或多个结束节点

C. 一条箭线箭头节点编号应大于箭尾节点编号

D. 虚箭线表示的工作虽然不消耗资源,但是会消耗一定的时间

2. 某双代号网络图作图如下,其出现的错误类型是( )。

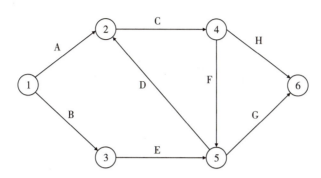

A. 网络图中有多个起点　　　　　　　B. 网络图中出现闭合回路
C. 节点编号有重复　　　　　　　　　D. 两节点间出现多条箭线

3. 某双代号网络图作图如下，其出现的错误类型是(　　)。

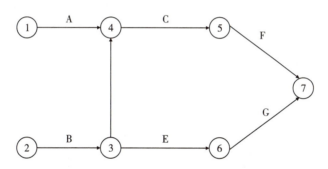

A. 网络图中有多个起点　　　　　　　B. 网络图中出现闭合回路
C. 节点编号有重复　　　　　　　　　D. 两节点间出现多条箭线

任务训练单

学习任务 4.2　双代号网络计划图的绘制　　　　　姓名_____　班级_____

任务训练 1：根据下表中的工作逻辑关系绘制双代号网络计划图

工作逻辑关系表

工作名称	A	B	C	D	E	F	G	H
紧后工作	B、C	D	D、E	F、G	G	H	H	—
持续时间/d	4	3	5	4	2	4	5	2

任务训练 2：根据下表中的工作逻辑关系绘制双代号网络计划图

工作逻辑关系表

工作名称	A	B	C	D	E	F	G	H	I
紧前工作	—	A	A	B	B、C	C	E、F	D、E	G、H
持续时间/d	5	8	6	6	10	4	5	7	4

任务 4.3　双代号网络计划技术时间参数计算

任务描述

本单元主要学习双代号网络计划时间参数的计算方法。要求掌握双代号网络计划各种时间参数的计算方法，能够根据计算结果判断出关键线路和关键工作，并充分认识网络计划技术在工程应用中的特点，同时提高科学素养，培养认真的工作态度。

知识储备

一、网络计划时间参数的概念

网络计划的时间参数是确定工程计划工期、关键线路、关键工作的基础，也是判定非关键工作机动时间，并进行网络计划优化、计划管理的依据。

1. 工作持续时间和工期

（1）工作持续时间：工作持续时间是指一项工作从开始到完成的时间。在单代号网络计划中，工作 i 的持续时间用 D_i 表示。在双代号网络计划中，工作 $i-j$ 的持续时间用 D_{i-j} 表示。

（2）工期：完成任务所需要的时间，用 T 表示。在网络计划中，工期一般有以下三种。

① 计算工期：根据网络计划时间参数计算而得到的工期，用 T_c 表示。
② 要求工期：任务委托人所指出的指令性工期，用 T_q 表示。
③ 计划工期：根据要求工期和计算工期所确定的作为实施目标的工期，用 T_p 表示。
网络计划的计划工期应按下列情况确定：

（1）当已规定要求工期（T_r）时，$T_p \leqslant T_r$。
（2）当未规定要求工期（T_r）时，$T_p = T_c$。

2. 时间参数

双代号网络计划的时间参数按其特性可分为两类：控制性时间参数和协调性时间参数。控制性时间参数是指节点时间参数和工作时间参数；协调性时间参数是指工作的时差，即机动时间。双代号网络计划常用的时间参数符号如表 4-3 所示。

表 4-3 双代号网络计划常用的时间参数符号

参数类型		参数名称	符号	英文全称
控制性时间参数	节点时间参数	节点最早时间	ET_i	early time
		节点最迟时间	LT_i	late time
	工作时间参数	最早开始时间	ES_{i-j}	early start time
		最早结束时间	EF_{i-j}	early finish time
		最迟开始时间	LS_{i-j}	late start time
		最迟结束时间	LF_{i-j}	late finish time
协调性时间参数		总时差	TF_{i-j}	total float
		自由时差	FF_{i-j}	free float

认识时间参数

二、时间参数的计算

1. 节点时间参数计算

（1）节点最早时间：节点的最早时间是指以计划起始节点的时间 $ET_1=0$ 为起点，沿着各条线路达到每一个节点的时刻，它表示该节点紧前工作的全部完成，其后的紧后工作最早开始的时间。用公式表示即为

节点时间参数计算

$$ET_j = \max\{ET_i + D_{i-j}\} \quad (j=2,3,4,\cdots,n) \quad (4-1)$$

式中 D_{i-j}——工作 $i-j$ 的持续时间；

n——网络计划图中结束节点的编号。

按上式计算得到终节点的最早实现时间即计划的总工期，即 $ET_n = T$。

（2）节点最迟时间：节点的最迟时间是指在计划工期确定的情况下，从网络计划图结束节点开始，逆向推算即得各节点的最迟实现时间。先给定 $LT_n = ET_n = T$，由此递推：

$$LT_i = \min\{LT_j - D_{i-j}\} \quad (i=n-1, n-2,\cdots,2,1) \quad (j-1 \geqslant 1) \quad (4-2)$$

（3）节点时间参数计算步骤。

① 设起始节点的最早实现时间 $ET_1 = 0$，顺箭头计算各节点的最早实现时间 ET；如果是汇集节点，即有多条箭线进入的节点，则应对进入节点的各条箭线分别进行计算，然后取其中最大值作为该节点的 ET 值；继续计算直到终节点，得到最早实现时间 ET_n。

② 结束节点的最早实现时间 $ET_n = T_c = T_p$，即等于计划工期。

③ 设结束节点的最迟必须实现时间 $LT_n = ET_n$，逆箭头计算各节点的最迟必须实现时间 LT；如果是分枝节点，即有多条箭线退入的节点，则应对退入节点的各条箭线分别进行计算，然后取其中最小值作为该节点的 LT 值；继续计算直到起始节点。

节点时间参数在双代号网络图上的表示方法如图 4-9 所示。

图 4-9

2. 工作时间参数计算

(1) 工作最早开始时间。

工作的最早可能开始时间是指一项工作在其紧前工作都结束后，可以开始工作的最早时间，很显然工作 $i-j$ 的最早可能开始时间就等于箭尾节点(i)的最早可能实现时间，即：

$$ES_{i-j} = ET_i \tag{4-3}$$

工作最早时间参数计算

(2) 工作最早结束时间。

正常情况下，工作 $i-j$ 若能在最早可能开始时间开始，对应就有一个最早可能结束时间，它就等于箭尾节点的最早可能实现时间或者工作的最早可能开始时间加上工作 $i-j$ 的持续时间 D_{i-j}，即：

$$EF_{i-j} = ET_i + D_{i-j} = ES_{i-j} + D_{i-j} \tag{4-4}$$

(3) 工作最迟完成时间。

工作的最迟完成时间是指一项工作在不影响工程按总工期结束的条件下，最迟必须结束的时间，它必须在紧后工作开始之前完成。从终节点逆箭线计算，工作 $i-j$ 最迟完成时间应等于节点 j 的最迟必须实现时间，即：

$$LF_{i-j} = LT_j \tag{4-5}$$

工作最迟时间参数计算

(4) 工作最迟开始时间。

在正常情况下，与工作的最迟必须结束时间相对应，有工作最迟必须开始时间。它即为工作最迟完成时间减去该工作的持续时间。

$$LS_{i-j} = LF_{i-j} - D_{i-j} \tag{4-6}$$

若工作的最早开始时间等于工作的最迟开始时间，则说明此工作没有机动时间，为关键工作；若两者不相等，则说明此工作有机动时间可利用。

3. 工作时差计算

时差反映工作在一定条件下的机动时间范围。通常分为：总时差、自由时差。

(1) 总时差。

总时差是指在不影响紧后工作的最迟开始时间的条件下，工作 $i-j$

工作时差计算

所拥有的最大机动时间,是保证本工作以最迟完成时间完工的前提下,允许该工作推迟其最早开始时间或延长其持续时间的幅度。

工作 $i-j$ 的总时差计算公式如下:

$$TF_{i-j} = LS_{i-j} - ES_{i-j} = LF_{i-j} - EF_{i-j} \qquad (4-7)$$

由上式看出,对任何一项工作,其总时差可能有三种情况:

① 总时差等于 0,说明该工作没有机动时间;

② 总时差大于 0,说明该工作存在机动时间;

③ 总时差小于 0,说明该工作存在负时差,计划工期长于规定工期,应采取技术组织措施予以缩短,确保计划总工期。

(2)自由时差。

自由时差是指在不影响其紧后工作的最早可能开始时间的条件下工作 $i-j$ 所具有的机动时间。具体来说,它是在不影响紧后工作按最早开始时间开工的前提下,允许该工作推迟其最早开始时间或延长其持续时间的幅度。工作 $i-j$ 的自由时差计算公式如下:

$$FF_{i-j} = ET_j - ET_i - D_{i-j} = ET_j - EF_{i-j} \qquad (4-8)$$

关于两种时差,有以下结论:

① 总时差等于 0 的工作为关键工作,关键工作组成的线路为关键线路;

② 总时差不但属于本工作,而且可以传递,为一条线路所共有;

③ 总时差等于 0 时,其他时差也都等于 0;

④ 自由时差只限于本工作利用,不能传递给紧后工作,对紧后工作的时差无影响。

工作时间参数在双代号网络图上的表示方法如图 4-10 所示。

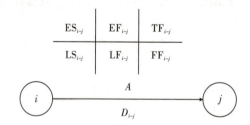

图 4-10 工作时间参数在双代号网络图上的表示方法

三、关键线路的确定

1. 线路

线路是指网络计划图中顺箭线方向由开始节点至结束节点的一系列节点箭线组成的通路。每条线路均由一些工作组成,这些工作的持续时间之和就是这条线路的长度。

关键线路的确定

项目 4
网络计划技术

2. 关键线路

网络计划图的各条线路中，持续时间之和最长的线路即为关键线路。关键线路上的工作称为关键工作。

3. 非关键线路

网络计划图中除关键线路以外的线路，即为非关键线路。非关键线路中存在时差的工作称为非关键工作，非关键线路上的工作并非全由非关键工作组成。

4. 关键线路的确定

关键线路上所有工作的总时差均为零，反过来，如果工作的总时差为零，则它必是关键工作。由此，只要连接网络计划中总时差为零的工作，就可以确定出关键线路。

5. 关键线路的特性

（1）关键线路上各工作的总时差均为零。
（2）关键线路在网络计划图中不一定只有一条，有时存在多条。
（3）非关键工作如果将总时差全部用完，就会转化为关键工作。
（4）当非关键线路延长时间超过它的总时差，关键线路就会转变为非关键线路。

四、时间参数的计算方法

（1）列式计算法。列式计算法是根据各项时间参数的计算公式，逐一计算的方法。该法是网络计划时间参数计算的基本方法。

（2）图上计算法。图上计算法是按照各时间参数计算公式，直接在网络图上计算时间参数的方法。由于计算过程在图上直接进行，不需列计算式，既快又不易出错，计算结果直接标在网络图上，一目了然，同时也便于检查和修改，因此比较常用。

【例 4-3】 计算图 4-11 中绘制好的双代号网络计划图的时间参数。

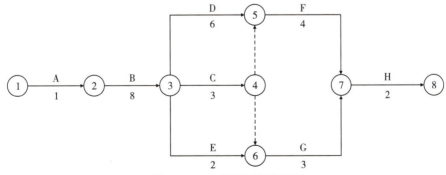

图 4-11 双代号网络计划图

解：1. 列式计算法求各时间参数

（1）节点时间参数的计算。

①计算节点最早时间 ET。

$$ET_1 = 0$$
$$ET_2 = ET_1 + D_{1-2} = 0 + 1 = 1$$
$$ET_3 = ET_2 + D_{2-3} = 1 + 8 = 9$$
$$ET_4 = ET_3 + D_{3-4} = 9 + 3 = 12$$
$$ET_5 = \max \begin{Bmatrix} ET_3 + D_{3-5} = 9 + 6 = 15 \\ ET_4 + D_{4-5} = 12 + 0 = 12 \end{Bmatrix} = 15$$
$$ET_6 = \max \begin{Bmatrix} ET_3 + D_{3-6} = 9 + 2 = 11 \\ ET_4 + D_{4-6} = 12 + 0 = 12 \end{Bmatrix} = 12$$
$$ET_7 = \max \begin{Bmatrix} ET_5 + D_{5-7} = 15 + 4 = 19 \\ ET_6 + D_{6-7} = 12 + 3 = 15 \end{Bmatrix} = 19$$
$$ET_8 = ET_7 + D_{7-8} = 19 + 2 = 21$$

节点 8 的最早可能时间就是计算的总工期 T，即 $T = ET_8 = 21$ 天。

②计算节点最迟时间 LT。

$$LT_8 = ET_8 = 21$$
$$LT_7 = LT_8 - D_{7-8} = 21 - 2 = 19$$
$$LT_6 = LT_7 - D_{6-7} = 19 - 3 = 16$$
$$LT_5 = LT_7 - D_{5-7} = 19 - 4 = 15$$
$$LT_4 = \min \begin{Bmatrix} LT_5 - D_{4-5} = 15 - 0 = 15 \\ LT_6 - D_{4-6} = 16 - 0 = 16 \end{Bmatrix} = 15$$
$$LT_3 = \min \begin{Bmatrix} LT_4 - D_{3-4} = 15 - 3 = 12 \\ LT_5 - D_{3-5} = 15 - 6 = 9 \\ LT_6 - D_{3-6} = 16 - 2 = 14 \end{Bmatrix} = 9$$
$$LT_2 = LT_3 - D_{2-3} = 9 - 8 = 1$$
$$LT_1 = LT_2 - D_{1-2} = 1 - 1 = 0$$

(2) 工作时间参数的计算。

①计算工作最早开始时间 ES。

$$ES_{1-2} = ET_1 = 0$$
$$ES_{2-3} = ET_2 = 1$$
$$ES_{3-4} = ET_3 = 9$$
$$ES_{3-5} = ET_3 = 9$$
$$ES_{3-6} = ET_3 = 9$$
$$ES_{5-7} = ET_5 = 15$$
$$ES_{6-7} = ET_6 = 12$$

$$ES_{7-8}=ET_7=19$$

② 计算工作最早结束时间 EF。

$$EF_{1-2}=ES_{1-2}+D_{1-2}=0+1=1$$
$$EF_{2-3}=ES_{2-3}+D_{2-3}=1+8=9$$
$$EF_{3-4}=ES_{3-4}+D_{3-4}=9+3=12$$
$$EF_{3-5}=ES_{3-5}+D_{3-5}=9+6=15$$
$$EF_{3-6}=ES_{3-6}+D_{3-6}=9+2=11$$
$$EF_{5-7}=ES_{5-7}+D_{5-7}=15+4=19$$
$$EF_{6-7}=ES_{6-7}+D_{6-7}=12+3=15$$
$$EF_{7-8}=ES_{7-8}+D_{7-8}=19+2=21$$

③ 计算工作最迟结束时间 LF。

$$LF_{7-8}=LT_8=21$$
$$LF_{6-7}=LT_7=19$$
$$LF_{5-7}=LT_7=19$$
$$LF_{3-6}=LT_6=16$$
$$LF_{3-5}=LT_5=15$$
$$LF_{3-4}=LT_4=15$$
$$LF_{2-3}=LT_3=9$$
$$LF_{1-2}=LT_2=1$$

④ 计算工作最迟开始时间 LS。

$$LS_{7-8}=LF_{7-8}-D_{7-8}=21-2=19$$
$$LS_{6-7}=LF_{6-7}-D_{6-7}=19-3=16$$
$$LS_{5-7}=LF_{5-7}-D_{5-7}=19-4=15$$
$$LS_{3-6}=LF_{3-6}-D_{3-6}=16-2=14$$
$$LS_{3-5}=LF_{3-5}-D_{3-5}=15-6=9$$
$$LS_{3-4}=LF_{3-4}-D_{3-4}=15-3=12$$
$$LS_{2-3}=LF_{2-3}-D_{2-3}=9-8=1$$
$$LS_{1-2}=LF_{1-2}-D_{1-2}=1-1=0$$

(3) 工作时差的计算。

① 计算工作总时差 TF。

$$TF_{1-2}=LF_{1-2}-EF_{1-2}=1-1=0$$
$$TF_{2-3}=LF_{2-3}-EF_{2-3}=9-9=0$$
$$TF_{3-4}=LF_{3-4}-EF_{3-4}=15-12=3$$
$$TF_{3-5}=LF_{3-5}-EF_{3-5}=15-15=0$$

$$TF_{3-6} = LF_{3-6} - EF_{3-6} = 16 - 11 = 5$$
$$TF_{5-7} = LF_{5-7} - EF_{5-7} = 19 - 19 = 0$$
$$TF_{6-7} = LF_{6-7} - EF_{6-7} = 19 - 15 = 4$$
$$TF_{7-8} = LF_{7-8} - EF_{7-8} = 21 - 21 = 0$$

②计算工作自由时差 FF。

$$FF_{1-2} = ET_2 - EF_{1-2} = 1 - 1 = 0$$
$$FF_{2-3} = ET_3 - EF_{2-3} = 9 - 9 = 0$$
$$FF_{3-4} = ET_4 - EF_{3-4} = 12 - 12 = 0$$
$$FF_{3-5} = ET_5 - EF_{3-5} = 15 - 15 = 0$$
$$FF_{3-6} = ET_6 - EF_{3-6} = 12 - 11 = 1$$
$$FF_{5-7} = ET_7 - EF_{5-7} = 19 - 19 = 0$$
$$FF_{6-7} = ET_7 - EF_{6-7} = 19 - 15 = 4$$
$$FF_{7-8} = ET_8 - EF_{7-8} = 21 - 21 = 0$$

2. 图上计算法求各时间参数

计算方法如图 4-12 所示。关键线路为①→②→③→⑤→⑦→⑧，关键工作为 A、B、D、F、H。

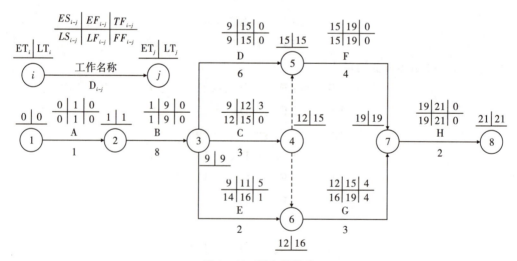

图 4-12 图上计算法

任务检验

一、填空题

1. 双代号网络图中节点时间参数包括_____、_____，工作时间参数包括_____、_____、_____和_____，时差包括_____和_____。

2. 网络计划图的各条线路中，持续时间之和最长的线路被称为_____。

3. 已知双代号网络图中某工作的总时差是 5 天，该工作在实际执行过程中发生了 8 天的延误，则总工期被延误_____天。

二、选择题

1. 下列关于网络计划的说法，正确的是( )。

   A. 网络计划图中只有一条关键线路，其他线路均为非关键线路

   B. 当关键线路上某工作时间延长，该线路可能会转变为非关键线路

   C. 关键线路上的工作均为关键工作，非关键线路上的工作均为非关键工作

   D. 非关键线路上工作持续时间之和最长

2. 下列关于网络计划的说法，错误的是( )。

   A. 总时差是该工作所拥有的机动时间的最大值

   B. 总时差一定大于或等于自由时差

   C. 当工作出现延误的时间超过自由时差时，会造成总工期出现延误

   D. 当工作出现延误的时间超过自由时差时，会造成紧后工作的开始时间出现延误

3. 在双代号网络图中，关键工作是指( )的工作。

   A. 最迟完成时间与最早完成时间相等

   B. 持续时间最长

   C. 两端节点均为关键节点

   D. 自由时差最小

4. 已知工作 E 有一个紧后工作 G。工作 G 的最迟完成时间为第 14 天，持续时间为 3 天，总时差为 2 天。工作 E 的最早开始时间为第 6 天，持续时间为 1 天，则工作 E 的自由时差为( )。

   A. 1 d   B. 2 d   C. 3 d   D. 4 d

三、选择题

1. 双代号网络计划图的关键线路只有一条。( )

2. 双代号网络计划图节点的最早开始时间是逆箭线方向计算的。( )

3. 一个工作的最早开始时间和最迟开始时间相同，则该工作一定是关键工作。( )

4. 一个工作的自由时差为零，则该工作一定是关键工作。( )

5. 双代号网络计划图中某工作的最迟开始时间等于该箭线箭尾节点的最迟必须实现时间。( )

任务训练单

学习任务 4.3　双代号网络计划技术时间参数计算　　姓名_____　　班级_____
任务训练 1：用图上计算法完成 80 页任务训练 1 所绘双代号网络计划图的时间参数计算，并找出关键线路
任务训练 2：用图上计算法完成 80 页任务训练 2 所绘双代号网络计划图的时间参数计算，并找出关键线路

任务 4.4　时间坐标网络计划图的绘制

任务描述

本单元主要学习时间坐标网络计划图的绘制方法。要求掌握时间坐标网络计划图的绘制方法，了解时间坐标网络计划的特点，能够将双代号网络计划图绘制成时间坐标网络计划图，同时充分认识时间坐标网络计划图的优点，培养善于优化的职业素养。

知识储备

时间坐标网络计划（简称"时标网络计划"）是在一般网络计划的上方或下方增加一个时间坐标，箭线的长短即表示该工作持续时间的长短，它能恰当地表达进度计划中各项工作之间的时间关系，使网络计划更易于理解，是分析网络计划和对网络计划进行优化的有力工具。

一、时间坐标网络计划图的绘制

时标网络计划图可以按节点最早时间和节点最迟时间绘制。这种时标网络计划图主要供计划管理人员分析计划和实施资源优化之用。

1. 按节点最早时间绘制时标网络计划图

（1）绘制前，首先对一般网络计划进行计算，求出各节点的时间参数作为绘制时标网络计划图的依据，并确定关键线路。

时标网络计划图的绘制

（2）绘出时间坐标，网络图起点节点定位在时标网络计划图的起始刻度线上，将关键线路上的关键工作所对应的节点定位于时间坐标的刻度线上，并绘制于图中适当的位置。

（3）按工作的最早可能实现时间将各节点绘制在相应的时间坐标刻度上，自左向右依次确定其他节点的位置，直至终点节点。

（4）用实线水平投影长度表示工作持续时间，其他不足以到达该节点的实箭线用波形线补足，波形线靠右画。

（5）虚工作应绘制成垂直的虚箭线，若虚箭线的开始节点与结束节点之间有水平距离时，用波形线补足，波形线的长度为该虚工作的自由时差。

2. 按节点最迟时间绘制时标网络计划图

（1）其绘制步骤和方法与以节点最早时间标画完全相同，只将节点位置由最早时间移至节点最迟时间即可。

（2）从最早与最迟时标网络可以看出，前者的特点是"前紧后松"，而后者的特点是"前松后紧"。

【例 4-4】 根据网络计划图（图 4-13）分别按节点的最早时间和最迟时间绘制时标网络计划图。

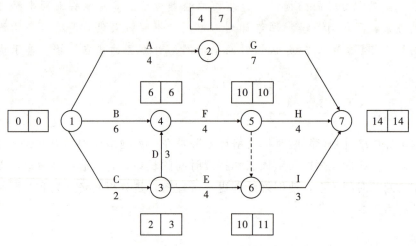

图 4-13 例 4-4 网络计划图

解：绘制好的时标网络计划图分别如图 4-14、图 4-15 所示。

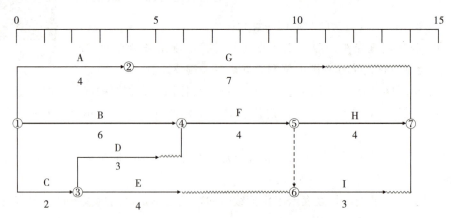

图 4-14 按节点最早时间绘制时标网络计划图

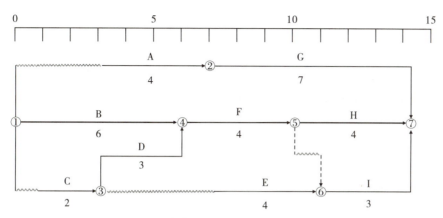

图 4-15 按节点最迟时间绘制时标网络计划图

二、时间坐标网络计划的特点和应用

(1) 时标网络计划结合了横道图和网络图的优点,既有通常使用的横道图的时间比例,又具有网络计划图中的逻辑关系,能直观地反映出整个计划的时间进程。

(2) 时标网络计划能直接反映出各项工作的开始和结束时间、机动时间及网络计划中的关键线路。在计划执行过程中,可以随时查出哪些工作应该已经完成、哪些工作正在进行以及哪些工作将要开始。

(3) 由于时标网络计划图能清楚地表示出哪些工作需要同时进行,因此可以确定在同一时间内对劳动力、材料和机械设备等资源的需要量。

(4) 通过优化调整后的时标网络计划,可以直接作为进度计划下达到执行单位使用。

(5) 时标网络计划的调整比较麻烦,当情况发生变化(如资源的变动或工期拖延),需要对时标网络计划进行修改时,由于改变工作持续时间就需要改变箭线的长度和节点的位置,往往因移动局部几项工作而牵动整个网络计划。

双代号时标网络计划的特点

任务训练单

学习任务 4.4　时间坐标网络计划图的绘制　　　　　　姓名_____　班级_____
任务训练 1：用节点最早时间将 92 页任务训练 1 所绘制的双代号网络图改为时间坐标网络图
任务训练 2：用节点最迟时间将 92 页任务训练 1 所绘制的双代号网络图改为时间坐标网络图

任务 4.5　单代号网络计划图绘制及时间参数计算

任务描述

本单元主要学习单代号网络计划图的绘制及时间参数的计算方法。要求熟悉单代号网络计划图的组成和基本识读方法，掌握绘制方法和时间参数的计算方法，能够根据施工项目的工作流程编制出单代号网络计划图，并确定关键线路，同时体会单代号网络计划图识读和绘制过程中的规范性和严谨性，培养科学、认真的工作态度。

知识储备

一、单代号网络计划图的组成

单代号网络计划图（单代号网络图）与双代号网络计划图一样，也是由三要素组成，但含义却完全不同。

单代号网络图
基本要素

1. 节点

单代号网络计划图中节点可以用圆圈或方框表示，一个节点表示一项具体工作。节点表示的工作名称（工作代号）、工作持续时间和节点编号一般都标注在圆圈内。计算所得的时间参数一般标注在节点两侧。

2. 箭线

箭线表示工作之间的相互逻辑关系，它既不消耗时间也不消耗资源。因此，单代号网络图中不存在虚箭线，箭线的箭头方向表示工作的前进方向。

3. 线路

与双代号网络计划图一样，在单代号网络图中，存在大量的线路，对网络计划图进行研究的中心任务是研究关键线路。

二、单代号网络计划图的绘制

1. 工作关系的表示

（1）依次开始：A 工作完成后进行 B 工作，B 工作完成后进行 C 工作，如图 4-16 所示。

（2）同时开始：A 工作结束后，B、C 工作才能开始，如图 4-17 所示。

单代号网络图绘制
规则与方法

(3)同时结束：A、B 工作均完成后进行 C 工作，如图 4-18 所示。

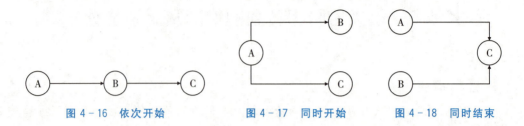

图 4-16　依次开始　　　图 4-17　同时开始　　　图 4-18　同时结束

(4)全约束：A、B 工作均完成后同时进行 C 和 D 工作，如图 4-19 所示。

(5)半约束：A 工作完成后进行 C 工作，A、B 工作均完成后进行 D 工作，如图 4-20 所示。

(6)三分之一约束：A 工作完成后进行 C、D 工作，B 工作完成后进行 D、E 工作，如图 4-21 所示。

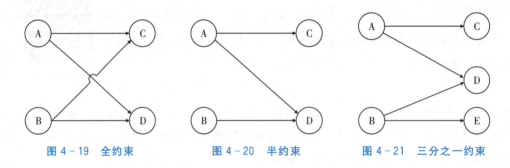

图 4-19　全约束　　　图 4-20　半约束　　　图 4-21　三分之一约束

2. 单代号网络计划图的绘制原则

(1)由于单代号网络计划图与双代号网络计划图的区别仅在于图形表达符号不同，而表达进度计划的内容是相同的，所以绘制双代号网络计划图的基本规则，在单代号网络计划图的绘制中都应遵守。

(2)单代号网络计划图中，若有几项工作同时开始或结束时，可以虚引入一个"始"节点或一个"终"节点。引入的"始"节点和"终"节点都是虚拟的节点，所以不消耗时间和资源。

【例 4-5】 根据表 4-4 绘制单代号网络计划图、双代号网络计划图。

表 4-4　施工顺序表

工作代号	A	B	C	D	E	F
紧前工作	—	—	—	A，B	A，C	A，B，C

解：绘制结果如图 4-22 和图 4-23 所示。

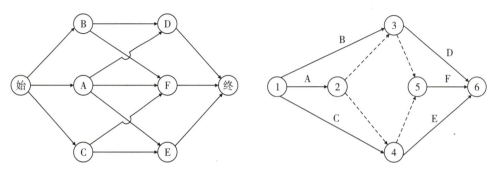

图 4-22　单代号网络计划图　　　　　　　图 4-23　双代号网络计划图

通过以上实例比较可以看出，单代号网络计划图的绘制比较简单，各项工作之间的相互关系容易表达；不用虚工作，网络计划图便于检查、修改。但是，箭线出现交叉难以避免，需用"暗桥法"解决。同时单代号网络计划图不能绘制成时标网络计划图。在时间参数计算时，单代号网络计划中无节点时间参数，只有工作时间参数。

三、单代号网络计划图时间参数的计算

1. 工作时间参数

（1）工作的最早可能开始时间 ES。表示该工作的所有紧前工作都已完工，本工作可以开工。从起始节点开始，顺箭线方向逐项工作进行，直到终点节点。由于开始工作的最早开始时间为零，即 $ES_1=0$（①为起始节点，即开始工作），其他工作的最早开始时间应等于紧前工作最早结束时间的最大值，其计算公式为

单代号网络图时间参数的计算

$$ES_j = \max\{ES_i + D_i\} = \max\{EF_i\}(i=1,\cdots,n-1;j=2,\cdots,n。) \quad (4-9)$$

（2）工作的最早可能结束时间 EF。工作的最早可能结束时间的计算公式为

$$EF_i = ES_i + D_i(i=1,\cdots,n。) \quad (4-10)$$

终点节点 n 的最早完成时间 EF_n 就是工程的计划工期 T，即 $T = EF_n$。

（3）工作的最迟必须结束时间 LF。计算工作的最迟结束时间应从终点节点开始，逆着箭线方向，向起始节点逐项计算。终点节点的最迟完成时间应保证总工期不被拖延，所以网络计划图终点节点的最迟完成时间应等于工程的计划工期，即 $LF_n = EF_n = T$，$LS_n = LF_n - D_n$。

工作最迟结束时间 LF_i 等于紧后工作 j 的最迟开始时间的最小值，即

$$LF_i = \min\{LS_j\}(i=1,\cdots,n) \quad (4-11)$$

（4）工作的最迟开始时间 LS。工作最迟开始时间的计算公式为

$$LS_i = LF_i - D_i(i=1,\cdots,n)(i=n,n-1,n-2,\cdots,3,2,1) \quad (4-12)$$

2. 工作时差

(1) 工作总时差 TF。在单代号网络计划图中,工作总时差的概念与双代号网络图完全相同,所以工作总时差的计算公式为

$$TF_i = LS_i - ES_i = LF_i - EF_i (i=1,\cdots,n) \quad (4-13)$$

(2) 工作自由时差 FF。工作自由时差的计算公式为

$$FF_i = \min\{ES_j\} - EF_i (i<j) \quad (4-14)$$

3. 关键线路的确定

单代号网络计划图中确定关键线路的方法与双代号网络计划图基本相同,只是没有节点时间参数,所以不能用节点时间参数均相等的方法来判别关键线路。

在单代号网络计划图中,总时差为零的工作为关键工作,自始至终全部由关键工作所形成的线路即为关键线路。

【例 4-6】 根据表 4-5 绘制单代号网络计划图、计算时间参数及确定关键线路。

表 4-5 施工顺序表

工作代号	A	B	C	D	E	F	M
紧后工作	B、D	M、C	F	E	F	—	E
持续时间	5	10	10	5	5	5	4

解:绘制完成的单代号网络计划图如图 4-24 所示。

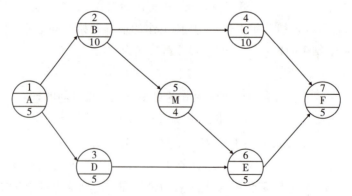

图 4-24 例 4-6 单代号网络计划图

时间参数计算过程如下。

(1) 工作最早时间。

$$ES_A = 0, \quad EF_A = ES_A + D_A = 0 + 5 = 5$$
$$ES_B = EF_A = 5, \quad EF_B = ES_B + D_B = 5 + 10 = 15$$
$$ES_D = EF_A = 5, \quad EF_D = ES_D + D_D = 5 + 5 = 10$$

$$ES_C=EF_B=15, \quad EF_C=ES_C+D_C=15+10=25$$
$$ES_M=EF_B=15, \quad EF_M=ES_M+D_M=15+4=19$$
$$ES_E=\max\begin{cases}EF_M=19\\EF_D=10\end{cases}=19, \quad EF_E=ES_E+D_E=19+5=24$$
$$ES_F=\max\begin{cases}EF_C=25\\EF_E=24\end{cases}=25, \quad EF_F=ES_F+D_F=25+5=30$$

则 $T=EF_n=EF_F=30$ 天

(2) 工作最迟时间。
$$LF_F=EF_F=30, \quad LS_F=LF_F-D_F=30-5=25$$
$$LF_E=LS_F=25, \quad LS_E=LF_E-D_E=25-5=20$$
$$LF_M=LS_E=20, \quad LS_M=LF_M-D_M=20-4=16$$
$$LF_C=LS_F=25, \quad LS_C=LF_C-D_C=25-10=15$$
$$LF_B=\min\begin{cases}LS_C=15\\LS_M=16\end{cases}=15, \quad LS_B=LF_B-D_B=15-10=5$$
$$LF_D=LS_E=20, \quad LS_D=LF_D-D_D=20-5=15$$
$$LF_A=\min\begin{cases}LS_B=5\\LS_D=15\end{cases}=5, \quad LS_A=LF_A-D_A=5-5=0$$

(3) 工作时差。
$$TF_A=LS_A-ES_A=0-0=0$$
$$FF_A=\min\begin{cases}ES_B\\ES_D\end{cases}-EF_A=5-5=0$$
$$TF_B=LS_B-ES_B=5-5=0$$
$$FF_B=\min\begin{cases}ES_C\\ES_M\end{cases}-EF_B=15-15=0$$
$$TF_C=LS_C-ES_C=15-15=0$$
$$FF_C=ES_F-EF_C=25-25=0$$
$$TF_D=LS_D-ES_D=15-5=10$$
$$FF_D=ES_E-EF_D=19-10=9$$
$$TF_M=LS_M-ES_M=16-15=1$$
$$FF_M=ES_E-EF_M=19-19=0$$
$$TF_E=LS_E-ES_E=20-19=1$$
$$FF_E=ES_F-EF_E=25-24=1$$
$$TF_F=LS_F-ES_F=25-25=0$$
$$FF_F=0$$

由此可得,该网络计划图的关键线路为①→②→④→⑦。

在单代号网络计划图中,时间参数的计算同样可以采用图上计算法完成,如图 4 - 25 所示。

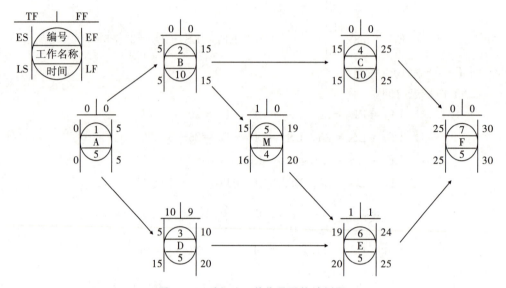

图 4 - 25　例 4 - 6 单代号网络计划图

项目 4
网络计划技术

 工作页

学习任务 4.5 单代号网络计划图绘制及时间参数计算　　姓名_____　　班级_____
任务训练 1：根据下表中的工作逻辑关系绘制单代号网络计划图，并计算时间参数，找出关键线路

工作名称	A	B	C	D	E	F	G	H
紧前工作	—	A	B	B	B	C、D	C、E	F、G
持续时间	3	3	1	6	2	4	2	1

任务 4.6　网络计划的优化

任务描述

本单元主要学习网络计划的优化方法。要求掌握网络计划工期优化、时间-费用优化和资源优化的方法，同时利用网络计划技术对现有施工进度方案有针对性地不断优化，培养不断改进、精益求精的职业精神。

知识储备

网络计划经计算后，得出的是初始方案，这个方案只是一种可行方案，要获得最佳方案，还必须进行网络计划的优化。网络计划的优化是既定的条件下，通过不断改善网络计划的初始方案，在满足给定网络计划的约束条件下，利用最优化原理，按某一衡量指标来寻求一个最优的计划方案，使之达到工期最短、成本最低、资源最优的目的。

根据网络计划优化条件和目标不同，通常有工期优化、时间-费用优化、资源优化等几种。

一、工期优化

工期优化只考虑时间，不考虑各种资源。一般可通过工作顺序的优化和时间优化来实现。

工期优化

1. 工作顺序的优化

(1) 将顺序作业调整为平行作业。网络计划中，各工作之间的关系有两种：一是工艺关系，工作之间的逻辑关系是固定的、不能任意改变的，如桥墩的施工工艺为基础→墩身→墩帽；另一种关系为组织关系，它们之间的工作顺序的逻辑关系一般是可以改变的，对组织关系的工作可以由顺序作业调整为平行作业。

如某段公路有涵洞①（工期为 5 d）、涵洞②（工期为 5 d）、涵洞③（工期为 5 d）三座，施工顺序是涵洞①→涵洞②→涵洞③，则工期为 15 d，如果改为平行作业，即涵洞①、涵洞②和涵洞③同时开工，那工期就是 5 d。

(2) 将顺序作业调整为流水作业。几项串联的工作，若紧前工作部分完成后紧后工作就可以开始，那么这些工作就可以采取流水作业的方式来完成，从而可以缩短工期。

如某隧道工程，分为三道工序：掘进 A 需 30 d，支模 B 需 12 d，初砌 C 需 18 d。该工程可以用顺序形式组织生产,工期为 60 d。若将 A、B、C 三项工作各分成三段交叉进行,根据工作关系表(表 4-6),绘制出网络计划图并进行计算,其工期缩短到 40 d。

表 4-6 工作关系表

工作代号	A1	A2	A3	B1	B2	B3	C1	C2	C3
紧后工作	A2、B1	A3、B2	B3	C1、B2	C2、B3	C3	C2	C3	—
持续时间/d	10	10	10	4	4	4	6	6	6

画出流水作业的双代号网络计划图,如图 4-26 所示。

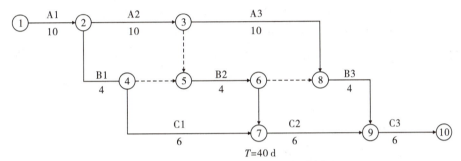

图 4-26 流水作业的双代号网络计划图

(3)推迟非关键工作的开始时间。如图 4-27 所示,工作 A、B 平行进行。若工期要求为 16 d,可以把 A 工作的人力转移到 B 上来,而把 A 推迟到 B 结束后开始,这样就使工期缩短到 16 d,但关键线路改变了,如图 4-28 所示。

(4)延长非关键工作的持续时间。将非关键工作上的资源调一部分到关键工作上,这样非关键工作的时间就要延长,但由于关键线路上的资源增加,就相应缩短了关键线路的持续时间。

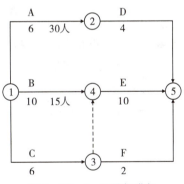

图 4-27 A、B 平行进行

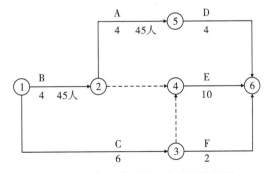

图 4-28 推迟非关键工作的开始时间

(5)从计划外增加资源。从计划外增加资源,如增加机械设备、运输车辆、劳动力等来加速关键工作的完成,从而使工期缩短。

2. 工作时间的优化

网络计划的工期即为关键线路的线路时间,因此,工期优化指在满足既定约束条件下,延长或缩短计算工期以达到要求工期的目标,使工期合理。

一般情况下:计算工期 T_c≤计划工期 T_p≤要求工期 T_r。

工程实践中还可能出现以下两种情况。

(1)当计算工期 T_c 小于要求工期 T_r 时:

①当计算工期 T_c 与要求工期 T_r 相差较小时,可不调整;

②当计算工期 T_c 与要求工期 T_r 相差较大时,需要调整。

【例 4-7】 图 4-29 所示的工程要求 28 天完成,请调整优化。

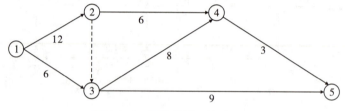

图 4-29 调整前的网络计划图

解:首先可以找出关键线路为 1→2→3→4→5,计算工期 $T=23$ d,小于要求工期 28 d,相差较大需要调整。

调整关键线路。3→4,4→5 时间相对较少,可以增加,把 3→4 加 2 d,4→5 加 3 d,此时不影响其他线路,工期为 28 d,关键线路未发生变化。调整后的网络计划图如图 4-30 所示。

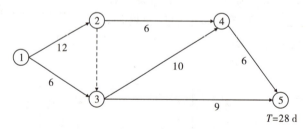

图 4-30 调整后的网络计划图

总结:把时间差值加在某些关键的工序上,使得工序时间适当加长,相应减少工序资源消耗,经反复调整,满足工期要求。

①尽量避免某一项工序时间的单独增加,尽量均匀分散增加工序时间。

②注意有工序时间增加的特殊限制性要求。

(2)当计算工期 T_c 大于要求工期 T_r 时。

相应减少关键工序时间,但要注意非关键工序的变化。方法有顺序法、加数平均法、选择法等。本书利用优选系数进行优化。

优化的考虑因素:①缩短持续时间对质量和安全影响不大的工序。②有充足备用资源的工序。③缩短持续时间所增加的费用最小的工序。满足上述三项要求的系数为优选系数,优化优选系数最小,或组合优选系数为最小的工序或方案进行压缩。

优化的步骤:
①计算初始网络计划的工期 T_c 及确定关键线路及关键工序。
②计算应缩短的工期 $\Delta T = T_c - T_r$。
③确定各关键工序能缩短的持续时间。
④压缩相关各关键工序的持续时间。
⑤重复上述步骤,直到结果满足工期要求。

注意:
①不得将关键工序压缩成非关键工序,当出现多条关键线路时,应将平行的各关键线路持续时间压缩相同的数值。
②当反复调整不能达到要求时,说明网络计划图原始方案有问题,应修改原网络计划图方案。

【例 4-8】 某双代号网络计划图如图 4-31 所示,图中箭线上方括号外为工序名称,括号内为优选系数;图中箭线下方括号外为工序正常持续时间,括号内为最短持续时间。现要求施工工期为 30 d,请对工期进行优化。

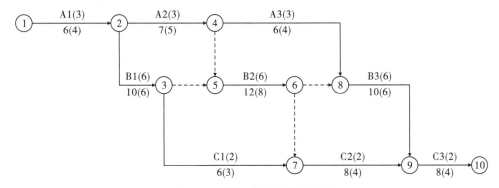

图 4-31 某双代号网络计划图

解:利用前面所学知识计算初始网络计划的工期及确定关键线路及关键工作,其中关键线路用粗线标出,计算工期 T_c 为 46 d,如图 4-32 所示。因为计算工期(46 d)大于要求工期(30 d),计算应缩短的时间:$\Delta T = T_c - T_r = 46 \text{ d} - 30 \text{ d} = 16 \text{ d}$。具体工期优化步骤如下。

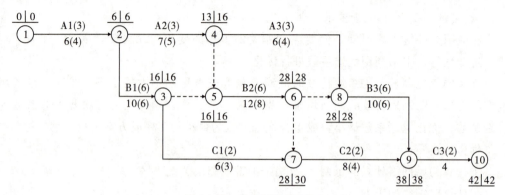

图 4-32 初始网络计划图

(1)第一次优化：找关键线路上优化系数最小的工序 9~10 进行压缩，可压缩 4 d，如图 4-33 所示。

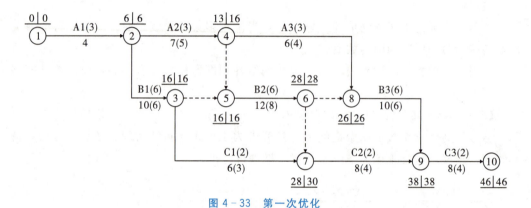

图 4-33 第一次优化

(2)第二次优化：继续找关键线路上优化系数最小的工序 1~2 进行继续压缩，可压缩 2 d，如图 4-34 所示。

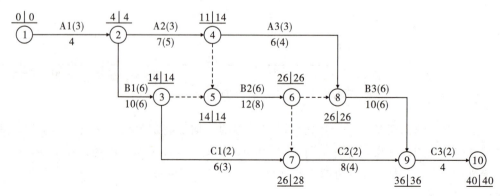

图 4-34 第二次优化

(3) 第三次优化：根据上述结果，选择关键线路上关键工序优选系数最小的工序 2～3，虽然可以压缩 4 d，但此条线路将会变成非关键线路，因此时非关键线路工序 2～4 为 7 d，长于工序 2～3 的 6 d 时间，变为关键线路，为不改变原关键线路的转变，只能压缩 3 d，与工序 2～4 共同为关键工序，压缩后的网络图将有两条关键线路，如图 4-35 所示。

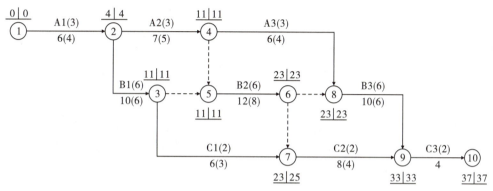

图 4-35 第三次优化

(4) 第四次优化：观察上述结果，两线路同时压缩时，有一个公共的工序 5～6，且在原关键线路中也为最小优化系数工序，即可压缩最大幅度 4 d 可以同时在两条关键线路上都压缩 4 d 工期，两条关键线路未发生变化，如图 4-36 所示。

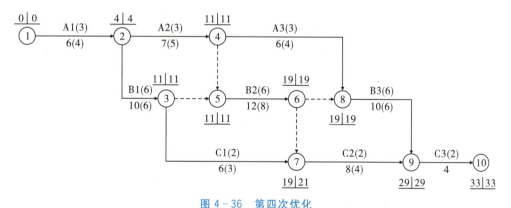

图 4-36 第四次优化

(5) 第五次优化：根据上述结果，选择关键线路上关键工序优选系数最小工序 8～9，虽然可以压缩 4 d，但此线路将会变成非关键线路，因此时非关键线路工序 7～9 为 8 d，长于工序 8～9 的 6 d 时间，变为关键线路，为不改变原关键线路的转变，只能压缩 2 d，与工序 7～9 共同为关键工序，压缩后的网络图将会出现三条关键线路，如图 4-37 所示。

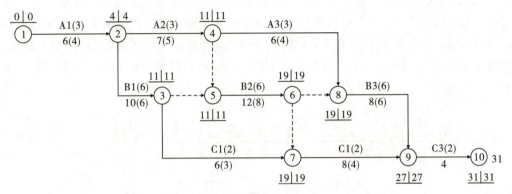

图 4-37 第五次优化

(6)第六次优化：继续找关键线路上优化系数最小的工序 8~9 及工序 7~9 进行压缩，各自可压缩 1 d，如图 4-38 所示。至此，工期已经达到 30 d，满足工期要求。优化过程如表 4-7 所示。

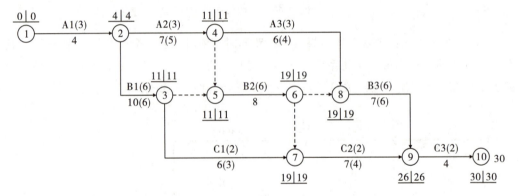

图 4-38 第六次优化

表 4-7 优化过程

优化次数	压缩工作	组合优选系数	压缩天数	工期/d	关键线路
0	—	—	—	46	1-2-3-5-6-8-9-10
1	9~10	2	4	42	1-2-3-5-6-8-9-10
2	1~2	3	2	40	1-2-3-5-6-8-9-10
3	2~3	6	3	37	1-2-3-5-6-8-9-10 1-2-4-5-6-8-9-10
4	5~6	6	4	33	1-2-3-5-6-8-9-10 1-2-4-5-6-8-9-10

续表

优化次数	压缩工作	组合优选系数	压缩天数	工期/d	关键线路
5	8~9	6	2	31	1-2-3-5-6-8-9-10 1-2-4-5-6-8-9-10 1-2-3-5-6-7-9-10 1-2-4-5-6-7-9-10
6	8~9 7~9	9	1	30	1-2-3-5-6-8-9-10 1-2-4-5-6-8-9-10 1-2-3-5-6-7-9-10 1-2-4-5-6-7-9-10

二、时间-费用优化

一般工程项目中，要想缩短工期，通常都需要通过增加劳动力或增加资源或加班加点等来实现，这些都会引起费用的增加，因此费用和工期有着密切关系。公路工程项目的费用包括直接费用和间接费用（图4-39）。其中，直接费用指完成工程所需要的劳动力、原材料、机械设备等费用；间接费用包括管理、利息和不便于计入直接费用的其他相关费用。直接费用随着工期的缩短而增加，间接费用随着工期的缩短而减少。因此，对于某一个项目来说，进行时间-费用优化就是求计划的最小费用的最优工期。解决这一问题的途径，可先确定间接费用与工期的关系曲线，再确定直接费用与工期的关系曲线；两曲线叠加即得到总费用与工期的关系曲线，该曲线的最低点即为最小费用，此费用对应的工期即为最优工期。

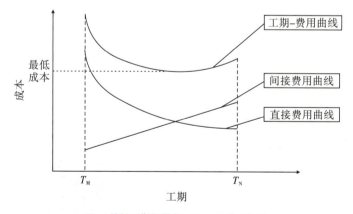

费用优化

T_M—最短工期极限点；T_N—正常工期点。

图4-39 时间-费用曲线图

三、资源优化

这里所说的资源是指为完成任务所需的劳动力、材料、机械设备和资金等的统称。资源优化通常有两种不同的情况：一是在工期规定条件下，力求资源消耗均衡，即规定工期的资源均衡问题；二是在资源供应有限制的条件下，寻求计划的最短工期，即资源有限、工期最短的问题。

1. 规定工期的资源均衡

所谓规定工期，是指工程项目网络计划的计划工期不能超过有关规定。下面介绍一种"削峰填谷法"和利用此法实现规定工期的资源均衡问题，其原理是首先将计划中的所有工作按最早时间安排，根据资源的逐日需要量，做出资源曲线图；在此基础上，找出整个计划中的资源高峰时段($t_a - t_b$)，选择位于该高峰时段的能推迟到高峰之后开始的非关键工作，将其推迟到t_b之后某时刻开始，这样就使得整个计划中资源高峰得到一次削低，如图4-40所示。该高峰之后的资源低谷也就相应地得到一次填补，重复上述步骤，找出新的资源高峰，选择适当的非关键工作，进行下一次调整。这样逐步的"削峰填谷"，直到整个计划的资源高峰再也不能削低为止。

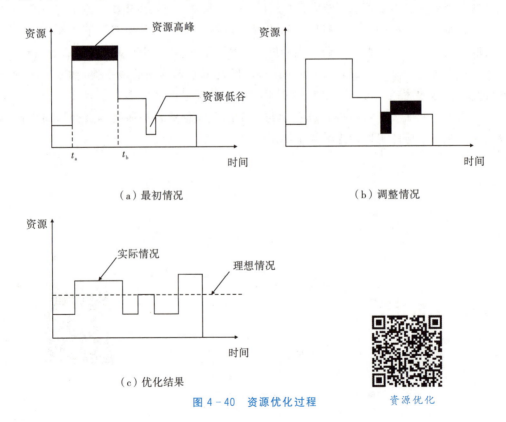

图4-40 资源优化过程

资源优化

最理想的资源分布图应是一个矩形图，也就是说整个计划在每个单位时间的资源需求量保持不变，当然要得到这种理想的计划是不可能的，但是如果求出每单位时间内资源的平均需求量，将对整个资源的均衡调整有所帮助。事实上，资源的均衡就是要近似地达到这个平均值。

被推迟的非关键工作应该有一定的时差，以便在被推迟时不会影响计划工期。这些非关键工作的调整应按以下两条优先推迟规则进行：

（1）优先推迟资源强度小的工作（资源强度是指单位时间内资源需要量）；

（2）当有几项工作的资源强度相同时，优先推迟有效机动时间大的工作。

2. 资源有限，工期最短

当一项工程计划通过资源均衡之后，如果所需要的资源很充足，就可以下达实施了。但是，当资源供应有限时，计划在执行过程中就可能出现资源供不应求的现象，这就需要合理安排资源，可采用有限资源的分配方法来处理。

资源分配的优先安排规则：

(1)优先安排机动时间小的工作。

(2)当几项工作的机动时间相同时，优先安排持续时间短的和资源强度小的工作。

要注意的是，必须在保障关键工作的资源条件下，力争减少资源的库存积压，提高利用率。这里介绍的资源优化问题，只是单项资源调整问题，只考虑每项工作每天需要为常数的简单情况，而实际工程要复杂得多，实际问题要解决多种材料、机械设备的多资源而且需要量为变数的问题。但是复杂问题是以简单问题为基础的，它们的基本原则是一致的。

 任务检验

一、简答题

1. 什么是网络计划的优化？网络计划优化的目标有哪几种？
2. 简述工期优化的步骤与方法。
3. 简述资源优化的两种方式。

项目 5
资源需求计划的编制

 学习目标

(1)了解资源需求计划编制的重要意义;
(2)掌握劳动力需求计划的编制方法;
(3)掌握材料需求计划的编制方法;
(4)掌握主要材料运输组织计划的编制方法;
(5)掌握主要施工机具与设备需求计划的编制方法。

 思政目标

(1)通过编制资源需求计划,体会失之毫厘,谬以千里的道理,培养注重细节,认真严谨的工作作风;
(2)通过劳动力、材料和施工机具设备配置与管理,体会科学筹划、优化管理的重要意义,树立科学组织管理施工、提高生产效率的思想,提高工程质量与成本管理意识。

任务 5.1　认识资源需求计划

任务描述

了解资源需求计划编制的重要意义,掌握其编制原则和编制依据,熟悉编制时应遵循的具体要求。

知识储备

资源需求计划是指根据已确定的施工方案和施工进度计划所编制的劳动力、主要材料、成品、半成品、预制构件,对施工项目作业周期起控制作用的主导施工机械设备等的使用计划。资源需求计划的编制应在满足合同质量和工期要求的前提下,充分考虑设备和资金的利用率,以提高经济效益为中心,降低施工成本为目的。

一、资源需求计划的编制原则

资源需求计划的优劣直接影响着施工成本和进度,编制时必须遵循以下原则:
(1)遵循国家法律、法规等法令性相关条文规定。
(2)遵循国家各项物资管理政策和要求。
(3)因地制宜,按照市场供求规律编制资源需求量计划。
(4)根据甲方的合同要约编制资源需求量计划。
(5)尽量组织工程所在地的资源,以降低采购成本。
(6)资源供应计划应与施工进度计划相适宜,并有一定预见性储备或留有余地。
(7)结合施工企业的流动资金状况,编制切实可行的资源供应计划。
(8)以满足施工质量、安全和进度等需要为前提。

二、资源需求计划的编制依据

(1)设计图纸及其工程量。
(2)施工方案及施工进度计划。
(3)发包人在合同条款中对材料、机械设备等提出的特殊要求。
(4)资源储备及运输条件等。
(5)可供利用的资源状况。
(6)资源消耗量标准:主要指预算定额或企业定额中的材料、构件或半成品的消耗标准,机械台班消耗量标准,劳动力消耗量标准和周转性材料消耗量标准等。

资源需求量的计算

三、编制资源需求计划的要求

资源需求计划应在对工程项目所在地施工资源广泛调查的基础上,结合施工企业现有的人力、机械、材料和资金等资源状况,由工程技术部门配合物资供应部门进行编制。具体要求如下:

(1)保质保量。保质是指材料、构件和半成品的选择达到设计要求和业主提出的质量要求,过分地追求高标准和高要求会导致成本提高,效益降低;机械设备选择应符合施工技术规范和安全操作规程的要求,并能在施工过程中保持良好的运行工况;人力资源的配置应做到各工种配合得当,特别是机械化施工时应达到人机最佳组合,充分挖掘人机潜力,提高生产效益。

保量是指进货量、库存量和供应量应与施工进度计划相协调,资源供应要持续均衡,既不占用太多的流动资金,还能按进度计划进行施工,满足施工需要,并考虑略有余量。资源供应不足时，会停工待料；供大于求时，又会降低流动资金的利用率，影响工程效益。

(2)适时适地。适时是指材料应按进度计划的需求，以最短的存储时间，分期分批、持续均衡地供应到现场，既不积压资金，也不造成窝工而影响施工进度。

适地是指资源供应应以保持良好的施工连续性为前提，合理调度和配置施工资源，减少人工和机械的调运次数，保证资源供应直达施工现场，避免二次搬运，以免造成不必要的浪费和效益损失。

(3)合理低价。合理低价是指工、料、机应按合理低价原则进行选择，尽量不超过工程的预算价格，保证工程项目的经济效益。如地产材料等的价格随季节性变化较大，在流动资金允许或具备淡季储备材料条件时，可在分部分项工程开工前一段时间内提前储备材料，以较低价格购进材料，寻求最大的经济效益。

(4)充分挖掘社会资源。工程项目施工离不开工程所在地的社会资源，特别是地产材料的运输条件、储量和价格，材料供应及时与否对工程项目的成本影响较大，因此，编制资源供应计划要充分利用工程所在地的社会资源，降低成本、保障供给。

 任务检验

一、简答题

简述资源需求计划的编制原则和要求。

任务 5.2　劳动力需求计划编制

 任务描述

根据项目施工方案和施工进度计划，计算确定单位时间劳动力需要量，进而编制劳动力需要量计划图表，配置与整合施工项目的人力资源，同时理解科学筹划、优化管理的重要意义，培养注重细节、认真严谨的工作作风，提升工作责任心和使命感。

案例引入

本任务单元中选用某路面工程的劳动力需求计划编制作为教学案例，案例内容详见后文，要求结合案例内容，详细分析劳动力需求计划的编制方法和程序，实现学习任务目标。

知识储备

一、劳动力需求计划概述

劳动力需求计划是工程项目在施工生产过程中,对人力资源的统筹与规划,它是调配和平衡劳动力,安排生活福利设施的依据,同时也是劳动力耗用的衡量指标。制订一份切实可行的劳动力需要量计划,不仅能够提高工效,降低工程成本,还能为满足施工进度和质量要求提供有力的支持与保障。

二、劳动力需求计划的编制方法

1. 收集基础资料

基础资料主要包括设计部门提供的工程项目设计资料、施工部门提供的施工组织设计资料、财务部门提供的年度资金使用计划和物资部门使用的劳动消耗定额。

2. 编制劳动力需求计划纲要

不同的施工方法所需的劳动力工种和数量均不相同。根据施工对象和采用的施工方法确定所需劳动力的种类,按需编制劳动力需要量计划纲要。

3. 计算每个施工项目单位时间内的劳动力需要量

(1)根据相应工程项目的工程数量和规定使用的劳动定额用公式(5-1)计算完成工程所需的总劳动量(或机械作业量)D。

人工操作时称为劳动量,机械操作时称为作业量。

$$D = QS = \frac{Q}{C} \tag{5-1}$$

式中　D——完成工程所需的总劳动量(工日或台班);

　　　Q——工程数量,工程数量 = 工程量/定额单位;

　　　S——时间定额,即完成单位合格产品的时间;

　　　C——产量定额,即单位时间内完成合格产品的数量。时间定额和产量定额互为反比。

(2)计算出总劳动量D后,用式(5-2)计算出每日所需的劳动力数量R。

$$R = \frac{D}{Tn} = \frac{QS}{Tn} \tag{5-2}$$

式中　R——每班人数或机械台数;

　　　T——生产周期(即持续时间);

　　　D——完成工程所需劳动量(工日或台班);

　　　n——生产工作班制数,分为单班制、二班制和三班制。

受施工条件或施工单位人力、设备数量限制,对生产周期起控制作用的施工任务的劳动量称为主导劳动量。一般取生产周期较长的劳动量作为主导劳动量。

当施工人员和机械数量不变时,采用二班制和三班制组织生产将会缩短施工过程的生产周期。同时生产工作班制的确定还应考虑施工工艺要求,例如钻孔和浇筑混凝土等要求施工过程连续,计算资源需要量或生产周期时就应采用三班制作业(即 n 取 3)。

4. 累计汇总

将施工进度计划表内同一时段内的各施工项目每天(或旬、月、季度)所需工人人数按工种进行累加汇总,即为该时段的劳动力总需要量,然后填写表格。

5. 编制劳动力需求计划表

劳动力需求计划表内容应根据项目的工程数量及劳动力供应情况参照表 5-1 的形式进行编制。内容一般包括工种、人数、年季度劳动力需要数量及计划使用时间等。

表 5-1 劳动力需求计划表

工作名称	总人数	需要人数及时间										备注
		年					年					
		一季度	二季度	三季度	四季度	合计	一季度	二季度	三季度	四季度	合计	
1	2	3	4	5	6	7	8	9	10	11	12	13

6. 平衡和优化劳动力资源

根据计算所得的劳动力总需要量、资金使用计划及施工进度计划平衡和优化劳动力资源。劳动力需要量图表明劳动力需要量与施工期限之间的关系,不同的工程进度安排,劳动力需要量图会呈现出图 5-1 所示的不同状态。

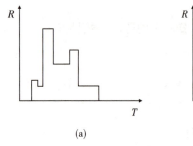
(a)

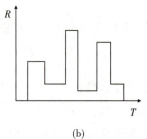
(b)

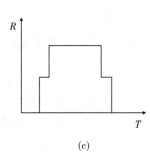
(c)

图 5-1 劳动力需要量图

图 5-1(a)表示在短期内劳动力出现高峰现象。

图 5-1(b)中劳动力数量忽高忽低，成锯齿状，表示劳动力数量调动频繁，易出现窝工。

以上两种情况都不利于施工管理，并增大了各种临时设施的规模，编制施工进度计划时应尽量避免。

图 5-1(c)表示在较长时间内劳动力保持了均衡，符合施工规律，是最好的情况。因此，劳动力投入随时间的变化通常应趋于正态分布状态。

劳动力消耗的均衡性，可用劳动力不均衡系数 K 表示，其值按式(5-3)计算。

$$K = \frac{R_{\max}}{R_{平均}} \tag{5-3}$$

式中　　$R_{\max}$——施工期间劳动力最高人数；

　　　　$R_{平均}$——施工期间加权平均人数，即总劳动量/计划总工期。

劳动力不均衡系数的值应大于或等于1，一般不超过1.5。

进行劳动力均衡性调整时，可以通过对工期较长的主导劳动量施工采取措施，如增加作业班制或工作面，以缩短工期。或利用时差调整某些工序的开工或完工日期，使劳动力需要量达到均衡，具体优化调整方法见"任务 4.6 网络计划的优化"。

三、劳动力需求计划的编制步骤

编制劳动力需求计划一般分为三个阶段，编制时应结合进度计划和资金流量，切合实际，考虑周全。

1. 准备阶段

调查企业内外部可供利用的劳动力数量，熟悉分部分项工程的施工顺序及其施工方法，了解各分部分项工程的劳动消耗定额，理解施工组织设计和进度计划的主要内容，进行劳动力需要量的估算与预测。

2. 编制阶段

根据各分部分项工程的工程量、可供利用的劳动力数量及进度计划中已经确定的分部分项工程的作业周期，核算劳动力需要量，然后根据工期目标进行资源的平衡和优化。

3. 执行阶段

根据进度计划的执行调整情况，适时调整劳动力资源供应计划，以满足施工需要。

四、劳动力需求计划编制案例

(一)工程背景资料

1. 工程概况

某公路起点桩号为 K132+000，终点桩号为 K160+100，全长 28.1 km。某项目部主要承揽路面工程施工任务，合同工期337公历日。

路面结构形式：28 cm厚水泥混凝土路面，路面宽度为24.0 m；浆砌片石路肩，路肩宽度为0.5 m；路面基层为18 cm厚5%水泥稳定砂砾，基层宽度为24.5 m(全填)或24.0 m(全挖)或24.25 m(半填半挖)；路面底基层为15 cm级配砾石，底基层宽度为25.0 m。

设计标准及主要技术指标：设计行车速度为80 km/h，路基宽25 m，水泥混凝土路面厚28 cm，平曲线最小半径280 m，最大纵坡5%，最大超高4%。设计荷载为公路-I级。

2. 施工流程及方法

(1)级配砾石路面底基层采用机械铺料，拖拉机带铧犁拌和，压路机碾压的施工方法。

(2)水泥稳定砂砾基层采用厂拌法施工，摊铺机分两幅摊铺(12.5 m以内稳定土摊铺机摊铺)，压路机碾压。同时水泥稳定砂砾混合料采用15 t以内自卸汽车运输，平均运距为12 km。

(3)普通水泥混凝土路面面层采用混凝土拌和楼拌和，滑模式混凝土摊铺机摊铺；水泥混凝土混合料采用8 t自卸汽车运输，平均运距为8 km。

3. 进度计划安排

路面工程施工进度计划如图5-2所示。

序号	施工项目	工程量/m²	2020年		2021年										
			11	12	1	2	3	4	5	6	7	8	9	10	11	12
1	底基层	702500		══	══	══	══	══	══	══						
2	基层	688450					══	══	══	══	══	══	══			
3	面层	674400							══	══	══	══	══	══	══	

图5-2　某路面工程进度计划

底基层：2020年12月1日至2021年6月30日，计划工期212天。
基层：2021年3月11日至2021年9月26日，计划工期200天。
面层：2021年5月1日至2021年11月2日，计划工期186天。

(二)工作任务

试确定该路面工程项目的劳动力需求量计划。

(三)任务实施

1. 确定施工任务

根据施工进度图中的时间坐标进程，逐月统计每月应开工的施工任务(平行作业)

的个数,并明确各施工任务的开工和完工时间。核算各施工任务工程量。

2. 确定各施工任务劳动消耗量标准

明确各项施工任务的施工方法与具体要求,查《公路工程预算定额》(JTG/T 3832—2018)确定每项施工任务的劳动力消耗量(注意:本案例中未考虑拌和站的安装与拆除、封层及路面钢筋等的劳动消耗)。

(1)级配砾石路面底基层。

底基层厚15 cm,施工方法采用机械铺料,拖拉机带铧犁拌和,压路机碾压。查《公路工程预算定额》(JTG/T 3832—2018)"级配砾石路面"可知,完成该施工任务需要的人工为

$$2.2+0.1\times 7=2.9(工日/1000\ m^2)$$

(2)水泥稳定砂砾基层。

①5%水泥稳定砂砾基层厚18 cm,采用厂拌法施工,查《公路工程预算定额》(JTG/T 3832—2018)"厂拌基层稳定土混合料"可知,完成该施工任务需要的人工为

$$2.5+0.1\times(18-20)=2.3(工日/1000\ m^2)$$

②12.5 m以内稳定土摊铺机分两幅摊铺,压路机碾压。查《公路工程预算定额》(JTG/T 3832—2018)"机械铺筑厂拌基层稳定土混合料"可知,完成该施工任务需要的人工为2.2工日/1000 m^2。

因此,水泥稳定砂砾基层劳动力消耗标准为

$$2.3+2.2=4.5(工日/1000\ m^2)$$

(3)普通水泥混凝土路面面层。

水泥混凝土面层施工采用集中拌和,滑模式混凝土摊铺机摊铺。查《公路工程预算定额》"水泥混凝土路面"可知,完成该施工任务需要的人工为

$$40.1+1.2\times 8=49.7(工日/1000\ m^2)$$

3. 计算各施工任务每日劳动力需要量

根据各项施工任务的工程量、计划工期、劳动力消耗标准和作业班制可计算出每日劳动力需要量。

底基层:$702500\div 1000\times 2.9\div 212=9.6$,取10人。

基层:$688450\div 1000\times 4.5\div 200=15.5$,取16人。

面层:$674400\div 1000\times 49.7\div 186=180.2$,取181人。

计算时应注意:劳动力、施工机械每日需要量不能出现小数,必须取整;材料可以按具体数量计取。

4. 编制劳动力需要量计划图表

将施工进度计划表内同一时段内的各施工项目每天所需工人人数进行累加汇总,即为该时段的劳动力总需要量,如图5-3所示。

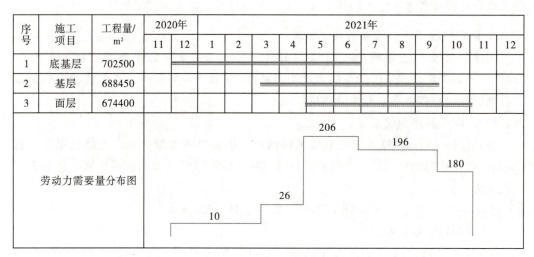

图 5-3 某路面工程劳动力需要量分布图

任务检验

一、填空题

1. 资源需要量计划主要包括_____、_____和_____三种。

2. 劳动力需要量计划是_____，_____的依据，也是衡量_____的指标。

3. 施工进度与施工资源投入量成_____关系，即针对某个施工项目而言，施工资源投入量越大，其作业周期越_____。

4. 某项工作的工程量为 320 m³，时间定额为 0.5 工日/m³，如果每天安排 2 个工作班次、持续工作 10 天。则每班需要_____人去完成该工作。

5. 劳动力消耗的均衡性用_____系数表示，其值应_____，一般不超过_____。

6. 施工过程中劳动力投入随时间的合理变化通常应趋于_____状态。

二、问答题

1. 编制资源需要量计划前应收集哪些资料？
2. 影响劳动力需要量计划的因素有哪些？

项目 5
资源需求计划的编制

📖 **任务训练单**

学习任务 5.2　劳动力需要量计划编制　　　姓名＿＿＿＿＿　　班级＿＿＿＿＿	
任务背景材料	1. 工程概况 　　某公路起点桩号 K42＋700，终点桩号为 K45＋500，全长 2.8 km。某项目部主要承揽路面工程施工任务。 　　路面结构形式：底基层宽度为 12 m，采用 35 cm 厚的石灰土（石灰剂量 10%）；基层宽度为 11.5 m，采用 25 cm 厚的水泥稳定碎石（水泥剂量 5%）。 　　设计标准及主要技术指标：设计行车速度为 80 km/h，路线等级为平原微丘区二级公路。路基宽度 12 m。路面横坡为 2%。 2. 施工流程及方法 　　(1) 石灰土路面底基层采用路拌法施工，稳定土拌和机拌和，压路机碾压。 　　(2) 水泥稳定碎石基层采用 300 t/h 拌和设备进行厂拌法施工，摊铺机分两幅摊铺（12.5 m 以内稳定土摊铺机摊铺），压路机碾压。同时水泥稳定碎石混合料采用 15 t 以内自卸汽车运输，平均运距为 10 km。 3. 进度计划安排 　　路面工程施工进度计划如图 5-4 所示。 	序号	施工项目	工程量/m²	2022年												
			1	2	3	4	5	6	7	8	9	10	11	12
1	底基层	33600		▬	▬	▬								
2	基层	32200				▬	▬	▬	▬					| 图 5-4　路面工程施工进度计划
任务要求	1. 利用工程定额，计算确定各分项工程每日劳动力需要量； 2. 按照进度计划，编制该路面工程劳动力需要量计划表
任务实施过程	1. 计算确定各分项工程每日劳动力需要量

2. 将计算结果累计汇总,填入下列劳动力需要量计划表

工种名称	总人数	需要人数及时间							备注
		3	4	5	6	7	8	9	

3. 绘制劳动力需求分布图

4. 评价劳动力分布的均衡性

任务 5.3　材料需求计划编制

任务描述

明确主要材料所包含的内容，根据项目施工方案和施工进度计划确定各分部分项工程施工所需材料种类及其定额消耗量，正确计算出各种材料单位时间的需要量，进而编制主要材料需要量计划表，并根据主要材料需要量编制材料工地运输组织计划。通过材料运输组织方案比较，培养工程成本管理意识，树立科学进行施工组织管理的思想，培养注重细节，认真严谨的工作作风。

案例引入

本任务单元中选用某路面工程的材料需求计划编制作为教学案例，案例内容详见后文，要求结合案例内容，详细分析材料需求计划和运输组织计划的编制方法和程序，实现学习任务目标。

知识储备

一、材料需求计划概述

材料需求计划是指工程项目建设过程中根据实际施工活动需要，各分部分项工程对材料品种、规格及需要数量的计划。它是物资部门备料、供料，组织运输及筹建仓库和堆料场的依据。

公路施工项目所用材料消耗量大，品种多、规格复杂，一般根据用量和价值分为主要材料和辅助材料。主要材料包括施工需要的钢材、水泥、木材、沥青、石灰、砂石料、爆破器材等，以及有关临时设施和拟采取的各种施工技术措施用料，预制构件及其他半成品等用量大、价值高的材料。辅助材料是指制作半成品、成品所必需使用的零星的、低值易耗的材料，如铁皮、铁丝、焊条和草袋等，用量较小。通常编制的材料需要量计划是针对主要材料需要量进行的统筹与规划。

对于用量大的主材根据施工要求和资金周转状况可分期分批备料。用量少的辅材可考虑一次性备料。

二、材料需求计划的编制方法

计算材料需要量的主要依据是施工项目工程量和所选用的材料消耗定额。编制竞标性施工组织设计时，应根据标书上指定的材料消耗标准进行材料需要量计算。实施性施工组织设计则采用行业的或企业的材料消耗定额计算材料需要量。

计算分部分项工程材料需要量时，首先应明确分部分项工程的施工方案及施工方法，然后根据工程施工方法和内容套用相应定额，用式(5-4)和式(5-5)计算各分部分项工程的材料消耗量。

$$施工项目材料消耗量(供应量) = 施工项目工程数量 \times 材料消耗定额 \quad (5-4)$$

其中：施工项目工程数量＝施工项目实际(设计)工程量/定额单位

$$施工项目单日消耗量 = 施工项目材料消耗量(供应量)/作业工期 \quad (5-5)$$

三、主要材料需要计划的编制步骤

(1)根据施工进度图中的时间坐标进程，逐月统计每月已(或应)开工的施工任务(平行作业)的个数，确定和记录各施工任务的开工和完工时间。

(2)按照规定的行业或企业材料消耗定额确定施工任务所需材料规格种类，按照调拨、外购和自采加工等顺序，并考虑材料代号次序进行记录。

(3)计算每个施工项目的主要材料每日消耗量。

根据各项施工任务的工程数量和规定使用的材料消耗定额计算相应工程任务所需的材料总需要量，再除以施工进度计划中该施工任务的作业周期(实际作业天数)，可计算出每个施工任务每天的主要材料需要量。

(4)累计汇总。

将施工进度计划表内同一时段内的各施工项目每天(或旬、月、季度)所需的各种材料按材料种类、规格累加汇总，然后填写表格。

(5)编制材料需要量计划表格。

材料需要量计划表格应根据相应项目的工程数量及各种材料供应情况进行编制。内容一般包括：材料名称及规格，单位时间(年、季、月、日)材料需要量，材料来源及运输方式等，表格形式可参考表5-2。

表5-2 主要材料计划表

材料名称及规格	单位	数量	来源	运输方式	年度、季度需要量										备注
					年					年					
					一季度	二季度	三季度	四季度	合计	一季度	二季度	三季度	四季度	合计	
1	2	3	4	5	6	7	8	9	10	11	12	13	14	15	16

四、材料需求计划编制案例

(一)工程背景资料

背景资料内容同任务 5.2 劳动力需求计划编制案例。

(二)工作任务

试确定该路面工程项目的主要材料需要量计划。

(三)任务实施

1. 确定施工任务

根据施工进度图中的时间坐标进程,逐月统计每月应开工的施工任务(平行作业)的个数,明确各施工任务的开工和完工时间。核算各施工任务工程量。

底基层:2020 年 12 月 1 日至 2021 年 6 月 30 日,计划工期 212 天。

基层:2021 年 3 月 11 日至 2021 年 9 月 26 日,计划工期 200 天。

面层:2021 年 5 月 1 日至 2021 年 11 月 2 日,计划工期 186 天。

2. 确定各施工任务材料消耗量标准

进一步明确各项施工任务的施工方法与具体要求,查《公路工程预算定额》(JTG/T 3832—2018)确定每项施工任务的材料消耗标准。注意:本案例中未考虑拌和站的安装与拆除、封层及路面钢筋等的材料消耗。

(1)级配砾石路面底基层。底基层厚 15 cm,施工采用机械铺料,拖拉机带铧犁拌和,压路机碾压。查《公路工程预算定额》"级配砾石路面"可知,每完成 1000 m^2 该施工任务需要的材料分别为

土:$7.69+0.96\times7=14.41(m^3)$。

砂:$23.98+3\times7=44.98(m^3)$。

2 cm 砾石:$49.39+6.17\times7=92.58(m^3)$。

4 cm 砾石:$27.46+3.43\times7=51.47(m^3)$。

6 cm 砾石:$10.96+1.37\times7=20.55(m^3)$。

(2)水泥稳定砂砾基层。5%水泥稳定砂砾基层厚 18 cm,采用厂拌法施工。查《公路工程预算定额》"厂拌基层稳定土混合料"可知,每完成 1000 m^2 该施工任务需要的材料为

水:$27-1\times2=25(m^3)$。

砂砾:$268.18-13.41\times2=241.36(m^3)$。

32.5 级水泥:$22.125-1.106\times2=19.913(t)$。

(3)普通水泥混凝土路面面层。厚 28 cm 水泥混凝土面层采用集中拌和,滑模式混

凝土摊铺机摊铺。查《公路工程预算定额》"水泥混凝土路面"可知，每完成 1000 m² 该施工任务需要的材料为

型钢：0.001 t。

石油沥青：0.138＋0.006×8＝0.186(t)。

煤：0.028＋0.001×8＝0.036(t)。

水：31＋2×8＝47(m³)。

中(粗)砂：93.84＋4.69×8＝131.36(m³)。

3. 计算各种材料的每日需要量

根据各项施工任务的工程量、计划工期、材料定额消耗标准可以计算出各种材料的每日需要量。计算过程如表 5－3 所示。

表 5－3　某路面工程主要材料每日需要量计算表

施工项目	材料规格、名称	定额消耗量/(m³/1000m²)	工程量/m²	工程数量(＝工程量/1000)	材料总需要量(＝定额消耗量×工程数量)	计划工期	材料每日需要量(＝材料总需要量/计划工期)
底基层	土	14.41 m³	702500	702.50	10123 m³	212 天	47.75 m³
	砂	44.98 m³			31598 m³		149.05 m³
	2 cm 砾石	92.58 m³			65037 m³		306.78 m³
	4 cm 砾石	51.47 m³			36158 m³		170.56 m³
	6 cm 砾石	20.55 m³			14436 m³		68.10 m³
基层	水	25 m³	688450	688.45	17211 m³	200 天	86.06 m³
	砂砾	241.36 m³			166164 m³		830.82 m³
	32.5 级水泥	19.913 t			13709 t		68.54 t
面层	型钢	0.001 t	674400	674.40	0.67 t	186 天	0.0036 t
	石油沥青	0.186 t			125.44 t		0.674 t
	煤	0.036 t			24.28 t		0.131 t
	水	47 m³			31697 m³		170.41 m³
	中(粗)砂	131.36 m³			88589 m³		476.28 m³
	4 cm 碎石	237.08 m³			159887 m³		859.61 m³
	32.5 级水泥	107.67 t			72613 t		390.39 t

4. 编制主要材料需要量计划表

将施工进度计划表内同一时段内的各施工项目每月所需的各种材料按材料种类、规格累加汇总，根据材料代号顺序填写表 5－4。

表 5-4 某路面工程主要材料需要量计划表

序号	材料规格及名称	单位	数量	2020年 11	2020年 12	2021年 1	2	3	4	5	6	7	8	9	10	11	12	备注
1	型钢	t	0.67															面层
2	石油沥青	t	125.35							0.112	0.108	0.112	0.112	0.108	0.112	0.007		面层
3	煤	t	24.37							20.89	20.22	20.89	20.89	20.22	20.89	1.35		面层
4	水	m³	31697 (48910)							4.061	3.930	4.061	4.061	3.930	4.061	0.262		面层
	水	m³	17213							5283	5112	5283	5283	5112	5283	341		基层
5	土	m³	10123				1807	1480	2582	2668	2582	2668	2668	2238				底基层
6	砂	m³	31599	1480	1480	1480	1337	1480	1433	1480	1433							底基层
7	中（粗）砂	m³	88589	4621	4621	4621	4173	4621	4471	4621	4471							面层
8	砂砾	m³	166163					17447	24925	14765	14288	14765	14765	14288	14765			基层
9	2 cm砾石	m³	65036	9510	9510	9510	8590	9510	9203	9510	9203	25755	25755	21601				底基层
10	4 cm砾石	m³	36158	5287	5287	5287	4776	5287	5117	5287	5117							底基层
11	6 cm砾石	m³	14437	2111	2111	2111	1907	2111	2043	2111	2043							底基层
12	4 cm碎石	m³	159887					1440	2056	26648	25788	26648	26648	25788	26648	1719		面层
13	32.5级水泥	t	13709 (86322)						2056	2125	2056	2125	2125	1782				基层
	32.5级水泥	t	72613							12102	11712	12102	12102	11712	12102	781		面层

五、材料的运输组织

公路施工需要运输的物资有建筑材料、构件、半成品以及机具设备、施工及生活用品等。这些物资由外地运至工地(即场外运输)一般由专业运输公司承运。工地内的运输(即场内运输)通常由施工单位承担。不论哪种运输,都应有组织、有计划地进行。

材料工地运输组织任务包括:编制运输供应计划、确定运输量、选择运输方式和计算运输工具的需要量。

(一)编制材料运输供应计划

材料运输供应计划是指寻求施工物资需要量、每日运输量和库存量三者之间的最佳平衡关系。通过运输计划达到确保施工需要、运量均衡和库存最小的目的。运输供应计划是确定运输日期、计算运输工具需要量和确定工地临时仓库面积的依据。常用的编制方法有差额曲线法、累计曲线法和指示性供应图三种。

1. 差额曲线法

施工中同一种材料(如水泥、钢材)常在不同时段的不同施工项目中使用,因此材料每日需要量变化频繁,几乎没有任何规律。如果完全按照每日材料需要量组织运输,会导致运输工具每日变化,增加运输管理工作难度。

差额曲线是指累计运输量与累计消耗量之差随施工时间变化的曲线,它可以反映材料库存量的变化,差值为正说明有库存,差值为负则需停工待料。通过差额曲线,可以把无规律的材料需要量转化为库存量的变化,从而实现有序的均衡运输。

假设根据优化后的工程进度图,得到某工程施工的水泥需用量,如图5-5中时间坐标轴上部分的柱状图所示。从图中可以看到施工需用水泥的日期是开工后的第15天到第75天末,最高用量103 t/d(第20天到第25天末),最低用量34 t/d(第70天到第75天末),最高用量是最低用量的3倍。由柱状图所示可以计算出水泥的总需用量为

$$77 \times 5 + 103 \times 5 + 60 \times 15 + 93 \times 10 + 60 \times 20 + 34 \times 5 = 4100 \text{(t)}$$

1)方案Ⅰ

提前5天开始运输(即第10天开始),运量为100 t/d,则41天(4100÷100=41)即可运完。该方案的差额曲线如图5-5中下半部分的点画线所示。累计运输量与累计消耗量的差额值在第10天到第51天末这一时段递增,达到1310 t后差额值递减。分析该差额曲线图可以得出以下结论:

①各时段差额值均为正,表示有足够的库存量,能满足工程连续施工的需要;

②每日运量100 t不变,运输是均衡的,有利于安排运输工具;

③运输日期明确(从第10天到第51天),简化了运输工具的调度;

④最大库存量清楚(为1310 t,发生在第51天),可据此规划工地临时仓库的面积。

项目 5
资源需求计划的编制

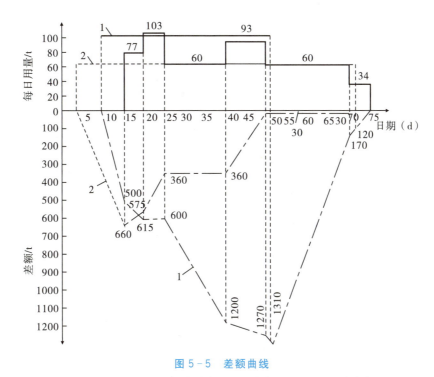

图 5-5 差额曲线

1—方案Ⅰ，100 t/d，用单点划线表示；2—方案Ⅱ，60 t/d，用虚线表示。

2）方案Ⅱ

如图 5-5 下半部分虚线所示，提前 11 天开始运输，运量为 60 t/d，则约 68 天 (4100÷60≈68) 即可运完，运输时间从第 4 天到第 72 天末。最大库存量为 660 t，发生在第 15 天。则第 50 天末的库存量为

$$46×60-(77×5+103×5+60×15+93×5)=30(t)$$

库存量从第 50 天到第 70 天末保持 30 t 不变，第 70 天后加到第 72 天的 120 t，随后库存又递减到第 75 天末时为 0。

比较方案Ⅰ和方案Ⅱ可以发现，两个方案都能保证工程连续施工和均衡运输。但方案Ⅱ的最大库存量仅为方案Ⅰ的 50%。意味着工地临时仓库建筑面积可以减少一半，由于两个方案的运输费用不变，方案Ⅱ产生的经济效益是不言而喻的。

2. 累计曲线法

差额曲线法不能事先控制材料的储备量，采用累计曲线法则能弥补这一缺陷。累计曲线法是将材料的累计消耗线和累计供应线绘于同一张图上，它可以反映材料消耗量、供应量和库存量随时间变化的情况。图 5-6 是根据图 5-5 所示案例绘成的累计曲线。从图 5-6 可以看出：

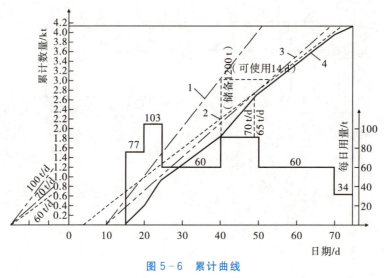

图 5-6 累计曲线

1—方案Ⅰ(100 t/d), 单点划线; 2—方案Ⅱ(60 t/d), 虚线;
3—方案Ⅲ(70 t/d), 双点划线; 4—实线为消耗线。

(1)同一日期的供应线值都大于消耗线值, 说明材料供应量能保证工程连续施工的需求。

(2)供应线和消耗线之间的垂直距离是材料的储备(库存)量, 如方案Ⅰ在第 40 天的储备量为 1200 t。

(3)供应线和消耗线之间的水平距离表示暂停运输后当时的储备量仍能保证施工不间断的日期。如方案Ⅰ在第 40 天的储备量还能使用 14 天, 即可使用到第 54 天。

若在整个施工期间, 材料的储备量保持基本稳定, 临时仓库的利用率将大大提高, 因此必须利用累计曲线对储备量进行控制。控制储备量的方法是调整供应线的斜率, 使之与消耗线基本平行。

供应线的斜率取决于运量, 可以先绘制几条表示不同运量的斜线(如图 5-5 中单点画线、虚线和双点画线分别表示的三种运输方案), 然后按照"供应线尽量与消耗线平行的同时, 它们之间的竖向间距又是最小"的原则, 进行方案比选。

图 5-6 中双点划线所示的方案Ⅲ, 从第 10 天开始, 运量为 70 t/d, 运输时间为 60 天, 储备量在 200 t 左右, 最大储备量为 350 t, 发生在第 15 天。由此可知, 方案Ⅲ的最大库存量比方案Ⅱ又降低了近一半。

根据累计曲线, 可以得到运输计划的主要数据有运输日期、运量、储备量、暂停运输后可保证的施工天数等。

3. 指示性供应图

指示性供应图实质上是累计曲线法中当材料每日需要量相同时的特例。从图 5-6

得知，当材料每日需要量相同时，材料的消耗累计曲线由折线变为直线。假设每日的运输量相同，那么材料供应线也是一条直线，不过其起点和终点要早于材料消耗量线。

综上所述，编制材料运输供应计划时，使用最广泛的方法是累计曲线法。

(二)确定运输量

每日需要运输物资的数量称为运输量或货运量。一般情况下可按式(5-6)计算：

$$q = \frac{\sum Q_i L_i}{T} K \tag{5-6}$$

式中　q——每日运输量，t·km；

　　　Q_i——各种物资的年度或季度需用量，i 为货物种类；

　　　L_i——运输距离，km；

　　　T——工程年度或季度计划运输天数，d；

　　　K——运输工作不均衡系数，公路运输取 1.2，铁路运输取 1.5。

若已用差额曲线或累计曲线编制运输计划，则每日需要运输的物资数量和运输工作日数为已知，每日货运量公式为

$$q = \sum Q_i L_i K \tag{5-7}$$

式中　Q_i——每日运到工地的物资数量，t/d，i 为货物种类。

　　　其余符号意义同式(5-6)。

(三) 选择运输方式

目前工地运输的方式有铁路运输、公路运输、水路运输和特种运输(索道、管道等)。选择运输方式必须考虑各种影响因素，如运量大小、运距和物资性质；现有运输设备条件；地形、地质及水文等自然条件；敷设、运输和装卸费用等。当有几种可能的运输方式供选择时，应通过比较后确定。合理的运输方案应满足下列要求：

(1) 运距短,运输量小,力求直达工地。

(2) 装卸迅速,转运方便。

(3) 运输工具与物资性能、价值等相适应,充分发挥其运载能力。

(4) 尽量利用原有交通条件。

(5) 符合安全技术规定。

(四)确定运输工具数量

运输方式确定后,可用式(5-8)计算每班作业所需运输工具的数量

$$R = \frac{Q K_1}{q T n K_2} \tag{5-8}$$

式中　　R —— 所需的运输工具台数,台;

　　　　Q —— 年度或季度最大运输量,t;

　　　　K_1 —— 运输不均衡系数,场外运输一般采用 1.2,场内运输一般采用 1.1;

　　　　T —— 工程年度或季度的工作天数,d;

　　　　K_2 —— 运输工具供应系数,一般采用 0.9;

　　　　q —— 汽车台班产量,t/台次,根据运距按定额确定;

　　　　n —— 每日的工作班数。

任务检验

一、填空题

1. 编制材料需要量计划的主要依据有_____、_____和_____。

2. 编制材料运输组织计划时,储备量过大,会_____;储备量过小又会_____。

3. 图 5-5 所示的差额曲线中,方案Ⅱ第 20 天时的库存量是_____。

4. 图 5-6 所示的累计曲线中,方案Ⅱ第 20 天时的库存量是_____,暂停运输后可用_____天。

二、问答题

1. 主要材料需要量计划应包括哪些内容?

2. 解释累计曲线中供应线和消耗线在 x、y 两个方向差值的实际意义。

3. 工地运输组织应解决的问题有哪些?

任务训练单

学习任务 5.3　材料需要量计划编制　　　　姓名_____　班级_____	
任务背景材料	同学习任务 5.2 劳动力需要量计划编制工作页中的任务
任务要求	(1)计算确定各分项工程每日材料需要量； (2)编制该路面工程主要材料需要量计划表
任务实施过程	1. 计算确定各分项工程每日材料需要量。 2. 将施工进度计划图中同一时段内各施工项目每月所需各种材料按材料种类、规格累加汇总，填入下列表格中。

序号	材料规格及名称	单位	数量	2022 年							备注
				3	4	5	6	7	8	9	

任务 5.4　施工机具与设备需求计划编制

 任务描述

能够明确施工机具与设备需求计划所包含的内容，根据项目施工方案和施工进度计划确定各分部分项工程所需的机具设备种类及其定额消耗量，正确计算各种机具设备的单位时间需要量，进而编制主要施工机具设备需求计划，同时培养工程成本管理意识，树立科学进行施工组织管理的思想，培养注重细节，认真严谨的工作作风。

 案例引入

本任务单元中选用某路面工程的施工机具与设备需求计划编制作为案例，案例内容详见后文。请结合案例内容，详细分析机具设备需求计划的编制方法和程序，实现学习任务目标。

知识储备

一、施工机具与设备需求计划概述

施工机具与设备需求计划是指工程项目在施工生产过程中，各分部分项工程对机具设备种类、规格及需要数量的统筹与规划，它是机械化施工组织的基础，也是优化设备资源，协调、调度和安排机械作业的依据。

施工机具与设备的需要量既包括基本施工过程、辅助施工过程所需的主要设备和机具。还应考虑设备进、出厂（场）所需要的台班以及使用期间检修、轮换的备用数量。施工机具与设备需要量计划的编制与施工组织设计时选择的施工方案密切相关，不同的施工方案会出现不同的机械组合。制订需要量计划时，应充分考虑施工方法与所选施工机具的一致性和协同性，合理地配置、整合和优化机具设备资源。

为保证工程质量和施工进度，设计文件或招标文件中有时会针对施工过程中某一关键环节的主要机械设备提出一些具体配置要求，如机械设备的规格、型号及生产效率等，编制资源需求计划时，首先应满足各类合同文件中的配置要求，再考虑施工方案及施工进度计划的要求。

二、施工机具与设备需求计划的编制方法

1. 收集基础资料

基础资料主要包括设计部门提供的工程项目设计资料、施工部门提供的施工组织

设计资料、财务部门提供的年度资金使用计划和行业或本企业使用的机械消耗定额。

2. 编制施工机具与设备需要量计划纲要

根据合同文件要求、施工对象和采用的施工方法等确定所需施工机具与设备的规格、种类，按需要编制施工机具与设备需要量计划纲要。

3. 计算每一项施工任务所需机具设备的每日需要量

机具设备需要量的计算方法与劳动力需要量计算方法类似，首先按每一项施工任务相应的机械台班消耗定额列出完成该任务需要的机种；再根据式（5-1），用该任务的实际工程数量 Q 和机械定额消耗量 S 相乘计算出各种机械的作业量 D；最后根据各机种的作业量 D、作业周期（实际作业天数）T 并考虑作业班制 n 以及工作面等条件，按式（5-2）确定完成每项任务施工时各种机械的每日需要量。

4. 累计汇总

将施工进度计划表中同一时段内的各施工项目每天（或旬、月、季度）所需的机具设备按类型、规格型号进行累加汇总，即为该时段的施工机具与设备总需要量，然后填写表格。

5. 编制施工机具与设备需要量计划表格

施工机具与设备需要量计划应根据项目的工程数量及施工机具与设备供应情况参照表5-5的形式进行编制，内容一般包括：机具设备名称及规格，年（季、月）消耗的台班和台数，机具设备的总需要量及进退场时间等。

表 5-5 主要施工机具、设备计划表

模具名称及规格	数量		使用期限		年度、季度需要量															备注
	台班	台数	开始时间	完成时间	年								年								
					一季度		二季度		三季度		四季度		一季度		二季度		三季度		四季度		
					台班	台数	台班	台数	台班	台数	台班	台数	台班	台数	台班	台数	台班	台数	台班	台数	
1	2	3	4	5	6	7	8	9	10	11	12	13	14	15	16	17	18	19	20	21	22

6. 平衡和优化施工机具与设备

根据计算所得的施工机具与设备总需要量、资金使用计划及施工进度计划平衡和优化施工机具与设备。

三、施工机具与设备需求计划的编制步骤

1. 确定施工任务

根据施工进度图中的时间坐标进程，逐月统计每月已（或应）开工的各分项工程施

工任务(平行作业)的个数,确定和记录各施工任务的开工和结束时间。

2. 确定机具设备种类及其台班消耗量

根据每一项施工任务的施工方法,查相应工程定额列出每项施工任务所需要的机械种类和定额单位台班消耗量。同时查看设计文件或招标文件中是否有对机具设备的具体配置要求,如有应满足文件要求。

3. 计算每一项施工任务各机种的每日需要量

根据每一项施工任务的实际工程数量和列出的各机种机械台班消耗定额,按照前面讲过的编制方法计算各种机械的作业量和每日需要量。

注意:施工主导机械的每日需要量确定后,其他辅助机械可根据施工组织情况或采取必要的施工组织措施调整每日需要量,但不管如何调整,都要保证主导机械效率的最大化。

4. 编制主要机具设备需求计划表

每一项施工任务的机种及各机种的作业量和每日需要台数确定后,逐月汇总各施工任务(指每月平行作业的施工任务)需要的相同机种及其每日需要台数,即可制订出整个合同段的主要机具设备计划。

四、施工机具与设备需求计划编制案例

(一)工程背景资料

背景资料内容同学习任务5.2劳动力需要量计划编制案例。

(二)工作任务

试确定该路面工程项目的主要机具与设备需要量计划。

(三)任务实施

1. 确定施工任务

根据施工进度图中的时间坐标进程,逐月统计每月应开工的施工任务(平行作业)的个数,并明确各施工任务的开工和完工时间。核算各施工任务工程量。施工任务分别为:

底基层:2020年12月1日至2021年6月30日,计划工期212天。
基层:2021年3月11日至2021年9月26日,计划工期200天。
面层:2021年5月1日至2021年11月2日,计划工期186天。

2. 确定各施工任务机具设备消耗量标准

进一步明确各项施工任务的施工方法与具体要求,查《公路工程预算定额》(JTG/T 3832—2018)确定每项施工任务的机具设备种类与消耗量标准(注意:本案例未考虑拌和站的安装与拆除、封层及路面钢筋等施工项目的机具设备消耗)。

(1)级配砾石路面底基层。底基层厚 15 cm，施工方法采用机械铺料，拖拉机带铧犁拌和，压路机碾压。查《公路工程预算定额》(JTG/T 3832—2018)"级配砾石路面"可知，每完成 1000 m² 施工任务需要的机具设备分别为

120 kW 以内自行式平地机：0.23 台班。

75 kW 以内履带式拖拉机：0.22 台班。

12~15 t 光轮压路机：0.12 台班。

18~21 t 光轮压路机：0.68 台班。

10000 L 以内洒水汽车：0.08+0.01×7=0.15(台班)。

(2)水泥稳定砂砾基层。5%水泥稳定砂砾基层厚 18 cm，采用厂拌法施工，12.5 m 以内稳定土摊铺机分两幅摊铺，压路机碾压；15 t 自卸汽车运输 12 km。

①查《公路工程预算定额》(JTG/T 3832—2018)"厂拌基层稳定土混合料"可知，每完成 1000 m² 施工任务需要的机具设备分别为

3.0 m³ 以内轮胎式装载机：0.54−0.03×2=0.48(台班)

300 t/h 以内稳定土厂拌设备：0.25−0.01×2=0.23(台班)

②查《公路工程预算定额》(JTG/T 3832—2018)"厂拌基层稳定土混合料运输"可知，每完成 1000 m³ 施工任务需要的机具设备为

15 t 以内自卸车：4.54+0.46×22=14.66(工日)

注意：混合料运输定额单位为 1000 m³，应将其设备消耗量转化为每完成 1000 m² 的消耗量，即 2.64 台班/1000 m²。

③查《公路工程预算定额》(JTG/T 3832—2018)"机械铺筑厂拌基层稳定土混合料"可知，每完成 1000 m² 施工任务需要的机具设备为

12~15 t 光轮压路机：0.08 台班。

20 t 以内振动压路机：0.41 台班。

12.5 m 以内稳定土摊铺机：0.16 台班。

16~20 t 以内轮胎式压路机：0.25 台班。

10000 L 以内洒水汽车：0.16 台班。

(3)普通水泥混凝土路面面层。

厚 28 cm 水泥混凝土面层施工采用集中拌和，8 t 自卸汽车运输 8 km，滑模式混凝土摊铺机摊铺。

①查《公路工程预算定额》(JTG/T 3832—2018)"水泥混凝土路面"可知，每完成 1000 m² 施工任务需要的机具设备为

3.0~9.0 m 滑膜式水泥混凝土摊铺机：0.33+0.02×8=0.49(台班)。

混凝土电动刻纹机：7.22 台班。

混凝土电动切缝机：2.827 台班。

10000 L 以内洒水汽车：1.48 台班。

②查《公路工程预算定额》(JTG/T 3832—2018)"自卸汽车运输水泥混凝土"可知，完成该施工任务需要的设备为

8 t 以内自卸车：9.79＋1.39×14＝29.25（台班/1000 m³）。

注意：混合料运输定额单位为 1000 m³，应将其设备消耗量转化为每完成 1000 m² 的消耗量，即 8.19 台班/1000 m²。

3. 计算各施工任务每日机具设备需要量

根据各项施工任务的工程量、计划工期、定额消耗标准可以计算出各种机具设备的每日需要量。计算过程如表 5-6 所示。

表 5-6 某路面工程主要机具设备每日需要量计算表

项目	机具名称与规格	定额/(台班/1000m²)	工程量/m²	工程数量(=工程量/1000)	机械总作业量/台班(=定额×工程数量)	工期	每日需要量/台(=机械总作业量/工期)
底基层	120 kW 以内自行式平地机	0.23	702500	702.50	162	212天	0.76(1)
	75 kW 以内履带式拖拉机	0.22			155		0.73(1)
	12～15 t 光轮压路机	0.12			84		0.40(1)
	18～21 t 光轮压路机	0.68			478		2.25(3)
	10000 L 以内洒水汽车	0.15			105		0.49(1)
基层	3.0 m³ 以内轮胎式装载机	0.48	688450	688.45	330	200天	1.65(2)
	300 t/h 以内稳定土厂拌设备	0.23			158		0.79(1)
	15 t 以内自卸车	2.64			1818		9.09(10)
	12～15 t 光轮压路机	0.08			55		0.28(1)
	20 t 以内振动压路机	0.41			282		1.41(2)
	12.5 m 以内稳定土摊铺机	0.16			110		0.55(1)
	16～20 t 以内轮胎式压路机	0.25			172		0.86(1)
	10000 L 以内洒水汽车	0.16			110		0.55(1)
面层	3.0～9.0 m 滑膜式水泥混凝土摊铺机	0.49	674400	674.40	330	186天 (n=2)	0.89(1)
					4869		13.08(14)
	混凝土电动刻纹机	7.22			1907		5.13(6)
	混凝土电动切缝机	2.827			998		2.68(3)
	10000 L 以内洒水汽车	1.48			5523		14.8(15)
	8 t 以内自卸车	8.19					

4. 编制主要材料需要量计划表

根据列出的完成各分部分项工程所需的机械种类和每日需要量，逐月汇总各施工任务（指每月平行作业的施工任务）施工时需要的相同机种及其台数和每日需要台数，即可制订出整个施工项目的机具设备计划，如表 5-7 所示。

项目 5
资源需求计划的编制

表 5-7 某路面工程主要机具设备需要量计划表

机种名称规格	施工任务	总数量		使用期限		2020年			2021年										备注
		台数	台班	开始时间	完成时间	11	12	1	2	3	4	5	6	7	8	9	10	11	
3.0 m³ 以内轮胎式装载机	基层	2	330	2021-03-11	2021-09-26					2	2	2	2	2	2	2			
120 kW 以内自行式平地机	底基层	1	162	2020-12-01	2021-06-30		1	1	1	1	1	1	1						主导
75 kW 以内履带式拖拉机	底基层	1	155	2020-12-01	2021-06-30		1	1	1	1	1	1	1						
12~15 t 光轮压路机	底基层	1	84	2021-03-11	2021-09-26					1	1	1	1	1	1	1			
	基层	1	55																
18~21 t 光轮压路机	底基层	2	478	2020-12-01	2021-06-30		3	3	3	3	3	3	3						
20 t 以内振动压路机	基层	2	282	2021-03-11	2021-09-26					2	2	2	2	2	2	2			
300 t/h 以内稳定土厂拌设备	基层	1	158	2021-03-11	2021-09-26					1	1	1	1	1	1	1			主导
12.5 m 以内稳定土摊铺机	基层	1	110	2021-03-11	2021-09-26					1	1	1	1	1	1	1			
16~20 t 轮胎式压路机	基层	1	172	2021-03-11	2021-09-26					1	1	1	1	1	1	1			
3.0~9.0 m 滑膜式摊铺机	面层	1	330	2021-05-01	2021-11-02							1	1	1	1	1	1	1	主导
混凝土电动刻纹机	面层	13	4869	2021-05-01	2021-11-02							14	14	14	14	14	14	14	
混凝土电动切缝机	面层	5	1907	2021-05-01	2021-11-02							6	6	6	6	6	6	6	
8 t 以内自卸车	面层	15	5523	2021-05-01	2021-11-02							15	15	15	15	15	15	15	
15 t 以内自卸车	基层	10	1818	2020-12-01	2021-6-30		1	1	1	10	10	10	10	10	10				主导
10000 L 以内洒水汽车	底基层	1	105	2021-03-11	2021-9-26					1	1	1	1	1	1	1			
	基层	1	110	2021-05-01	2021-11-02														
	面层	3	998							3	3	3	3	3	3	3	3	3	

计算说明：

(1)施工机械每日需要量不能出现小数，必须取整。

(2)若有施工机具相同的情况，可以共用。本案例中底基层、基层和面层中都有洒水车，所以洒水车可以共用。

(3)施工机具每日需要台数较多时，可以采用多班制的方式减少每日机械需要量。本案例中面层施工采用两班制作业。

 任务检验

一、填空题

1. 用 1.0 m³ 以内履带式液压单斗挖掘机挖装普通土 6000 m³，施工工期 7 天，两班制作业，查《公路工程预算定额》(JTG/T 3832—2018)知机械台班消耗量为 1.98 台班/1000 m³，则挖掘机总作业量是_____台班，每天需要_____台。

2. 制订需要量计划时，应充分考虑施工方法与所选施工机具的_____性和_____，合理地整合配置和优化机具设备资源。

二、问答题

1. 主要施工机具与设备需要量计划应包括哪些内容？
2. 施工机具与设备需要量计划编制的主要依据有哪些？
3. 简述施工机具与设备需要量计划编制程序。

任务训练单

学习任务 5.4	机具与设备需要量计划编制　　　姓名＿＿＿＿＿　班级＿＿＿＿＿	
任务背景材料	同学习任务 5.2
任务要求	1. 计算确定各分项工程机具设备每日需要量； 2. 编制该路面工程主要机具与设备需要量计划表
任务实施过程	1. 根据各项施工任务的工程量、计划工期、定额消耗标准计算出各种机具设备的每日需要量。

2. 将施工进度计划图中同一时段内各施工项目每月所需机具设备按机械种类、规格累加汇总，填入下列表格中。

机种名称规格	施工任务	总数量		使用期限		2022 年											备注
		台班	台数	开始时间	完成时间	1	2	3	4	5	6	7	8	9	10	11	

项目 6
公路施工平面图设计

 学习目标

(1)了解施工平面图的分类及作用；
(2)掌握施工平面图设计的基本原则和内容；
(3)掌握施工总体平面图的绘制方法；
(4)掌握重点工程施工平面图的设计要求和基本参数。

 思政目标

(1)理解公路施工总体沿线科学布局的重要意义，体会公路施工沿线各类工程科学选址对保护环境、降低成本的重要作用，提升工作责任心和使命感。

(2)体会驻地建设和场站建设过程中安全、环保、以人为本的建设理念，培养绿色环保、严谨认真的职业理念，坚定扎根公路建设的决心和信心。

任务 6.1 施工平面图设计

任务描述

通过识读项目 1 中施工组织设计案例中的施工平面图，理解公路工程施工平面图设计对工程建设的重要意义和作用，明确施工总体平面图的布置原则、内容和方法，掌握施工平面图设计的主要内容和绘制方法。同时理解公路施工总体沿线科学布局的重要意义，体会公路施工沿线各类工程科学选址对保护环境、降低成本的重要作用，培养绿色环保、严谨认真的职业理念，提升工作责任心和使命感。

案例引入

本任务单元中选用项目1的成洛大道实施性施工组织设计作为教学案例，案例内容详见项目1，要求学生结合案例中的施工总体平面布置图，详细分析施工平面图的内容和绘制方法，实现学习任务。

知识储备

一、施工平面图概述

1. 施工平面图设计的意义

施工平面图是对一个施工项目施工现场的平面规划和空间布置的具体成果。它是根据工程规模、特点和施工现场的条件，按照一定的设计原则，正确地解决施工期间所需设置的各种临时工程和其他设施的合理位置关系，是施工组织设计的重要组成部分。施工平面图是进行施工现场布置的依据和实现施工现场有组织有计划进行文明施工的先决条件，它对指导现场文明施工有着重要的意义，它是加强施工管理、指导现场文明施工的重要依据。

2. 施工平面图设计的作用

(1)确定生产要素的空间位置。
(2)施工过程中，确保施工互不干扰，做到有秩序地进行施工。
(3)可使施工所需要的各种资源及服务设施，相互间有效地组合和安全运行。
(4)减少场内物料的二次搬运费用，降低了成本。
(5)施工现场平面布置图是现场平面管理的依据，现场调度指挥的标准。

施工平面图设计

二、施工平面图设计的原则和依据

1. 施工平面图设计的原则

施工平面图设计总的原则是平面紧凑合理、方便施工流程、运输方便通畅、降低临建费用、便于生产生活、保护生态环境、保证安全可靠。具体内容包括：

(1)在满足现场施工要求的前提下，充分利用原有地形、地物，尽可能减少施工用地，以便降低工程成本。

(2)在确保施工顺利进行的前提下，尽可能减少临时设施，充分利用施工现场附近的原有建筑物、构筑物作为施工临时用房，并利用永久性道路供施工使用。临时道路的布置做到永临结合，并设置回车道，保证场内外运输畅通，路面质量达到晴雨无阻。

(3)材料堆放要考虑运输、使用方便,并尽量减少二次搬运次数。即使场内搬运也要距离最短,不出现反向运输。

(4)临时设施的布置应便利施工管理及工人生产和生活。办公用房应靠近施工现场。施工管理机构的位置必须有利于全面指挥和管理施工现场。

(5)生产、生活设施应尽量分区,以减少生产与生活的相互干扰,保证现场施工生产安全进行。

(6)施工平面布置必须要符合安全防火、劳动保护的要求。

(7)工程分期施工时,施工平面布置要符合施工方案中安排的施工顺序。

2. 施工平面图设计的依据

施工平面图的设计依据主要包括:

(1)工程地形地貌图、区域规划图、项目建设范围内各种地上、地下设施及位置图。

(2)施工进度计划与主要施工方案。

(3)有关施工组织的自然调查资料和施工条件调查资料。

(4)各类临时设施的规模和数量,各加工、预制场地规模与设备数量等。

(5)各种材料、半成品的供应计划和运输方式。

(6)设计图纸,水源、电源资料,以及其他有关资料。

三、施工平面图的类型及主要内容

1. 按施工平面图的作用划分

1)施工总体平面图

施工总体平面图是整个拟建项目施工场地的总体规划布置图,是以整个工程为对象的施工平面布置方案。它是加强施工管理,指导现场文明施工的重要依据。

它按照施工布置和施工总进度计划的要求,对施工现场的道路交通、材料仓库、附属企业、临时房屋、临时水电管线等做出合理的规划布置,从而正确处理整个工地施工期间所需各项设施和永久建筑、拟建工程之间的空间关系。施工总平面图的绘图比例一般为1:500或1:2000。施工总平面图参看项目1中的图1-7,其一般应包括以下内容:

(1)施工用地范围和工程所在地原有河流、居民点、交通路线(公路、铁路、大车道等)、车站、码头通信、运输点等及工地附近与施工有关的建筑物。

(2)拟建公路的主要工程内容和位置。如路线及里程;大中桥、隧道、集中土石方、交叉口、特殊路基等重点工程的位置;永久性测量放线标桩位置;公路养护、运营管理使用的永久性建筑,如道班房、加油站、高速公路的收费站、服务区等。

(3)施工管理机构的位置。

(4)公路临时设施的布置。

①各种运输道路及临时便桥、过渡工程设施的位置。

②临时生活房屋位置。如管理人员、施工人员的宿舍,管理办公用房,食堂、浴池、文化服务用房。

③各种加工房屋位置。

④各种材料、半成品、成品等仓库或堆放位置。

⑤大堆料的堆放地点及机械设备的设置地点位置。如砂、石料堆放处等。

⑥临时供电线(变电站)供水、蒸汽、压缩空气站及其管线和临时通信线路等。

⑦其他生产房屋、木工棚、铁工棚、机具修理棚、车库、油库、炸药库等。

⑧现场安全及防火设施等。

(5)取土和弃土场位置。当取土和弃土场离施工现场很远,在平面布置上无法标注时,可用箭头指向取土或弃土场方向并加以说明。

(6)其他与施工有关的内容,如地质不良路段,国家测量标志,气象台,水文站变电站和防洪、防火、安全设施等。

2)单位工程或分部、分项工程施工平面图

单位工程或分部、分项工程施工平面图,是以单位工程或分部、分项工程为对象的空间组织平面设计方案。图上应详细绘出施工现场、辅助生产、生活区域及原有地物等情况,如某工程项目中的大桥施工平面图、隧道施工平面图、立交枢纽施工平面图、附属加工厂施工平面图、基础工程施工平面图、主梁吊装施工平面图等。

该类平面图的布置有两种情况:一是在施工总平面图的控制下进行布置;二是以施工总平面图为依据,即基本上按照施工总平面有关内容进行布置。这两种平面图都比施工总平面图更加深入和具体。

(1)重点工程施工场地布置平面图。

重点工程是指公路立交枢纽、集中土石方工点、大中桥、隧道等施工技术复杂或施工条件困难的重点地段工程。其施工场地布置平面图应在有等高线的地形图上按比例绘制。

(2)其他单项局部平面布置图。

对于大型项目,因施工周期长,管理工作量大,附属、辅助企业多,必要时应绘制其他的平面布置图。这类图主要有以下几种:

①沿线砂石料场平面布置图;

②大型附属企业如沥青混合料拌和厂、预制构件厂、主要材料加工厂(木工厂、机修厂)等平面布置图,项目1中的图1-5即为该项目预制场的平面布置图。

③临时供水、供电、供热基地及管线分布平面图;

④主要施工管理机构的平面布置图。

2. 按主体工程形态划分

(1)线形工程施工平面图。公路工程线形施工平面图是沿路线全长绘制的一个狭长的带状式平面图。图中一方面要反映原有河流、公路、铁路、大车道、车站、码头、运输点、田地、悬崖湿地等地形、地物;另一方面要反映施工组织设计成果,如采料场、附属加工厂、仓库、施工管理机构、临时便道和便桥及大型机械设备的停放、维修厂等。公路施工平面图可以按道路中线为假想的直线进行相对的展绘,也可以在平面图的下方展绘出道路纵断面。

(2)集中型工程施工平面图。公路立交枢纽、集中土石方工程、大中桥、隧道等集中型工程,由于施工环节多,需用较多的机械、设备和人力,为了做好集中型工程施工场地的布置,需要用较大的比例尺(一般为 1∶500 至 1∶100)绘制施工平面布置图。这类工程施工平面图,既可以是施工总平面图,也可以是单项工程或分部、分项工程施工平面图。其总的特点是工程范围比较集中(包括局部线形工程),反映的内容比较深入和具体。这类施工平面图所包括的内容,应根据工程内容和施工组织的需要而定,一般应包括:原有地形、地物,场区的生产、行政、生活等区域的规划及其设施,施工用地范围,主要的测量及水文标志,基本生产、辅助生产、服务生产的空间组织成果,场区运输设施,安全消防设施等。

四、施工平面图布置的方法和步骤

(1)在 1∶500~1∶2000 的线路平面图(即地形图)上进行布置各种临时设施的位置。主要包括:场内外交通的布置,仓库与材料堆场的布置,加工厂的布置,场内运输路线的布置,其他各种临时房屋的布置。

①施工组织总设计及竞标性施工组织设计平面图的布置较简单,一般包括如下内容:a. 场外道路的引入情况(场外道路指已建的公路或乡村道路);b. 仓库、加工厂棚、混凝土搅拌站;c. 注明场内主干道路;d. 临时房屋;e. 水、电、动力、通信等管线网及设施;f. 任务划分区域;g. 绘制施工场地总平面图。

②单位工程施工组织施工场地平面图的布置较精细,它直接指导施工。一般包括:a. 确定高空作业的起重吊装机械的位置;b. 确定搅拌站、楼的位置及仓库、棚、预制构件厂、构件成品的位置和材料露天堆放的位置;c. 确定运输主干道和支道的位置;d. 明确水、电、通信管线;e. 明确场内排水系统。

(2)临时设施及新建工程、既有工程所使用的符号,一般采用各行业的通用符号、图示及文字叙述的要求进行标注。

(3)施工场地平面设计说明。

①对图上采用的标注符号、图示分别加以说明。

②对施工场地平面布置的重点、要点加以说明。

自我测试

一、简答题

1. 施工平面图布置的原则和依据是什么？
2. 施工平面图有哪几种形式，包括哪些内容？
3. 施工总平面图和分项工程施工平面图绘制的区别有哪些？

任务 6.2　重点工程施工平面图设计

 任务描述

本学习单元要求学生了解公路项目重点工程的施工平面图设计要点，主要掌握施工单位驻地建设和拌和站、钢筋加工场、预制场等重点场站的设计要求和基本参数，体会驻地建设和场站建设过程中安全、环保、以人为本的建设理念，培养绿色环保、严谨认真的职业理念。

 知识储备

一、驻地建设

施工单位驻地建设应体现以人为本的观念，着力改善项目各参建单位的生产、生活环境。驻地建设应因地制宜，尽量减少对环境的影响。

1. 驻地选址

（1）选址位置宜靠近工程项目现场的中间位置，应远离地质自然灾害区域，用地合法，周围无塌方、滑坡、落石、泥石流、洪涝等自然灾害隐患，无高频、高压电源及油、气、化工等其他污染源。满足安全环保的要求，交通、通信便利，水电设施齐全。

（2）选址位置要求距离集中爆破区 500 m 以外，不得占用独立大桥下部空间、河道互通匝道区及规划的取、弃土场。

2. 场地建设

（1）可自建或租用沿线合适的单位或民用房屋，应坚固、安全、实用、美观，并满足工作、生活需求，自建房还应安装、拆卸方便且满足环保要求。自建房屋最低标准为活动板房，建设宜选用阻燃材料，搭建不宜超过两层，每组最多不超过 10 栋，组与组之间的距离不小于 8 m，栋与栋之间的距离不小于 4 m，房间净高不低于 2.6 m。

(2)办公用房建设应实用、隔热、通风、防潮，满足办公需要。驻地办公室人均使用面积不少于 6 m²，具有多媒体功能的会议室面积不少于 60 m²，档案资料室面积不少于 20 m²，试验室面积不少于 180 m²。

(3)生活用房建设应体现以人为本的理念，应实用、隔热、通风、防潮，满足生活需要。生活用房应设宿舍、食堂、浴室、厕所等，具备条件的应设文体活动室、活动场地、医疗室等。具体用房面积标准如表 6-1 所示(参照《高速公路施工标准化技术指南》)。

表 6-1 驻地生活用房面积标准

房屋用途	配备标准/m²	备注
宿舍	3.5	人均面积
食堂(含餐厅)	0.8	人均面积
浴室	0.3	人均面积,总面积不少于 20 m²
厕所	0.2	人均面积,总面积不少于 20 m²

(4)驻地内消防设施应满足《建设工程施工现场消防安全技术规范》(GB 50720—2011)的有关规定。在适当位置设置临时室外消防水池和消防沙池，配置相应的消防安全标识和消防安全器材，并经常检查、维护、保养。

(5)驻地内应设置消防通道，并保证消防通道的畅通，禁止在车道上堆物、堆料或挤占消防通道。

(6)驻地内使用的电气设备和临时用电应符合《施工现场临时用电安全技术规范》(JGJ46—2022)的规定。

(7)生活污水应进行专业设计，设置多级沉淀池，通过沉淀过滤达到排放标准。厕所污水应通过集中独立管道进入化粪池，封闭处理。

(8)驻地内应设置一个大型垃圾堆积池，容积不小于 3 m×2 m×1.5 m，将各种垃圾集中分类存放，定期按环保要求处置。

(9)驻地内应设有必要的防雷设施，加强驻地安全管理工作，维护企业财产安全和职工生命财产安全，在条件允许的情况下驻地应设置报警装置和监控设施。

二、场站建设

场站建设一般包括拌和站、钢筋加工场、预制物、施工材料存放场等。

1. 一般规定

(1)场站选址应满足用地合法，周围无塌方、滑坡、落石、泥石流、洪涝等地质灾害；无高频、高压电源及其他污染源；离集中爆破区 500 m 以外；不得占用规划的取、弃土场。

(2)施工材料存放场应与拌和站、钢筋加工场、预制场等场地配套建设。应根据实际需要进行施工材料存放场的选址与规划,明确其设置规模及位置等。

(3)场站临时用电应符合《施工现场消防安全技术规范》的有关规定,配置相应的消防安全标识和消防安全器材,并经常检查维护、保养。

(4)场站消防设施应满足《建设工程施工现场临时用电安全技术规范》的有关规定。

(5)施工机械设备产生的废水废油及污水应经过处理后排放,不得直接排入河流、湖泊或其他水域中,不得排入饮用水源附近的土地中。

2. 拌和站

拌和站选址除应符合一般要求外,还应根据合同段的主要构造物分布、运输条件、通电和通水条件等特点综合选址,尽量靠近主体工程施工部位,做到运输便利、经济合理;并远离生活区、居民区,尽量设在生活区、居民区的下风向。拌和站场地建设应该满足下列要求:

(1)拌和站应根据工程实际情况集中布置,宜采用封闭式管理,四周设置围墙,入口设置彩门和值班室。

(2)拌和站建设应综合考虑施工生产情况,合理划分拌和作业区、材料计量区、材料库、运输车辆停放区、试验区、集料堆放区及办公区,内设洗车池(洗车台)、污水沉淀池和排水系统。办公区应与其他区隔离。

(3)拌和站场地面积、搅拌机组配置及产能应满足生产、需求和工程进度要求,一般不低于表6-2中的规定(参照《高速公路施工标准化技术指南》)。

表6-2 拌和站建设标准

拌和站类型	场地面积/m²	每个拌和站搅拌机组最低配置
水泥混凝土拌和站	5000	2台拌和机(每台至少有3个水泥罐、4个集料仓)
沥青混合料拌和站	35000	1台拌和机(每台至少有3个沥青罐、2个矿粉罐、冷热集料仓各5个)
水稳拌和站	15000	1台拌和机(每台至少有3个水泥罐、4个集料仓)

注:1. 场地面积为拌和站(含备料场)面积;山区等条件困难地区的场地面积可适当调减。
2. 场地面积、搅拌机组配置可结合施工进度要求、备料场大小等情况优化调整。

(4)场地(含堆料区、加工区)应做硬化处理,主要运输道路应采用不小于20 cm厚的C20混凝土硬化,基础不好的道路应增设碎石掺石屑功能层。场内排水宜按照中间高四周低的原则预设不小于1.5‰的排水坡度,四周宜设置砖砌排水沟,并采用M7.5砂浆抹面。

(5)拌和站各罐体宜连接成整体,安装缆风绳和避雷设施,同种罐体应喷涂成统一颜色,并绘制高速公路项目名称以及施工单位简称,两者竖向平行绘制,颜色(建议采用白底蓝字)、字体醒目。

(6)原材料堆放一般符合以下要求：

①凡用于工程的砂石料应按级配要求，不同粒径、不同品种分场存放，每区醒目位置设置材料标识牌，并采用不小于 30 cm 厚的水泥混凝土或厚度不小于 60 cm 的浆砌片石隔墙等构造物分隔，分隔墙高度应确保不串料(一般不小于 2.5 m)。碎石储料仓的走向宜与拌和站冷料场的排列平行一致，并预留一定的空间，方便装载机上料。

②水泥混凝土、路面面层储料场应用水泥混凝土进行硬化处理，路面基层储料场可用水稳材料进行硬化处理。料场底应高于外部地面，修筑成向外顺坡(不小于 3%)，并在料场口设置排水沟，防止料场积水。

③水泥混凝土、路面面层储料场应搭设顶棚，禁止太阳直接照晒或雨淋，顶棚宜采用轻型钢结构，高度应满足机械设备操作空间(一般不宜小于 7 m)，并满足受力防风、防雨、防雪等要求。路面基层、底基层储料场地中细集料堆放区宜搭设防雨顶棚，防止石料被雨淋湿。

(7)所有拌和机的集料仓应搭设防雨棚，并设置隔板，隔板高度不宜小于 100 cm，确保不串料。

(8)拌和设备一般符合以下要求：

①混凝土拌和应采用强制式拌和机，单机生产能力不宜低于 90 m^3/h。拌和设备应采用质量法自动计量，且具备计算机控制及打印功能。水、外掺剂计量应采用全自动电子称量法计量，禁止采用流量或人工计量方式，保证工作的连续性、自动性、准确性。减水剂罐体应加设循环搅拌水泵。

②水泥稳定混合料拌和应采用强制式拌和机，设备具备自动计量功能，一般设自动计量补水器加水，单机生产能力不宜低于 400 t/h。

③沥青混合料采用间歇式拌和机，配备计算机及打印设备，单机生产能力不宜低于 240 t/h。

④拌和站计量设备应通过当地责权部门标定后方可投入生产，使用过程中应不定期进行复检，确保计量准确。

(9)拌和站应根据拌和机的功率配备相应的备用发电机，确保拌和站有可靠的电力保障。

(10)其他要求。

①作业平台、储料仓、集料仓、水泥罐等涉及人身安全的部位均应设置安全防护装置。传动系统裸露的部位应有防护装置和安全检修保护装置。

②设专人定期进行拌和站的清理和打扫，保持拌和站内卫生。每次拌和作业完成后，及时清洗机具，清理现场，做到场地整洁。

③临近居民区施工产生的噪声，应符合现行的《建筑施工场界环境噪声排放标准》的规定。

④应根据需要设置机动车辆、设备冲洗设施，排水沟及沉淀池，施工污水处理达

标后方可排入市政污水管网或河流。

⑤砂石料场底部、上料台、上料输送带下部应经常清理并保持清洁,严禁装载机铲料时铲底。地面定期洒水,对粉尘源进行覆盖遮挡。

⑥水泥、粉煤灰等材料进料时,应保证材料罐顶的密封性能,预留通气孔应设有降尘措施;当粉尘较大时,应暂时停止上料,待处理完毕后方可继续。

⑦沥青混合料拌和站推荐设置碎石加工除尘与石灰水循环水洗设施,确保细集料洁净无杂质。

⑧纤维材料、抗车辙剂、抗剥落剂等外掺剂必须采用仓库存放,地面设置架空垫层,高度离地面至少30 cm,以免受潮。

3. 钢筋加工场

钢筋加工场的选址除应符合一般规定外,还应依据本项目的主要构造物分布、运输条件等。钢筋加工场建设应该满足下列要求:

(1)宜采用封闭式管理。场地内应按原材料堆放区、钢筋下料区、加工制作区、半成品堆放区、成品待检区、合格成品区、废料处理区等科学合理设置,功能明确,标识清晰。某灌注桩工程钢筋笼加工区平面图如图6-1所示。

声测管堆放区	盘圆钢筋堆放区	钢筋下料区	钢筋加工区	半成品、成品待检区	半成品、成品堆放区	废料处理区
入口	运输及安全通道					出口
	螺纹钢筋堆放区	钢筋下料区	钢筋加工区	半成品、成品待检区	半成品、成品堆放区	废料处理区

图6-1 某灌注桩工程钢筋笼加工区平面图

(2)场地面积应根据钢筋(材)加工量的大小、工期等要求设置,一般不低于表6-3规定。

表6-3 钢筋加工场规模及面积标准

规模	加工总量(T)/t	场地面积/m²
大	$T>10000$	3500
中	$6000 \leqslant T \leqslant 10000$	2000
小	$3000 < T < 6000$	1500

注:如受场地限制,可适当调整场地面积大小,但功能分区布局应科学、合理。

(3)场内路面宜做硬化处理。主要运输道路应采用不小于20 cm厚的C20混凝土硬化,基础不好的道路增设碎石掺石屑功能层。场内排水宜按照中间高四周低的原则预设不小于1.5%的排水坡度,四周宜设置砖砌排水沟,并采用M7.5砂浆抹面。

(4)钢筋加工场架构宜采用钢结构搭设,顶部采用固定式拱形防雨棚,高度应满足加工设备操作空间(一般不小于 7 m),并设置避雷及防风的保护措施。

(5)个别桥梁、隧道、涵洞受地形、运输条件限制可视实际情况采用简易钢筋棚加工。简易钢筋棚面积应满足生产、施工需求。棚内地面应按规定进行硬化或设置支垫。

(6)钢筋加工机械设备应满足工程质量和进度需要,并符合以下要求:

①机械设备应根据工艺的流水线要求合理布设,做到作业"无缝化",并悬挂机械操作安全规定公示牌(即安全操作规程)和设备标示牌。

②解筋吊移宜采用龙门吊等专用吊装设备,设备应证照齐全、检验合格。

③金属加工机械(如卷扬机等)工作台应稳固可靠,防止受力倾斜。

④用于桥梁桩基、立柱等直径大于或等于 25 mm 以上的主筋宜采用机械连接工艺。

⑤箍筋弯起钢筋等宜采用数控设备加工。

(7)在加工制作区应悬挂各种型号钢筋的大样设计图,标明尺寸,确保钢筋下料及加工准确。

4. 预制梁场

预制梁场选址除应符合一般规定外,还应以方便、合理、安全、经济及满足工期为原则,结合施工合同段所属预制梁的尺寸、数量、架设要求以及运输条件等情况进行综合选址。预制梁场地建设应该满足下列要求:

(1)预制梁场地建设前施工单位应将梁场布置方案报监理工程师审批,方案内容应包含各类型梁板的台座数量、模板数量生产能力、存梁区布置及最大存梁能力等。预制场建设要与桥梁下部结构施工基本同步启动,避免出现"梁等墩"或"墩等梁"状况。

(2)宜采用封闭式管理,场地内应按办公区、生活区、构件加工区、制梁区和存梁区、废料处理区等科学合理设置,功能明确,标识清晰。生活区应与其他区隔开。

(3)各项目预制场应统筹设置,建设规模和设备配备应与预制梁板的数量和生产工期相适应,一般不低于表 6-4 中的规定。

表 6-4 预制场规模和相关设备配备表

内容	最低配置
钢筋棚	至少 1 座
台座数量	应与预制时间、数量相匹配
吊装设备	满足起吊吨位需要,至少 2 台
模板数量	按照台座数量的 1/6~1/4 匹配
自动喷淋养生设施	每片梁板设喷管不得少于 3 条(顶部 1 条、侧面各 1 条);喷管长为梁体长+1 m,喷头间距 0.5 m
必备的施工辅助设施	横隔板钢筋定位架、钢筋骨架定位架、横隔板底模支撑架
其他施工设备	满足施工需要

(4)场内路面宜做硬化处理,主要运输道路应采用不小于20 cm厚的C20混凝土硬化,基础不好的道路应增设碎石掺石屑功能层。场内不允许积水,四周设置砖排水沟,并采用M7.5砂浆抹面。

(5)预制梁场应尽量按照"工厂化、集约化、专业化"的要求规划建设,每个预制梁场预制的梁板数量不宜少于300片。若个别受地形、运输条件限制的桥梁梁板需单独预制,规模可适当减小,但钢筋骨架定位胎膜、自动喷淋养护等设施仍应满足施工生产要求。

 自我测试

一、问答题

1. 钢筋加工场通常包括哪些区域?
2. 预制梁场通常包括哪些区域?

二、计算题

某施工项目部共有行政办公人员36人,根据施工进度计划安排,高峰期施工人数可达到450人。试确定临时办公、生活用房屋建筑面积。

**任务训练单**

学习任务 6.2　重点工程施工平面图设计　　　　姓名_____　班级_____
任务训练 1：试绘制典型的水泥混凝土拌和站场地平面图

项目 7

公路工程定额

 学习目标

(1)熟悉公路工程定额的含义和作用;
(2)熟悉公路工程定额的分类;
(3)熟悉公路工程定额的组成;
(4)掌握公路工程定额的使用方法;
(5)掌握公路工程定额的抽换方法。

 思政目标

(1)通过讲述工程定额随公路建设行业技术发展的不断革新,认识到工程造价行业和定额体系的科学性、严谨性和规范性,加深对工程造价行业的认同感,提升严谨、求实的职业素养;

(2)在学习定额使用方法的过程中,通过学习定额对不同运距、厚度、配合比等参数的调整方法,充分认识定额使用过程中的严谨、规范,强化求真务实、一丝不苟的职业素养;

(3)通过实际案例,分析不同的施工工艺对定额选取,进而对工程造价的影响,树立节能减排、科学先进的施工理念,注重安全文明施工措施,培养施工质量、安全和节能环保等工程责任意识。

任务 7.1　认识公路工程定额

任务描述

定额属于计价依据的范畴,是计算人工、材料、机械台班消耗的主要依据。本任务单元要求掌握公路工程定额的含义,了解定额的发展历史、作用和特性,认识工程造价行业和定额体系的科学性、严谨性和规范性。

知识储备

一、定额的含义

在建筑工程施工过程中，完成任何一件产品，都需要消耗一定数量的人工、材料和机械，而这些资源的消耗是随着生产中各种因素的不同而变化的。定额就是在正常生产条件以及合理地组织施工、合理地使用材料和机械的情况下，完成单位合格产品所必需的人工、材料、机械、设备及资金消耗的限额标准。同时，在定额中还规定了相应的工作内容和要达到的质量标准以及安全要求。

工程定额概述

定额属于计价依据的范畴，是计算人工、材料、机械台班消耗的主要依据。计价依据是指用来计算工程造价的基础资料的总称，除包括定额、指标、费率、基础单价外，还包括工程数量数据以及政府主管部门颁布的各种相关经济法规、政策、计价办法等。

二、定额的产生和发展

公路工程定额的出现应该追溯到 1954 年 8 月，原交通部在当时公路总局的设计局内设立了预算定额科，由此拉开了公路工程定额编制工作及管理工作的序幕。1954 年在国家技术标准、技术规范统一的前提下，开始增加力量编制《公路基本建设预算定额》，1955 年正式在全国公布施行。但从 1957 年至 1976 年，概预算定额工作虽几经反复，可是一直处于停滞状态。直到 1978 年，随着公路工程建设高潮的到来，定额工作得以快速发展并从此走向正规化管理的轨道。1984 年 11 月 15 日，在国家计委文件的指导下，经交通部批准组建了"交通部公路工程定额站"，此后公路工程定额编制及管理工作在全国各省区定额站全面展开。公路造价人员经过对其他土建行业定额工作的研究分析，建立了公路工程定额及造价工作完整的体系。该体系既适应公路工程技术标准、规范的发展需要，又与国家的经济方针、政策相协调，并且具有公路工程造价管理的特色。

近年来，随着我国公路建设市场经营体制的大力发展，为适应活跃的市场经济活动，交通部于 1992 年、1996 年和 2007 年先后颁布了《公路工程施工定额》《公路工程预算定额》《公路工程概算定额》《公路工程估算指标》《公路工程机械台班费用定额》《公路基本建设工程概算、预算编制办法》《公路基本建设工程投资估算编制办法》等计价文件。在随后多年的应用过程中，经济水平和施工技术又有了新的发展，这些定额显然已不能满足建设市场需求，于是全国众多省、自治区、直辖市根据部颁公路工程定额，结合本地具体情况，编制出适合地方的公路工程补充定额，开创了定额向市场迈进的步伐。为了满足新时期公路建筑市场经济的需求，交通运输部于2018年又颁布了新的《公路工程建设项目投资估算编制办法》(JTG 3820—2018)、《公路工程建设项目概算预算编制办法》(JTG 3830—2018)，同期颁布了新的《公路工程估算指标》(JTG/T 3821—2018)、《公路工程概算定额》(JTG/T 3831—2018)、《公路工程预算定额》(JTG/T 3832—2018)、《公路工程机械台班费用定额》(JTG/T 3833—2018)等，并从2019年5月1日起实施。

三、定额的特性

我国公路工程定额具有科学性、系统性、统一性、法令性和相对稳定性的特点。

1. 定额的科学性

定额的科学性表现在定额中的各类参数是遵循客观规律的要求，运用科学的方法确定的。定额项目的内容采用了经过实践证明是成熟的、行之有效的先进技术和操作方法，同时编制定额时吸取了现代科学管理的成就，形成了一套科学的、严密的确定定额水平的手段和方法。因此，定额中各种消耗量指标，能正确反映当前社会生产力的水平。

2. 定额的系统性

任何一种专业定额都是一个完整、独立的系统。公路工程定额与公路技术标准、规范配套，完全、准确地反映了公路工程施工工艺流程中的每一个环节。

公路工程定额是一个庞大的实体系统，其项目可以分解成成千上万道工序，而其内部却层次分明，任何一个分部分项工程在公路定额中都能一一确定。如概算定额中，一共用七章定额来将所有公路工程的内容分割、包容。而且在编制定额的过程中，每一个不同的工作都有不同的计算规则和计算模型。它们互相协调组成一个完善的系统。

3. 定额的统一性

定额的统一性，主要是由国家对经济发展的有计划的宏观调控职能决定的。为了使国民经济按照既定的目标发展，就需要借助于某种标准、定额、参数等对工程建设进行规划、组织、调节、控制。

公路定额由初期借助于国家统一的技术标准、规范到现在依据交通工程的统一标准、规范，在交通运输部定额总站的统一领导下，按照定额的制定、颁布和贯彻执行统一制度，使定额管理工作有统一的程序、原则、要求和标准。

4. 定额的法令性

定额的法令性表现在定额是由国家主管部门或其他授权机关统一制定的，一经颁布便具有了法令性质，只要在执行范围以内，任何单位都必须严格执行，不得任意变更定额的内容和水平。定额的法令性保证了对工程项目有一个统一的核算尺度，使国家对设计的经济效果和施工管理水平能够实行统一的考核和监督。

5. 定额的相对稳定性

工程建设定额中的任何一种都是一定时期内施工技术和管理水平的反映，因此在一定时期内都表现出稳定的状态。根据具体情况不同，稳定的时间有长有短，公路工程定额的稳定期一般在 5 年至 10 年，但是定额会随着生产力水平的变化而变化。由于定额的编制和修改需要动员和组织大量的人力、物力，需要很长的周期完成，因此，当生产力水平变化不大时，有必要保持定额的相对稳定，但当生产力变化幅度较大时，定额必须随之变化。从一段时期看，定额是稳定的；从长时间看，定额是变动的。

随着新工艺、新材料和新技术的不断涌现，定额应该及时补充新内容。补充定额就是随着设计、施工技术的发展，在现行定额不能满足需要的情况下，为了补充缺项所编制的定额。例如，各省、自治区、直辖市交通运输厅可编制公路工程概算、预算补充定额、公路工程机械台班费用补充定额。补充定额只能在指定的范围内使用，并可以作为以后修订定额的基础。

四、定额在现代管理中的地位与功能

定额是管理科学的基础，也是现代管理科学中的重要内容和基本环节。我国要实现工业化和生产的社会化、现代化，就必须积极吸收和借鉴世界上各个发达国家的先进管理方法，必须充分认识定额在社会主义经济管理中的地位。

定额的作用主要表现如下：

1. 定额具有节约社会劳动和提高生产效率的作用

一方面，企业以定额作为促使工人节约社会劳动（工作时间、原材料等）和提高劳动生产效率、加快工作进度的手段，以增加市场竞争能力，获取更多的利润。另一方面，作为工程造价计算依据的各类定额，又促使企业加强管理，把社会劳动的消耗控制在合理的限度内。再者，作为项目决策依据的定额指标，又在更高的层次上促使项目投资者合理而有效地利用和分配社会劳动。

2. 定额是国家对工程建设进行宏观调控和管理的手段

利用定额对工程建设进行宏观调控和管理，是国家对工程建设进行宏观调控和管理的手段，主要表现在：①对工程造价进行宏观管理和调控。②对资源配置进行预测和平衡。③对经济结构，包括企业结构和所有制结构，进行合理的调控，也包括对技术结构和产品结构的调控。

3. 定额有利于市场公平竞争

公平竞争、优胜劣汰，这是市场运行的基本准则。定额既是对市场信息的加工，又是对市场信息的传递，定额为各经济主体之间的公平竞争提供了有利条件，也促使市场经济更加繁荣。

4. 定额有利于规范市场行为

一方面，定额是投资决策的依据。投资者可以利用定额权衡自己的财务状况和支付能力，预测资金投入和预期回报，还可以充分利用有关定额的大量信息，有效地提高其项目决策的科学性，优化投资行为。另一方面，定额是价格决策的依据。对于企业来说，由于定额在一定程度上制约着工程中人工、材料、机械台班（时间）的消耗，因此，势必会影响到产品的价格水平。企业在投标报价时，只有充分考虑定额的要求，才能在投标报价时做出正确的价格决策，才能占有市场竞争优势，才能获得更多的工程合同。由此可见，定额在上述两个方面上不但规范了市场主体的经济行为，还对完善我国固定资产投资市场和工程建设市场起到重要作用。也就是说，定额在工程建设市场竞争中扮演着经济尺度的角色。

5. 定额有利于完善市场的信息系统

定额管理对大量市场信息进行了加工，也对大量信息进行了市场传递，同时也是市场信息的反馈。信息是市场体系中不可缺少的要素，它具有可靠性、完备性和灵敏性。实行定额管理是市场成熟和市场效率的标志。在我国，以定额形式建立和完善市场信息系统，是以公有制经济为主体的社会主义市场经济的特色。

6. 定额有利于推广先进的施工技术和工艺

定额中包含着某些已成熟的先进的施工技术和经验，工人要达到和超过定额，就必须掌握和应用这些先进技术；如果工人要大幅度超过定额，他就必须创造性地劳动。第一，在自己的工作中注意改进工具和改进技术操作方法，注意原材料的节约，避免能源的浪费。第二，企业或主管部门为了推行定额，需推广施工工具和施工方法，所以贯彻定额也就意味着推广先进技术。第三，企业或主管部门为了推行定额，往往要组织技术培训，以帮助工人能达到或超过定额。这样，新技术、新工艺、新材料、新经验就很容易推广，从而大大提高全社会的劳动生产效率。

任务检验

一、填空题

1. 定额就是在正常生产条件以及合理地组织施工、合理地使用材料和机械的情况下，完成单位合格产品所必需的_____、_____、_____、_____及_____的限额标准。

2. 我国公路工程定额具有_____、_____、_____、_____和_____的特点。

二、选择题

1. 定额中各种消耗量指标,必须能正确反映当前社会生产力的水平,这体现出工程定额的(   )。

A. 科学性　　　　　　　B. 系统性　　　　　　　C. 统一性
D. 法令性　　　　　　　E. 稳定性

2. 定额是由国家主管部门或其他授权机关统一制定的,一经颁布便具有了法令性质,只要在执行范围以内,任何单位都必须严格执行,不得任意变更定额的内容和水平,这体现出工程定额的(   )。

A. 科学性　　　　　　　B. 系统性　　　　　　　C. 统一性
D. 法令性　　　　　　　E. 稳定性

3. 我国现行的《公路工程概算定额》《公路工程预算定额》是(   )颁布的。

A. 1996 年　　　　　　　B. 1992 年
C. 2008 年　　　　　　　D. 2018 年

三、简答题

简述定额的含义和作用。

任务 7.2　认识定额体系

任务描述

根据使用对象和组织生产的目的不同,定额可以分为很多种类。本任务单元要求学生掌握按照生产要素对定额进行的分类,以及按照用途不同对定额进行的分类,掌握不同工程定额之间的关系,了解整个定额体系的组成,感受定额体系的科学性、严谨性和规范性。

知识储备

工程定额是一个综合的概念,是工程建设中各类定额的总称。

一、按编制程序和用途分类

按编制程序和用途可以把公路工程定额分为施工定额、预算定额、概算定额、估算指标四种(图 7-1)。

认识工程定额体系

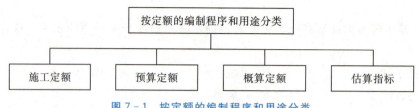

图 7-1 按定额的编制程序和用途分类

1. 施工定额

施工定额指施工企业(建筑安装企业)为了组织生产和加强管理,在企业内部使用的一种定额,属于企业生产定额的性质。它由劳动定额、材料定额和机械定额三个相对独立的部分组成。为了适应组织生产和管理的需要,施工定额的项目划分很细,是工程建设定额中分项最细、定额子目最多的一种定额,也是工程建设定额中的基础性定额。在预算定额的编制过程中,施工定额的劳动、材料、机械消耗的数量标准,是计算预算定额中劳动、材料、机械消耗数量标准的重要依据。

2. 预算定额

预算定额指在编制施工图预算时,计算工程造价和计算工程中劳动量、材料需要量、机械台班使用的一种定额。预算定额是一种计价性的定额,在工程委托承包的情况下,它是确定工程造价的主要依据。在招标和投标的过程中,它是计算标底和确定报价的主要依据。所以,预算定额在工程建设定额体系中占有很重要的地位。从编制程序看,施工定额是预算定额的编制基础,而预算定额则是概算定额或估算指标的编制基础。

3. 概算定额

概算定额指编制设计概算时,计算和确定工程概算造价,计算劳动量、机械台班、材料需要量所使用的定额。它的项目划分粗细程度,与初步设计的深度相适应。它一般是在预算定额的基础上经综合扩大而编制的。概算定额是控制项目投资的重要依据,在工程建设的投资管理中有重要作用。

4. 估算指标

估算指标指在项目建议书和可行性研究报告阶段编制投资估算、计算投资需要量时使用的一种定额。它非常概略,往往以独立的单项工程或完整的工程项目为计算对象。它的概略程度与可行性研究相适应。它的主要作用是为项目决策和投资控制提供依据。估算指标虽然往往根据历史的预、决算资料和价格变动等资料编制,但其编制基础仍然离不开预算定额和概算定额。

上述各种定额与工程造价有着紧密关系,在工程建设过程的各阶段有不同的造价方式,所使用的定额也各不相同,它们之间的关系如图 7-2 所示。各种工程定额的比较如表 7-1 所示。

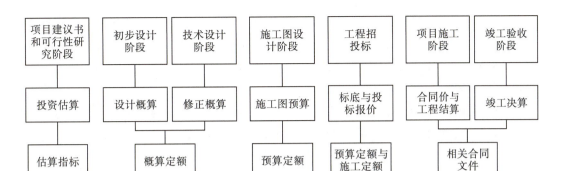

图 7-2 工程造价的各阶段所使用的定额关系图

表 7-1 各种工程定额的比较

项目	施工定额	预算定额	概算定额	估算指标
对象	工序	分项工程或结构构件	扩大分项工程或扩大结构构件	独立的单项工程或完整的工程项目
项目划分	最细	细	粗	很粗
定额水平	平均先进	社会平均		
定额性质	企业定额	计价定额		

二、按生产要素分类

按生产要素分类,可以将公路工程定额分为劳动定额、材料消耗定额和机械设备定额。这是最基本的分类法,它直接反映出生产某种单位合格产品所必须具备的因素,如图 7-3 所示。

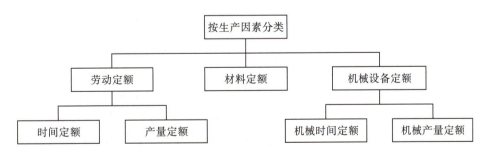

图 7-3 按生产因素分类

1. 劳动定额

劳动定额又称劳动消耗定额、工时定额或人工定额,它是指在正常的生产技术和生产组织条件下,为完成单位合格产品或工作所规定的劳动消耗量标准。

劳动定额的表现形式有时间定额和产量定额两种。

(1)时间定额。时间定额是指在技术条件正常、生产工具使用合理和劳动组织正确的条件下,工人为生产单位合格产品所必须消耗的工作时间。工人的工作时间包括定额时间和非定额时间两种,即工人的工作时间有些可以计入时间定额内,有些是不能纳入时间定额中的。

时间定额以工日为单位,1 个工日相当于 1 个工人工作 8 h 的劳动量,其中潜水工作按 6 h、隧道工作按 7 h 计算。时间定额的计算方法如下:

$$S = \frac{D}{Q} \tag{7-1}$$

式中　　S——时间定额(劳动量单位/产品单位);

　　　　D——耗用劳动量数量,一般单位为工日;

　　　　Q——完成合格产品数量(产品实物单位)。

(2)产量定额。产量定额是指在技术条件正常、生产工具使用合理和劳动组织正确的条件下,工人在单位时间内完成合格产品的数量。产量定额与时间定额互为倒数的关系。其计量单位以产品数量/工日计,如 m³/工日、m²/工日。产量定额的计算方法如下:

$$C = \frac{Q}{D} = \frac{1}{S} \tag{7-2}$$

式中　　C——产量定额(产品单位/劳动量单位)。

【例 7-1】 已知人工挖运普通土(运输距离 20 m)的时间定额为完成 1000 m³ 天然密实方,需要 181.1 工日,试确定人工每工日产量定额。

解:按照时间定额和产量定额互为倒数的关系,可得知每工日的产量定额为

$$C = \frac{Q}{D} = \frac{1000}{181.1} = 5.52(\text{m}^3/\text{工日})$$

2. 材料定额

材料定额又称材料消耗定额,它是指在节约和合理使用材料的条件下,生产单位合格产品所必须消耗的一定品种规格的材料、半成品、配件和水、电、燃料等的数量标准。计算单位是以材料的实物计量单位表示,如 m、kg、t、m³ 等。

材料定额是由材料净消耗定额和材料损耗及废料定额两部分组成。材料净消耗是指直接用于构造物上的材料量;材料损耗及废料是施工中不可避免的废料和必要的工艺性损耗,如在浇灌混凝土构件或砌体浆砌时,所需混凝土混合料或砂浆混合料在搅拌运输过程中不可避免会产生的损耗。材料损耗量和材料净用量之比称为材料损耗率,即

$$材料损耗率 = \frac{材料损耗量}{材料净用量} \times 100\% \tag{7-3}$$

一般材料定额的基本计算公式为

$$材料消耗定额 = (1 + 材料损耗率) \times 完成单位产品的材料净用量 \tag{7-4}$$

材料消耗定额还有两种表现形式，即材料产品定额和材料周转定额。

材料产品定额是指一定规格的原材料，在合理的操作条件下，获得的合格产品的数量。这种定额形式在公路工程定额中应用较少，这里不予以叙述。

工程中有些材料，如模板、支架、拱盔等非一次性使用，而是周转使用的，这种材料统称为周转性材料。周转性材料在施工中合理周转使用的次数或用量称为材料周转定额。在预算定额中，周转性材料均按其正常周转次数计入定额之中。

3. 机械设备定额

机械设备定额简称机械定额，一般可分为按台班数量计算的定额和以货币形式表示的定额（如小型机具使用费等）。按台班数量计算的机械设备定额又称机械台班消耗定额，它是指在正常的施工条件下，合理组织和利用某种机械完成单位合格产品所必需的机械台班消耗标准，或在单位时间内机械完成的产品数量。因此机械台班消耗定额有机械时间定额和机械产量定额两种。

机械时间定额是指在一定的操作内容及质量、安全要求的条件下，某种机械完成单位合格产品所必须消耗的工作时间。机械时间定额以"台班"为单位，潜水设备每台班按 6 h 计算，变压器和配电设备每昼夜按一个台班计算，除此之外，各类机械每台班均按 8 h 计算。

机械产量定额是指在一定的操作内容及质量、安全要求的条件下，某种机械每单位作业量（如台班、台时等）所完成的合格产品的数量标准。机械时间定额和机械产量定额互为倒数。

【例 7－2】 已知 90 kW 以内履带式推土机推运普通土（运距 20 m）的机械时间定额为完成单位 1000 m³ 天然密实方，需要 2.39 台班，试问其产量定额是多少？

解：由于推土机的时间定额为 2.39 台班/1000 m³ 天然密实方，按照互为倒数的关系，则该机械的产量定额为

$$1000 \text{ m}^3 / 2.39 \text{ 台班} = 418.4 \text{ m}^3 / \text{台班}$$

三、按照颁发部门和管理权限分类

按照颁发部门和管理权限划分，可以将公路工程定额分为全国统一定额、行业统一定额、地区统一定额、企业定额和补充定额五种。

1. 全国统一定额

全国统一定额指由国家建设行政主管部门，综合全国工程建设中技术和施工组织管理的情况编制，并在全国范围内执行的定额，如全国统一安装工程定额。

2. 行业统一定额

行业统一定额是考虑到各行业部门专业工程技术特点，以及施工生产和管理水平编制的，一般指在本行业和相同专业性质的范围内使用的专业定额，如公路工程定额、

水运工程定额等。

3. 地区统一定额

地区统一定额主要考虑地区性特点和全国统一定额水平，并作适当调整补充编制。各地区不同的气候条件、经济技术条件、物质资源条件和交通运输条件等，对定额项目、内容和水平的影响，是地区统一定额存在的客观依据。

4. 企业定额

企业定额指由施工企业考虑本企业具体情况，参照国家、部门或地区定额的水平制定的定额。企业定额只在企业内部使用，是企业素质的一个标志。企业定额水平一般应高于国家现行定额，才能满足生产技术发展、企业管理和市场竞争的需要。

5. 补充定额

补充定额是指随着设计、施工技术的发展，现行定额不能满足需要的情况下，为了补充缺项所编制的定额。补充定额只能在指定的范围内使用，可以作为以后修订定额的基础。

任务检验

一、填空题

1. 按生产要素划分，公路工程定额可以分为_____、_____和_____。
2. 按编制程序和用途划分，公路工程定额可分为_____、_____、_____和_____四种。
3. 劳动定额的表现形式有_____和_____两种。
4. 劳动定额以_____为单位，1 个工日相当于 1 个工人工作_____的劳动量，其中潜水工作按_____、隧道工作按_____计算。

二、选择题

1. 已知钢筋加工过程中的损耗率为 2.5%，则每吨钢筋笼制作的定额中，需要钢筋原材料的总数量为（   ）。
   A. 1 t   B. 1.025 t   C. 0.975 t   D. 1.02 t
2. 已知桥台工程劳动定额的产量定额为 8 工日/10 m³，则该项目的时间定额为（   ）。
   A. 8 m³/工日   B. 1.25 m³/工日   C. 0.125 m³/工日   D. 10 m³/工日
3. 已知某种机械的时间定额为 5 台班/1000 m³，则其产量定额为（   ）。
   A. 5 m³/台班   B. 0.2 m³/台班   C. 20 m³/台班   D. 200 m³/台班

任务 7.3　公路工程预算定额的运用

任务描述

本任务单元以公路工程预算定额为例，详细介绍定额的组成内容，要求掌握工程定额套用过程中常用的运距、厚度等施工条件的调整方法与技巧，掌握定额中混凝土标号、混合料配合比、周转性材料摊销量的抽换方法，能够运用定额完成常见工程的定额套用，将理论知识与实际工程应用相结合，充分认识到定额使用过程中的严谨、规范，强化求真务实、一丝不苟的职业素养。

知识储备

一、预算定额的组成

本任务以现行的《公路工程预算定额》(JTG/T 3832—2018)(以下简称预算定额)为例，详细介绍定额中的主要内容。预算定额中主要包括路基工程、路面工程、隧道工程、桥涵工程、交通工程及沿线设施、绿化及环境保护工程、临时工程、材料采集及加工、材料运输等九章及附录。

公路工程定额的组成

预算定额由颁发定额的公告，总说明，目录，各种工程的章、节说明，定额表及附录等组成。

(一)颁发定额的公告

颁发定额的公告指刊印在定额前部分的政府主管部门(交通运输部)关于发布定额及施行日期，阐明定额性质、适用范围及负责解释部门等的法令性文件。

(二)总说明

总说明是各章说明的总纲，具有统管全局的作用。使用定额时应仔细阅读，认真理解，切实掌握，适当记忆总说明，否则稍有疏忽，将产生错误，从而影响分析计算成果。

(三)目录

目录位于总说明之后，简明扼要地反映定额的全部内容及相应的页码，对查用定额起索引作用。由于现行预算定额分上、下两册，故在总目录后，增加了上、下册目录。

(四)章、节说明

根据工程项目特点及性质的不同,各章又分出若干小节。除附录外,各章节前面均附有说明。章节说明主要介绍本章节工程项目的共性问题,工程量的计算方法和规则,计算单位,尺寸的起、迄范围,应增加或扣除的部分以及计算使用的系数和附表等。它是工程量计算及应用定额的基础,必须全面准确地掌握,以防止错误发生。

(五)定额表

定额表是各种定额最基本的组成部分,它是定额指标数量的具体表示。如表 7-2 所示。定额表内容及形式包括如下内容。

表 7-2 "4-7-4 预制圆管涵"

(工程内容:①搭、拆临时脚手架、跳板;②制作、安、拆、修理、涂脱模剂、堆放;③钢筋除锈、下料、弯曲、电焊、绑扎;④混凝土浇筑、捣固及养护。)

顺序号	项目	单位	代号	混凝土 预制圆管管径/m		预制圆管涵	
				1.0 以内	2.0 以内	钢筋	冷拔低碳钢丝
				10 m³ 实体		1 t	
				1	2	3	4
1	人工	工日	1001001	43.7	32.8	6	6.4
2	普 C30-32.5-2	m³	1503009	10.10	10.10	—	—
3	HPB300 钢筋	t	2001001	—	—	1.025	0.336
4	冷拔低碳钢丝	t	2001012	—	—	—	0.699
5	20~22 号铁丝	kg	2001022	—	—	4.62	4.45
6	钢模板	t	2003025	0.118	0.074	—	—
7	电焊条	kg	2009011	—	—	—	0.95
8	水	m³	3005004	16	16	—	—
9	中(粗)砂	m³	5503005	4.65	4.65	—	—
10	碎石(2 cm)	m³	5505012	7.98	7.98	—	—
11	32.5 级水泥	t	5509001	4.101	4.101	—	—
12	其他材料费	元	7801001	21.2	16	—	—
13	5 t 以内汽车式起重机	台班	8009025	0.61	0.46	—	—
14	32 kV·A 以内交流电弧焊机	台班	8015028	—	—	—	0.16
15	小型机具使用费	元	8099001	4.8	4.9	4.7	4.5
16	基价	元	9999001	8111	6615	4081	5165

注:表题中的 4-7-4 是定额的真正表号。

(1)表号及定额表的名称。定额是由大量的定额表组成的,每张定额表都具有自己的表号和表名。如表7-2所示,"4-7-4"为表号,其含义是第4章第7节第4表。"预制圆管涵"是定额表的名称。

(2)工程内容。工程内容位于定额表的左上方。主要说明本定额表所包括的主要操作内容。查定额时,必须将实际发生的操作内容与表中的工程内容相对照,若不一致时,应按照章(节)说明中的规定进行调整或抽换。

(3)定额单位。位于定额表的右上方。定额单位是合格产品的计量单位,实际的工程数量应是定额单位的倍数。当定额表有两个或两个以上定额单位时,其定额值不能叠加,而应按不同的定额单位分开单列。

(4)顺序号。顺序号是定额表中的第1项内容,如表7-2中"1,2,3,…"顺序号表征人工、材料、机械及费用的顺序号,起简化说明的作用。

(5)项目及项目单位。项目是定额表中第2项内容,如表7-2中"人工、普C30-32.5-2、……"项目是本定额表中工程所需的人工、材料、机具、费用的名称和规格。项目单位是指各项目内容所对应的单位。

(6)代号。代号系采用计算机编制概预算时,作为对工、料、机械名称识别的符号,不可随便变动。编码共采用7位,第1、2位按照工、料、机的类型进行编制,例如配合比材料、路面混合料及制(成)品等材料代号前两位均为15,第3、4位采用奇数编制,后3位采用顺序编制。当编制补充定额时,遇有新增材料或机械名称,编码采用同样方法编制,第1、2位取相近品种材料或机械代号,但第3、4位采用偶数编制。

(7)工程细目。工程细目表征本定额表所包括的具体内容,如表7-2中"预制圆管管径1.0以内"等。但要注意,定额细目表中注明"某某数以内"或"某某数以下"者,均包括某某数本身;而注明"某某数以外"或"某某数以上"者,则不包括某某数本身。

(8)栏号。是指工程细目的编号,如"预制圆管管径1.0以内"的定额栏号为"1","钢筋"的定额栏号为"3"。

(9)定额值。是表中各种资源消耗量的数量值。

(10)基价。是指该工程细目以规定的工、料、机基价计算的工程价格,它是人工费、材料费、机械使用费的合计价值。基价中的人工费、材料费按附录四计算,机械使用费按《公路工程机械台班费用定额》(JTG/T 3833—2018)计算,它是计算其他费用的基数。项目所在地海拔超过3000 m,人工、材料、机械基价乘以系数1.3。

(11)小注。有些定额表在其表下方列有注解。"注"是对定额表中内容的补充说明,使用时必须仔细阅读,以免发生错误。

(六)附录

附录包括路面材料计算基础数据,基本定额,材料的周转及摊销以及定额基价人工、材料单位质量、单价表四部分内容。

1. 路面材料计算基础数据

主要列出了路面工程概、预算定额中各种材料定额消耗量计算所依据的各项基础数据。如路面压实混合料干密度、各种路面材料松方干密度、单一材料结构的压实系数。

2. 基本定额

基本定额是介于施工定额和预算定额之间的一种扩大施工定额,其项目是按完成某一专项作业将施工定额的有关工序加以综合制订的,根据材料的周转和摊销次数、材料场内运输及操作损耗以及人工、机械的幅度差,综合为若干包括人工、材料、机械的基本定额。其目的是避免在编制预算定额时重复计算这些工序,并可统一计算方法和口径,简化计算工作。

基本定额有桥涵混凝土及钢筋混凝土工作,砂浆及混凝土消耗材料,砌筑工程石料及砂浆消耗,脚手架、踏步、井字架工料消耗四部分组成。

3. 材料的周转及摊销

材料的周转及摊销定额对材料的周转和摊销次数做了具体规定。

4. 定额基价人工、材料单位质量、单价表

表中给出了定额中人工和材料的代号、定额中材料名称的相应规格以及编制定额时采用的材料损耗率和工、料单价。

二、预算定额使用的基本方法

1. 预算定额的使用步骤

1)确定定额编号

(1)首先将公路工程施工任务分解至分项工程,应根据概预算项目表依次按项、目、节和细目确定待查定额的项目名称,再据此在定额目录中找到其所在的页次,从而确定定额的编号。

(2)其次检查定额表上的"工作内容"与设计要求、施工组织要求是否相符,如相符,则可在表中找到相应的细目,并进一步确定定额子目(栏号)。一定要认真检查所确定的定额表号是否有误。如"浆砌块石护拱"与"浆砌块石护坡"虽然都是砌石工程,但前者为"桥涵工程",预算定额表号为[4-5-3-2],后者为"路基防护工程",预算定额表号为[1-4-11-2]。

(3)检查定额表的计量单位与工程项目取定的计量单位是否一致,是否符合章、节说明规定的工程量计算规则。

2)阅读说明和注解,确定定额值

(1)查得定额表号后,应详细阅读总说明,章、节说明,并核对定额表左上方的"工程内容"及表下方的"注",看是否与所查子目的定额有关,若有关,则采取相应措施。

(2)根据设计图纸和施工组织设计检查一下,当设计内容或实际工作内容与定额表中规定的内容不完全相符时,应根据"说明"及"注"的规定调整定额值,即定额抽换。

(3)依子目各序号确定各项定额值,若不需要调整,就直接抄录,此时查用定额的工作结束。若需要调整,还应做下一步工作。

2. 引用定额的编号方法

定额编号在概预算文件中十分重要。一方面是保证复核、审查人员利用编号快速查找,核对所用定额的准确性;另一方面,对如此繁多的工程细目的工作内容以编号形式建立一一对应的模式,便于计算机处理及修编定额人员的统计工作。

建立定额编号一般采用[页码-表号-栏号]或[表号-栏号]的编号方法(表7-3)。如预算定额中的[7-1-1-4-2]或[1-1-4-2],是指引用第7页的表1-1-4中第2栏,即人工挖土质台阶(土质为普通土)的定额。

表7-3 "1-1-4挖土质台阶"

(工程内容:①画线挖土,台阶宽不小于1 m;②将土抛到填方处。)

单位:1000 m³

顺序号	项目	单位	代号	人工挖台阶			挖掘机挖台阶		
				松土	普通土	硬土	松土	普通土	硬土
				1	2	3	4	5	6
1	人工	工日	1001001	17.4	28.1	43.7	1.6	1.9	2.1
2	1.0 m³以内履带式液压单斗挖掘机	台班	8001027	—	—	—	1.12	1.3	1.49
3	基价	元	9999001	1849	2986	4644	1508	1755	2004

用计算机软件编制概预算文件时,可以采用八位数字编号方法。

□ □□ □□ □□□
章　节　表　子目

首位数字表示"章",第二、三位数字表示"节",第四、五位数字表示"表",最后三位数字表示"子目"。例如人工挖图纸台阶(土质为普通土)的定额亦可表示为"10104002"。

三、《公路工程预算定额》的运用

(一)预算定额的基本运用

如果设计的要求、工作内容及确定的工程项目，完全与相应定额的工程项目符合，则可直接套用定额。但是如果出现材料运输距离、结构层厚度、现场施工条件等基本参数与定额中不符时，可以依照定额内容直接进行简单调整，以下为几种常见的定额运用练习。

1. 材料运输距离的调整

【例 7-3】 试确定下列工程项目预算定额编号。

(1)15 t 以内自卸汽车运路基土方 5 km。
(2)15 t 以内自卸汽车运输沥青混合料 5 km。
(3)15 t 以内自卸汽车运土 5 km。
(4)15 t 以内自卸汽车运路基石方 5 km。

解：以上各题虽然都是汽车运输，但运输对象不同，故各自的定额编号亦不同。

(1)汽车运输已明确是运路基土，因此，该工程属于"路基工程"的一项。其定额编号为[1-1-11-9+8×10]，表名为"自卸汽车运土、石方"。

(2)汽车运路面混合料，属于"路面工程"中的一项。其定额编号为[2-2-13-7+8×8]，表名为"沥青混合料运输"。

(3)因汽车运土未明确为何工程运土，故土应作为材料自办运输，属于"材料运输"中的一项，其定额编号为[9-1-6-Ⅵ-91+4×92]，表名为"自卸汽车运输"。

(4)汽车运输机械采用自卸汽车，因此该工程亦属于定额表"自卸汽车运土、石方"的内容，但是运输对象为路基石方，因此本题定额编号与(1)中的不同，为[1-1-11-23+8×24]。

2. 路面结构层厚度调整

【例 7-4】 试确定 20 cm 厚级配碎石面层的预算定额。该面层施工采用平地机分两层拌和，机械摊铺集料。

解：依题意，该工程定额编号为[2-2-2-13+12×16]，按照节说明第 1 条：泥结碎石、级配碎石、级配砾石、天然沙砾、粒料改善土壤路面面层的压实厚度在 15 cm 内，拖拉机、平地机和压路机的台班消耗按定额数量计算。如超过上述压实厚度且需进行分层拌和、碾压时，拖拉机、平地机和压路机的台班消耗量按定额数量加倍计算，每 1000 m^2 增加 1.5 个工日。因此，根据表 7-4，可知 20 cm 厚级配碎石面层每 1000 m^2 的级配碎石面层的预算定额。

项目 7
公路工程定额

表 7-4 "2-2-2 级配碎石路面"

（工程内容：①清扫整理下承层；②铺料、洒水、拌和；③整形、碾压、找补。）

单位：1000 m³

顺序号	项目	单位	代号	机械摊铺集料																			
				拖拉机带铧犁拌和						平地机拌和					
				压实厚度 8 cm			每增加 1 cm			压实厚度 8 cm			每增加 1 cm		
				面层	基层	底基层	面层	基层	底基层	面层	基层	底基层	面层	基层	底基层
				7	8	9	10	11	12	13	14	15	16	17	18
1	人工	工日	1001001	1.9	1.8	1.7	0.2	0.1	0.1	1.9	1.8	1.7	0.2	0.1	0.1
2	黏土	m³	5501003	14.66	—	—	1.83	—	—	14.66	—	—	1.83	—	—
3	碎石	m³	5505016	122.63	122.66	122.84	15.34	15.34	15.35	122.63	122.66	122.84	15.34	15.34	15.35
4	设备摊销费	元	7901001	2.1	2.1	2.1	0.1	0.1	0.1	—	—	—	—	—	—
5	120 kW 以内自行式平地机	台班	8001058	0.3	0.23	0.23	—	—	—	0.57	0.5	0.5	—	—	—
6	75 kW 以内履带式拖拉机	台班	8001066	0.22	0.22	0.22	—	—	—	—	—	—	—	—	—
7	12～15 t 光轮压路机	台班	8001081	0.12	0.12	0.12	—	—	—	0.12	0.12	0.12	—	—	—
8	18～21 t 光轮压路机	台班	8001083	0.91	0.8	0.68	—	—	—	0.91	0.8	0.68	—	—	—
9	10000 L 以内洒水汽车	台班	8007043	0.08	0.08	0.08	0.01	0.01	0.01	0.08	0.08	0.08	0.01	0.01	0.01
10	基价	元	9999001	11005	10660	10572	1215	1183	1184	11181	10836	10749	1215	1183	1184

人工：1.9＋0.2×12＋1.5＝5.8（工日）。

黏土：14.66＋1.83×12＝36.62（m³）。

碎石：122.63＋15.34×12＝306.71（m³）。

120 kW 以内自行式平地机：0.57×2＝1.14（台班）。

12～15 t 光轮压路机：0.12×2＝0.24（台班）。

18～21 t 光轮压路机：0.91×2＝1.82（台班）。

10000 L 以内洒水汽车：0.08＋0.01×12＝0.20（台班）。

3. 现场施工条件的调整

【例 7－5】 用 165 kW 以内推土机推土（硬土），运距 50 m，上坡坡度 15％，试确定其预算定额。表 7－5 为"推土机推土、石方"工程预算定额。

表 7－5 "1－1－12 推土机推土、石方"

单位：1000 m³ 天然密实方

顺序号	项目	单位	代号	土 方									
				推土机功率(kW)									
				135 以内				165 以内				240 以内		
				第一个 20 m			每增运 10 m	第一个 20 m			每增运 10 m	第一个 20 m			每增运 10 m
				松土	普通土	硬土		松土	普通土	硬土		松土	普通土	硬土	
				13	14	15	16	17	18	19	20	21	22	23	24
1	人工	工日	1001001	2.4	2.6	2.9	—	2.4	2.6	2.9	—	2.4	2.6	2.9	—
2	135 kW 以内履带式推土机	台班	8001006	1.09	1.21	1.34	0.4	—	—	—	—	—	—	—	—
3	165 kW 以内履带式推土机	台班	8001007	—	—	—	—	0.88	0.97	1.08	0.32	—	—	—	—
4	履带式推土机	台班	8001008	—	—	—	—	—	—	—	—	0.62	0.67	0.76	0.23
5	基价	元	9999001	2000	2213	2453	640	1923	2114	2355	606	1715	1854	2098	542

注：上坡推运的坡度大于 10％时，按坡面的斜距乘以下表中所列系数作为运距。

坡度（％）	10＜i≤20	20＜i≤25	25＜i≤30
系数	1.5	2.0	2.5

解：查得定额编号为[1－1－12－19＋20]，由于推土机推土为上坡运输，需要按照表格注解进行新运距计算转换。新的运距＝50×1.5＝75（m）。

所以，每 1000 m³ 天然密实方需：

人工 2.9 工日。

推土机 $1.08+0.32\times\dfrac{50\times 1.5-20}{10}=2.84$（台班）

基价 $2355+606\times\dfrac{50\times 1.5-20}{10}=5688$（元）

(二)定额的抽换

当设计中所规定内容与定额中工作内容、材料规格不相符时,应查用相应的定额或基本定额予以替换。在抽换前应仔细阅读定额总说明、章节说明及表下方的注解。以下是允许对定额中某些项目进行抽换的几种情况：

(1)砂浆、混凝土设计标号与定额不符。

(2)水泥、石灰稳定土基层设计配合比与定额配合比不符。

(3)周转及摊销材料实际周转次数达不到定额规定次数时的抽换。

(4)片石混凝土定额的片石掺量调整。

(5)钢筋混凝土锚锭体积比换算。

(6)定额钢筋品种比例调整。

(7)每 10 t 预应力钢筋、钢筋束的根数、束数的计算。

1. 水泥混凝土或水泥砂浆的抽换

基本定额是指在合理的条件下,为生产单位数量半成品、中间产品所规定的各种资源(工、料、机、费用等)的消耗量标准。其分类与组成如图 7-4 所示。

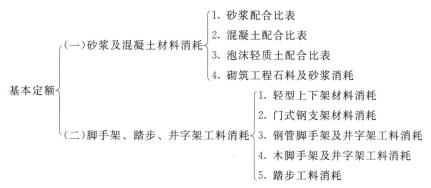

图 7-4 基本定额分类与组成图

基本定额的主要作用是

(1)基本定额是定额抽换的依据。

(2)分析分项工程或半成品所需人工、材料、机械等的消耗量。当设计中出现定额表中查不到的个别分项工程时,可根据定额分析计算该工程所需的工、料、机的数量。

【例 7-6】 试确定用 C30 普通混凝土耳背墙的预算定额。

解：① 依题意，该工程定额编号为[4－6－4－7]，如表7－6所示。

表7－6 "4－6－4 盖梁、系梁、耳背墙及墩顶固结"

(工程内容：①定型钢模板安装、拆除、修理、涂脱模剂、堆放；②钢筋除锈、制作、电焊、绑扎及骨架吊装入模；③混凝土浇筑、捣固、养护。)

1. 混凝土　　　　　　　　　　　　　　　　单位：10 m³ 实体

顺序号	项目	单位	代号	盖梁		系梁				耳背墙	墩梁固结现浇段
				非泵送	泵送	非泵送		泵送			
						地面以下	地面以上	地面以下	地面以上		
				1	2	3	4	5	6	7	8
1	人工	工日	1001001	12.3	11.0	6.1	12.1	4.3	10.4	17.7	16.4
2	普C25－32.5－4	m³	1503033	—	—	—	—	—	—	(10.20)	—
3	普C30－32.5－4	m³	1503034	(10.20)	—	(10.20)	(10.20)	—	—	—	(10.20)
4	泵C30－32.5－4	m	1503084	—	(10.40)	—	—	(10.40)	(10.40)	—	—
5	HPB300钢筋	t	2001001	0.0	0.0						
6	型钢	t	2003004	0.1	0.1	—	0.084	—	0.084		
7	钢管	t	2003008	0.0	0.0						
8	钢模板	t	2003025	0.2	0.2	0.07	0.196	0.07	0.196	0.086	0.154
9	螺栓	kg	2009013	0.1	0.1	0.56	0.12	0.56	0.12	9.52	15.97
10	铁件	kg	2009028	30.9	30.9	1.88	0.34	1.88	0.34	5.62	9.42
11	水	m³	3005004	12.0	18.0	12	12	18	18	12	12
12	中(粗)砂	m³	5503005	5	6	4.69	4.69	5.82	5.82	4.9	4.69
13	碎石(4 cm)	m³	5505013	8.5	7.6	8.47	8.47	7.59	7.59	8.47	8.47
14	32.5级水泥	t	5509001	3.8	4.4	3.845	3.845	4.368	4.368	3.417	3.845
15	其他材料费	元	7801001	109.8	109.8	11.5	12.5	11.5	12.5	84.8	207.4
16	60 m³/h以内混凝土输送泵	台班	8005051	—	0.1	—	—	0.12	0.14	—	—
17	25 t以内汽车式起重机	台班	8009030	0.7	0.3	0.31	0.64	0.08	0.31	1.1	1.26
18	小型机具使用费	元	8099001	11.4	9.4	10.8	11	9	9.2	15.7	14.2
19	基价	元	9999001	6033	5822	3838	5887	3684	5633	6276	7020

由定额表内容可知：

每 10 m³ 实体需普通 C25 - 32.5 - 4 混凝土 10.2 m³，人工 17.7 工日，钢模板 0.086 t，螺栓 9.52 kg，铁件 5.62 kg，水 12 m³，中（粗）砂 4.90 m³，碎石（4 cm）8.47 m³，32.5 级水泥 3.417 t，其他材料费 84.8 元，25 t 以内汽车式起重机 1.1 台班，小型机具使用费 15.7 元，基价 6276 元。

由于定额所列混凝土强度等级与设计强度等级 C30 不符，故混凝土材料定额值应予以调整抽换。

② 根据基本定额（二）中混凝土配合比表（表 7 - 7）计算。

表 7 - 7 混凝土配合比

单位：1 m³ 混凝土

序号	项目	单位	普通混凝土												
			碎（砾）石最大粒径/mm												
			20		40										
			混凝土强度等级												
			C55	C60	C10	C15	C20	C25	C30	C35	C40		C45		
			水泥强度等级												
			52.5	52.5	32.5	32.5	32.5	32.5	32.5	42.5	32.5	42.5	32.5	42.5	52.5	42.5	52.5
			16	17	18	19	20	21	22	23	24	25	26	27	28	29	30
1	水泥	kg	516	539	225	267	298	335	377	355	418	372	461	415	359	440	399
2	中（粗）砂	m³	0.42	0.41	0.51	0.5	0.49	0.48	0.46	0.46	0.45	0.46	0.43	0.44	0.46	0.44	0.44
3	碎（砾）石	m³	0.74	0.71	0.87	0.85	0.84	0.83	0.83	0.84	0.82	0.83	0.81	0.83	0.84	0.81	0.84
4	片石	m³	—	—	—	—	—	—	—	—	—	—	—	—	—	—	—

每 1 m³ 碎石最大粒径为 4 cm 的 C30 普通混凝土需要 32.5 级水泥 377 kg，中（粗）砂 0.46 m³，碎石 0.83 m³。

因此每 10 m³ 实体 C30 混凝土的材料定额抽换值（即采用值）为

32.5 级水泥：$0.377 \times 10.2 \approx 3.845(t)$。

中（粗）砂：$0.46 \times 10.2 \approx 4.69(m^3)$。

碎石（4 cm）：$0.83 \times 10.2 \approx 8.47(m^3)$。

原定额中人工、其他材料及机械消耗量和其他材料费不变。

2. 路面半刚性基层材料的抽换

《公路工程预算定额》(JTG/T 3832—2018) 第二章路面工程第一节路面基层及垫层说明第 2 条中规定：各类稳定土基层定额中材料消耗系数按一定配合比编制的，当设计配合比与定额标明的配合比不同时，有关材料可按下式换算：

$$C_i = \left[C_d + B_d \times (H - H_0) \times \frac{L_i}{L_d} \right] \tag{7-5}$$

式中　C_i —— 按设计配合比换算后的材料数量；

C_d —— 定额中基本压实厚度的材料数量；

B_d —— 定额中压实厚度每增减 1 cm 的材料数量；

H_0 —— 定额的基本压实厚度；

H —— 设计的压实厚度；

L_d —— 定额中标明的材料百分率；

L_i —— 设计配合比的材料百分率。

【例 7-7】 某厚度 30 cm 设计配合比为 4∶11∶85 的石灰粉煤灰稳定碎石基层，施工采用路拌法，稳定土拌和机分层拌和施工。试确定其预算定额。

解：依题意该工程定额编号为[2-1-4-Ⅲ-35+10×36]。工程定额如表 7-8 所示。

表 7-8　例 7-7 工程定额

（工程内容：①清扫整理下承层；②铺料，铺灰，洒水，拌和；③整形，碾压，找补；④初期养护）。

单位：1000 m³

顺序号	项目	单位	代号	石灰粉煤灰碎石 石灰∶粉煤灰∶碎石（质量比）=5∶15∶80		石灰粉煤灰矿渣 石灰∶粉煤灰∶矿渣（质量比）=6∶14∶80		石灰粉煤灰煤矸石 石灰∶粉煤灰∶煤矸石（质量比）=6∶14∶80	
				压实厚度 20 cm	每增减 1 cm	压实厚度 20 cm	每增减 1 cm	压实厚度 20 cm	每增减 1 cm
				35	36	37	38	39	40
1	人工	工日	1001001	16	0.6	15.6	0.6	13.8	0.5
2	粉煤灰	t	5501009	63.963	3.198	48.163	2.408	53.148	2.657
3	熟石灰	t	5503003	22.77	1.139	22.044	1.102	18.92	0.946
4	矿渣	m³	5503011	—	—	227.12	11.36	—	—
5	煤矸石	m³	5505009	—	—	—	—	200.5	10.03
6	碎石	m³	5505016	222.11	11.1	—	—	—	—
7	其他材料费	元	7801001	301	—	301	—	301	—
8	120 kW 以内自行式平地机	台班	8001058	0.42	—	0.42	—	0.42	—
9	12~15 t 光轮压路机	台班	8001081	0.37	—	0.37	—	0.37	—
10	18~21 t 光轮压路机	台班	8001083	0.8	—	0.8	—	0.8	—
11	235 kW 以内稳定土拌和机	台班	8003005	0.26	0.02	0.26	0.02	0.26	0.02
12	10000 L 以内洒水汽车	台班	8007043	0.31	0.02	0.36	0.03	0.35	0.03
13	基价	元	9999001	36622	1748	32748	1565	27484	1301

由定额表内容可知：定额配合比为 5∶15∶80。压实厚度 20 cm 与设计要求不同，需对相关定额值调整。

按照节说明第 1 条：各类稳定土基层、其他种类的基层和底基层的压实厚度在 20 cm 以内，拖拉机、平地机、摊铺机和压路机的台班消耗按定额数量计算。如超过上述压实厚度进行分层拌和、摊铺、碾压时，拖拉机、平地机、摊铺机和压路机的台班消耗量按定额数量加倍计算，每 1000 m² 增加 1.5 个工日。

因此，厚度 30 cm 设计配合比为 4∶11∶85 的石灰粉煤灰稳定碎石基层每 1000 m² 的预算定额为(保留小数点后 2 位)：

人工：$16+0.6×10+1.5=23.5$(工日)。
粉煤灰：$[63.963+3.198×(30-20)]×11/15=70.36$($m^3$)。
熟石灰：$[22.77+1.139×(30-20)]×4/5=27.33$($m^3$)。
碎石：$[222.11+11.1×(30-20)]×85/80=353.93$($m^3$)。
120 kW 以内自行式平地机：$0.42×2=0.84$(台班)。
12~15 t 光轮压路机：$0.37×2=0.74$(台班)。
18~21 t 光轮压路机：$0.8×2=1.6$(台班)。
235 kW 以内稳定土拌和机：$0.26+0.02×10=0.46$(台班)。
10000 L 以内洒水汽车：$0.31+0.02×10=0.51$(台班)。
基价调整计算(略)。

3. 周转及摊销材料用量的抽换

周转性材料是指在施工过程中多次重复进行使用的材料，如工作模板、脚手架等，它只在施工过程中参与工程修建，而不构成工程的主要实体。

预算定额附录三中的"材料周转与摊销"是为周转性材料制定的，它规定了各种周转性材料(模板、拱盔、支架等)在施工中合理使用的周转或摊销的次数。其分类与组成如图 7-6 所示。

{
混凝土和钢筋混凝土构件、块件模板材料周转及摊销次数
脚手架、踏步、井字架、金属门式吊架、吊盘等摊销次数
临时轨道铺设材料摊销
基础及打桩工程材料摊销次数
灌注桩设备材料摊销
吊装设备材料摊销次数
预制构件和块件的堆放、运输材料摊销次数
}

图 7-6 材料周转与摊销分类及组成图

材料周转与摊销定额的主要作用是
(1)规定各种周转性材料在施工中合理使用的周转次数、摊销次数。

由前述可知，定额用量不是周转定额的实际用量，而是每周转使用一次应承担的摊销数量。

（2）对达不到规定周转次数的材料定额进行抽换。

预算定额总说明第八条规定：定额中周转性的材料模板、支撑、脚手杆、脚手板和挡土板等的数量，已考虑了材料的正常周转次数并计入定额内。其中，就地浇筑钢筋混凝土梁用的支架及拱圈用的拱盔、支架，如确因施工安排达不到规定的周转次数时，可根据具体情况进行换算并按规定计算回收，其余工程一般不予抽换。

当材料的实际周转次数达不到规定的周转次数时，定额表中周转材料的定额用量应予抽换，即按照实际的周转次数重新计算实际定额。计算公式如下：

$$\text{实际定额用量} = \frac{\text{规定的周转次数}}{\text{实际的周转次数}} \times \text{规定定额用量} \quad (7-6)$$

【例 7-8】 试确定跨径 $L=2$ m 的拱涵拱盔及支架周转使用 3 次时的实际定额用量。

解：依题意，该工程定额编号为[4-9-1-1]，工程定额如表 7-9 所示。

表 7-9 "4-9-1-1 涵洞拱盔、支架"

（工程内容：制作、安装、拆除。）

单位：100 m² 水平投影面积

顺序号	项目	单位	代号	拱涵拱盔及支架 跨径/m		板涵支架
				2 以内	4 以内	
				1	2	3
1	人工	工日	1001001	41.4	33.8	23.5
2	铁件	kg	2009028	87.1	42.8	64.3
3	铁钉	kg	2009030	3.3	2.2	—
4	原木	m³	4003001	3.25	2.44	2.31
5	锯材	m³	4003002	1.71	1.58	0.88
6	Φ500 mm 以内木工圆锯机	台班	8015013	0.63	0.57	0.26
7	小型机具使用费	元	8099001	21.7	19.5	9
8	基价	元	9999001	11659	9400	7121

由表 7-9 可知：跨径 $L=2$ m 的拱涵拱盔及支架，每 100 m² 水平投影面积需：铁件 87.1 kg，铁钉 3.3 kg，原木 3.250 m³，锯材 1.71 m³。

查预算定额附录三"材料周转与摊销"可知各种材料的周转次数（表 7-10）分别为木料 5 次，铁件 5 次，铁钉 4 次。

所以拱涵拱盔及支架周转使用 3 次时的实际定额用量为

铁件：87.1×5/3≈145.2(kg)。

铁钉：3.3×4/3＝4.4(kg)。

原木：3.25×5/3≈5.417(m³)。

锯材：1.71×5/3＝2.85 m³。

表 7－10　材料周转及摊销次数

序号	材料名称	单位	工料机代号	空心墩及索塔钢模板	悬浇箱形梁钢模	悬浇箱形梁、T形梁、T形刚构、连续梁木模板	其他混凝土的木模板及支架、拱盔、隧道开挖衬砌用木支撑等	水泥混凝土路面
				1	2	3	4	5
1	木料	次数	—	—	—	8	5	20
2	螺栓、拉杆	次数	—	12	12	12	8	20
3	铁件	次数	2009028	10	10	10	5	20
4	铁钉	次数	2009030	4	4	4	4	4
5	8～12号铁丝	次数	2001021	1	1	1	1	1
6	钢模	次数	2003025	100	80	—	—	—

任务检验

一、计算题

习题1：某轻型混凝土墩台，采用C30普通钢筋混凝土(水泥强度等级为42.5)，确定混凝土材料的预算定额。

习题2：某二灰稳定碎石基层，厚32 cm，采用稳定土拌和机沿路拌和，分层拌和、碾压，材料配合比为石灰∶粉煤灰∶碎石＝6∶17∶77，试确定该项目的预算定额。

习题3：某土方工地有挖方60000 m³天然密实方，土质为硬土，采用10 m³自行式铲运机运土方，运距为400 m，沿路升15％的坡，若总工期为30天，试确定铲运机的数量。

习题4：某桥现浇预应力等截面箱梁的设计图纸中光圆钢筋为2.50 t，带肋钢筋为8.20 t，试确定该分项的钢筋预算定额。

习题5：某3孔拱桥，跨径为20 m，采用满堂式木拱盔，试确定其预算定额。

任务训练单

学习任务 7.3　公路工程预算定额的运用　　姓名_____　班级_____

任务训练 1：某二级公路长度为 6 km，基层宽 24.60 m，厚度为 20 cm，基层材料为 5.5％水泥稳定碎石，底基层宽 25.16 m，厚度为 32 cm，分层摊铺（16 cm＋16 cm），底基层材料为 4％水泥稳定碎石。施工方案中采用 300 t/h 稳定土拌和设备集中拌和，15 t 自卸汽车运输，运距为 3 km。路面两侧设置 C30 水泥混凝土预制块路缘石，试分析该项目基层、底基层和路缘石工程的预算定额细目，并填入下表中，所有定额细目的工料机消耗量填入"分项工程概预算表"。

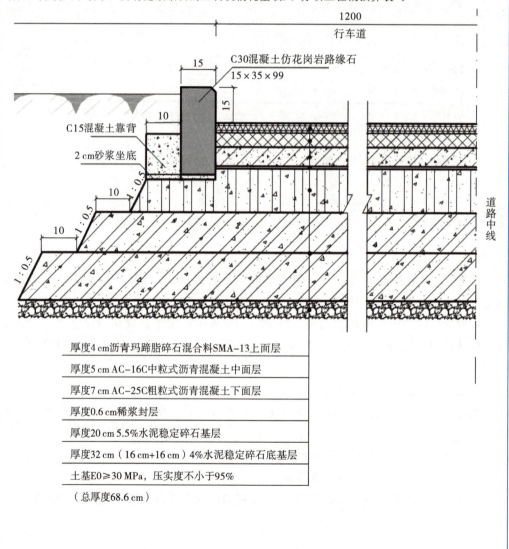

预算定额细目汇总表

序号	工程细目	定额代号	工程数量	定额调整

项目 8
公路工程概算、预算文件编制

学习目标

(1)熟悉公路工程概算、预算的分类及作用;
(2)掌握公路工程概算、预算各项费用的组成;
(3)掌握公路工程概算、预算文件的组成内容;
(4)掌握建筑安装工程费的计算方法;
(5)掌握土地使用及拆迁补偿费的计算方法;
(6)掌握工程建设其他费用的计算方法;
(7)掌握预备费的计算方法;
(8)掌握建设期贷款利息的计算方法;
(9)掌握概算、预算文件的编制步骤。

思政目标

(1)通过讲授概算、预算的费用组成及"价税分离"的计价规则,认识到工程造价费用体系的科学性、严谨性和规范性,加深对工程造价行业的认同感,塑造敬业、专注的工匠精神。

(2)概算、预算各项费用计算过程中前后数据环环相套,前面数据失之毫厘,后续数据将谬以千里。通过亲自动手计算,体会造价工作对精确度的严格要求,养成细致严谨、求真务实的工作态度。

(3)分析材料单价、机械台班单价组成时,认识施工过程中材料运输和保管、机械维护和组织管理,都会影响工程总造价,而科学规划、节能减排、环保施工是降低工程成本、提高工程质量和安全性的有效手段,树立质量、安全和节能环保等工程责任意识。

(4)造价文件编制过程中计算工作量大、数据冗杂,需要团队成员的通力合作才能完成。在小组合作的过程中培养沟通协调、团队合作的能力。

项目 8
公路工程概算、预算文件编制

案例引入

本任务单元中选用某二级公路路面工程施工图预算文件的编制任务为教学案例，案例内容详见后文，要求结合案例内容，详细分析施工图预算文件的组成，认识工程总成本中各项组成费用的名称，学习各项费用的计算方法，同时完成任务训练单中路面工程各项费用的计算，填写相关计算表格，实现学习目标。

任务 8.1 公路工程概算、预算基础知识

任务描述

本工作任务是认知公路工程概算、预算文件的组成及概算、预算各项费用的组成。通过完成该任务，能理解公路工程概算、预算的含义，熟知公路工程概算、预算的分类、作用及编制依据，掌握公路工程概算、预算各项费用的组成及概算、预算项目表列项的基本要求，为概算、预算文件的正确编制打基础。

知识储备

一、公路工程概算、预算的分类及作用

公路工程概算、预算是指公路建设过程中，根据各个设计阶段的设计文件内容，按照国家的有关政策和规定，预先计算和确定建设项目从筹建到竣工验收所需全部工程费用的技术经济文件。

根据设计阶段和测算主体的不同，公路工程概算、预算分为设计概算（修正概算）、施工图预算。具体区别如表 8-1 所示。

表 8-1 公路工程概算、预算分类

分类	测算阶段	费用范围	作用
设计概算、修正概算	初步设计、技术设计	从筹建至竣工验收交付使用全过程建设费用	1. 国家确定和控制基本建设总投资的依据； 2. 确定工程投资的最高限额； 3. 工程承包、招标的依据； 4. 核定贷款额度的依据； 5. 考核、分析设计方案经济合理性的依据
施工图预算	施工图设计	从筹建至竣工验收交付使用全过程建设费用	1. 是考核工程成本、确定工程造价的主要依据； 2. 是编制标底、签订承发包合同的依据； 3. 是工程价款结算的依据； 4. 是施工企业编制施工计划的依据

二、公路工程概算、预算费用组成

公路工程概算、预算费用组成如图 8-1 所示。

```
概(预)算总金额
├─ 建筑安装工程费
│   ├─ 直接费
│   │   ├─ 人工费
│   │   ├─ 材料费
│   │   └─ 施工机械使用费
│   ├─ 设备购置费
│   ├─ 措施费
│   │   ├─ 冬季施工增加费
│   │   ├─ 雨季施工增加费
│   │   ├─ 夜间施工增加费
│   │   ├─ 特殊地区施工增加费
│   │   │   ├─ 高原地区施工增加费
│   │   │   ├─ 风沙地区施工增加费
│   │   │   └─ 沿海地区施工增加费
│   │   ├─ 行车干扰施工增加费
│   │   ├─ 施工辅助费
│   │   └─ 工地转移费
│   ├─ 企业管理费
│   │   ├─ 基本费用
│   │   ├─ 主副食运费补贴
│   │   ├─ 职工探亲路费
│   │   ├─ 职工取暖补贴
│   │   └─ 财务费用
│   ├─ 规费
│   │   ├─ 养老保险费
│   │   ├─ 失业保险费
│   │   ├─ 医疗保险费
│   │   ├─ 工伤保险费
│   │   └─ 住房公积金
│   ├─ 利润
│   ├─ 税金
│   └─ 专项费用
│       ├─ 施工场地建设费
│       └─ 安全生产费
├─ 土地使用及拆迁补偿费
├─ 工程建设其他费
│   ├─ 建设项目管理费
│   │   ├─ 建设单位(业主)管理费
│   │   ├─ 建设项目信息化费
│   │   ├─ 工程监理费
│   │   ├─ 设计文件审查费
│   │   └─ 竣(交)工验收试验检测费
│   ├─ 研究试验费
│   ├─ 建设项目前期工作费
│   ├─ 专项评价(估)费
│   ├─ 联合试运转费
│   ├─ 生产准备费
│   │   ├─ 工器具购置费
│   │   ├─ 办公和生活用家具购置费
│   │   ├─ 生产人员培训费
│   │   └─ 应急保通设备购置费
│   ├─ 工程保通管理费
│   ├─ 工程保险费
│   └─ 其他相关费用
├─ 预备费
│   ├─ 基本预备费
│   └─ 价差预备费
└─ 建设期贷款利息
```

图 8-1 概算、预算费用组成

三、概算、预算编制依据

公路工程概算、预算的编制是一项十分细致的工作，编制前应全面了解工程所在地的建设条件、掌握各种基础资料和国家、行业相关法律和政策，编制依据主要包括以下内容：

(1)国家发布的有关法律、法规、规章、规程等。

(2)现行的《公路工程概算定额》(JTG/T 3831—2018)、《公路工程预算定额》(JTG/T 3832—2018)、《公路工程机械台班费用定额》(JTG/T 3833—2018)及《公路工程建设项目概算、预算编制办法》(JTG 3830—2018)。

(3)工程所在地省级交通主管部门发布的补充计价依据。

(4)可行性研究报告的批(核)准文件(修正概算时为初步设计批复文件)等有关资料。

(5)初步设计(或技术设计)图纸等设计文件、工程施工方案(含施工组织设计)。

(6)工程所在地的人工、材料、机械及设备、施工机械价格等。

(7)有关合同、协议等。

(8)其他有关资料。

四、公路工程概算、预算文件组成

概算、预算文件由封面、扉页、目录，编制说明及全部概算、预算计算表格组成。

1. 封面及目录

概算、预算文件的封面和扉页应按《公路工程基本建设项目设计文件编制办法》中的规定制作，扉页的次页应有建设项目名称，编制单位，编制、复核人员姓名并加盖执业(从业)资格印章，编制日期及第几册、共几册等内容。

目录顺序应按照概算、预算表格的顺序进行编排。

2. 概算、预算编制说明

概算、预算编制完成后，应写出简明扼要的编制说明。叙述内容包括：建设项目设计资料的依据与文号，采用的定额、费用标准、单价来源和依据，与工程概算、预算有关的合同文件，概算、预算总金额和各种资源总需要量，编制中存在的问题和表格中不能反映的事项等。

3. 概算、预算表格

概算、预算表格是公路工程概算、预算文件的主要组成部分，应按统一的表格计算，表格样式见《公路工程建设项目概算、预算编制办法》附录 A。概算、预算表格是一个有机的整体，它们互相联系，共同反映工程的费用。

4. 甲组文件和乙组文件

概算、预算文件按不同需要分为两组，甲组文件为各项费用计算表格，乙组文件为建筑安装工程费各项基础数据计算表格。应按《公路工程基本建设项目设计文件编制办法》中关于文件报送份数，随设计文件一同报送，并同时提交可计算的造价电子数据文件和新工艺单价分析的详细资料。

概算、预算应按一个建设项目[如一条路线或一座独立大(中)桥、隧道]进行编制。当一个建设项目需要分段或分部编制时，应根据需要分别编制，但必须汇总编制"总概(预)算汇总表"。

甲、乙组文件包括的内容如图8-2所示。

甲组文件：
- 编制说明
- 前后阶段费用对比表
- 建设项目属性及技术经济信息表(00表)
- 总概(预)算汇总表(01-1表)
- 总概(预)算人工、主要材料、施工机械台班数量汇总表(02-1表)
- 概(预)算表(01表)
- 人工、主要材料、施工机械台班数量汇总表(02表)
- 建筑安装工程费计算表(03表)
- 综合费率计算表(04表)
- 综合费用计算表(04-1表)
- 设备费计算表(05表)
- 专项费用计算表(06表)
- 土地使用及拆迁补偿费计算表(07表)
- 工程建设其他费计算表(08表)
- 人工、材料、施工机械台班单价汇总表(09表)

(a)甲组文件

乙组文件：
- 分项工程概(预)算计算数据表(21-1表)
- 分项工程概(预)算表(21-2表)
- 材料预算单价计算表(22表)
- 自采材料料场价格计算表(23-1表)
- 材料自办运输单位运费计算表(23-2表)
- 施工机械台班单价计算表(24表)
- 辅助生产人工、材料、施工机械台班单位数量表(25表)

(b)乙组文件

图8-2　甲、乙组文件包含的内容

五、概算、预算项目表

建筑安装工程是由许多分项工程组成的庞大复杂的综合体，为了准确计价和编审，同时方便同类工程之间的比较和对不同分项工程进行技术经济分析，也为了编制概算、预算项目时不重不漏，必须对工程概算、预算的项目划分、排列顺序及内容做出统一规定，这就形成了公路工程概算、预算项目表。它主要包括以下内容：

第一部分　建筑安装工程费
　　第一项　临时工程
　　第二项　路基工程
　　第三项　路面工程
　　第四项　桥梁涵洞工程
　　第五项　隧道工程
　　第六项　交叉工程
　　第七项　交通工程及沿线设施
　　第八项　绿化及环境保护工程
　　第九项　其他工程
　　第十项　专项费用
　　　　　　1. 施工场地建设费
　　　　　　2. 安全生产费
第二部分　土地使用及拆迁补偿费
第三部分　工程建设其他费
第四部分　预备费
第五部分　建设期贷款利息

概算、预算项目应按项目表的序列及内容编制。

路线建设项目中的互通式立体交叉、辅道、支线，如工程规模较大时，可以按概算、预算项目表单独编制建筑安装工程，然后将其总金额列入路线总概算、预算表中相应的项目内。

 任务检验

一、填空题

1. ＿＿＿＿＿＿＿＿＿＿＿＿＿是确定工程投资的最高限额。
2. 公路工程概算、预算费用由＿＿＿＿、＿＿＿＿、＿＿＿＿、＿＿＿＿和＿＿＿＿五部分组成。
3. 概算、预算文件由＿＿＿＿、＿＿＿＿、＿＿＿＿、＿＿＿＿及＿＿＿＿组成。
4. 概算、预算文件按不同需要分为两组，＿＿＿＿为各项费用计算表格，＿＿＿＿为建筑安装工程费各项基础数据计算表格。

二、选择题

1. 以下表格中属于甲组文件的表格是(　　)。
   A. 分项工程概预算表(21-2表)
   B. 材料预算单价计算表(22表)
   C. 人工、材料、施工机械台班单价汇总表(09表)
   D. 施工机械台班单价计算表(24表)
2. 以下表格中不属于甲组文件的表格是(　　)。
   A. 综合费率计算表(04表)　　　　　　　B. 材料预算单价计算表(22表)
   C. 建筑安装工程费计算表(03表)　　　　D. 设备费计算表(05表)

任务8.2　建筑安装工程费的计算

  任务描述

建筑安装工程费是概算、预算费用的主体部分,通过一项具体的施工图预算编制任务,使学生明确建筑安装工程费各项费用的组成和计算方法,通过完成该任务,掌握人工工日单价、材料预算单价、机械台班单价的计算过程,掌握直接费、设备购置费、措施费、企业管理费、规费、利润、税金和专项费用的计算方法。采用任务驱动的方式开展教学,学生动手完成计算任务的同时,体会造价工作对精确度的严格要求,养成细致严谨、求真务实的工作态度,同时在小组合作的过程中培养沟通协调、团队合作的能力。

  案例引入

本任务单元中沿用某二级公路路面工程施工图预算文件的编制任务为教学案例,要求结合案例内容,详细分析施工图预算中建筑安装工程费的计算方法,并完成各项费用的计算,填写相关计算表格,实现学习目标。

  知识储备

建筑安装工程费包括直接费、设备购置费、措施费、企业管理费、规费、利润、税金和专项费用。建筑安装工程费除专项费用外,其他均按"价税分离"计价规则计算,即各项费用均以不含增值税可抵扣进项税额的价格(费率)进行计算,具体要素价格适用增值税税率执行财税部门的相关规定。定额建筑安装工程费包括定额直接费、定额设备购置费的40%、措施费、企业管理费、规费、利润、税金和专项费用,定额直接费包括定额人工费、定额材料费、定额施工机械使用费。

定额人工费、定额材料费、定额施工机械使用费以及定额设备购置费均按《公路工程预算定额》(JTG/T 3832—2018)附录四"定额人工、材料、设备单价表"及《现行公路工程机械台班费用定额》(JTG/T 3833—2018)中规定的人工、材料、设备、机械的相应基价计算的定额费用计取。

一、直接费

直接费指施工过程中耗费的构成工程实体和有助于工程形成的各项费用,包括人工费、材料费、施工机械使用费。

1. 人工费

人工费指列入概算、预算定额的直接从事建筑安装工程施工的生产工人开支的各项费用。

人工费与定额
人工费计算

(1)人工费包括计时工资或计件工资,指按计时工资标准和工作时间或对已做工作按计件单价支付给个人的劳动报酬。

①津贴、补贴:指为了补偿职工特殊或额外的劳动消耗和因其他特殊原因支付给个人的津贴,以及为了保证职工工资水平不受物价影响支付给个人的物价补贴。如流动施工津贴、特殊地区施工津贴、高温(寒)作业临时津贴、高空津贴等。

②特殊情况下支付的工资:指根据国家法律、法规和政策规定,因病、工伤、产假、计划生育假、婚丧假、事假、探亲假、定期休假、停工学习、执行国家或社会义务等原因按计时工资标准或计件工资标准的一定比例支付的工资。

(2)人工费以概算、预算定额人工工日数乘以综合工日单价计算。

(3)人工费标准按照本地区公路建设项目的人工工资统计情况以及公路建设劳务市场情况进行综合分析、确定人工工日单价。人工工日单价由省级交通运输主管部门制定发布,并适时进行动态调整。人工工日单价仅作为编制概算、预算的依据,不作为施工企业实发工资的依据。

人工费金额是通过概算、预算表格计算的,具体计算公式如下:

$$人工费 = 定额 \times 工程数量 \times 人工预算单价 \qquad (8-1)$$

式中,定额指单位合格产品的人工消耗量标准,由《公路工程概算定额》或《公路工程预算定额》查得;工程数量指分项工程的工程量/定额单位;人工预算单价指生产工人每工日人工费。

$$定额人工费 = 定额 \times 工程数量 \times 人工定额单价 \qquad (8-2)$$

式中,人工定额单价指《公路工程预算定额》附录四中规定的人工单价。

以上各项标准由各省、自治区、直辖市公路(交通)工程造价(定额)管理站根据当地人民政府的有关规定核定后公布执行,并抄送交通运输部公路局备案。并应根据最低工资标准的变化情况及时调整公路工程生产工人工资标准。

注意：人工费单价仅作为编制概算、预算的依据，不作为施工企业实发工资的依据。

【例 8 - 1】 某二级公路位于陕西省宝鸡市，长 6 km，行车道宽 24 m，沥青面层与水泥稳定碎石基层之间设置 ES - 2 型乳化沥青稀浆封层，经调查当地人工预算单价为 105.89 元/工日，试计算该乳化沥青稀浆封层的人工费和定额人工费。

解：由式(8-1)可知人工费＝定额×工程数量×人工预算单价

①查预算定额。由分项工程内容，查《公路工程预算定额》(JGT/T 3832—2018)[2-2-16-16]，可知每 1000 m² 稀浆封层实体需要消耗人工 4.9 工日。

②工程数量＝6000×24÷1000＝144。

③人工预算单价＝105.89 元/工日。

④人工费＝144×4.9×105.89≈74715.98(元)。

⑤查《公路工程预算定额》附录四可知，人工定额单价为 106.28 元/工日，则

定额人工费＝144×4.9×106.28≈74991.17(元)。

注：人工费计算及填写方式详见任务 8.6 编制实例的"分项工程概算、预算表(21-2 表)"。

2. 材料费

材料费指施工过程中耗用的构成工程实体的原材料、辅助材料、构配件、零件、半成品或成品等按工程所在地的材料价格计算的费用。

$$材料费 = \sum 工程数量 \times (定额 \times 材料预算单价 + 其他材料费) \quad (8-3)$$

$$定额材料费 = \sum 工程数量 \times (定额 \times 材料定额单价 + 其他材料费) \quad (8-4)$$

材料预算单价由材料原价、运杂费、场外运输损耗、采购及保管费组成。

$$材料预算单价 = (材料原价 + 运杂费) \times (1 + 场外运输损耗率) \times$$
$$(1 + 采购及保管费率) - 包装品回收价值 \quad (8-5)$$

(1)各种材料原价按下列规定计算。

①外购材料：外购材料价格参照本行政区域内交通运输主管部门发布的价格和按调查的市场价格进行综合取定。

②自采材料：自采的砂、石、黏土等，按定额中开采单价加辅助生产间接费和矿产资源税(如有)计算。

(2)运杂费指材料自供应地点至工地仓库(施工地点存放材料的地方)的费用，包括装卸费、运费，如果发生，还应计囤存费及其他杂费(如过磅、标签、支撑加固、路桥通行等费用)。

①通过铁路、水路和公路运输的材料，按调查的市场运价计算运费。

材料预算单价的确定

材料运杂费的计算

②一种材料当有两个以上的供应点时，应根据不同的运距、运量、运价采用加权平均的方法计算运费。由于概算、预算定额中已考虑了工地运输便道的特点，以及定额中已计入了"工地小搬运"的费用，因此汽车运输平均运距中不得乘调整系数，也不得在工地仓库或堆料场之外再加场内运距或二次倒运的运距。

③有容器或包装的材料及长大轻浮材料，应按表8-2规定的毛质量计算。桶装沥青、汽油、柴油按每吨摊销一个旧汽油桶计算包装费(不计回收)。

表8-2 材料毛质量系数及单位毛质量表

材料名称	单位	毛质量系数	单位毛质量
爆破材料	t	1.35	—
水泥、块状沥青	t	1.01	—
铁钉、铁件、焊条	t	1.10	—
液体沥青、液体燃料、水	t	桶装1.17，油罐车装1.00	—
木料	m³	—	原木0.750 t，锯材0.650 t
草袋	个	—	0.004 t

式(8-6)为运杂费的计算方法。

单位运杂费＝单位运费＋单位装卸费＋单位杂费
　　　　　＝运价率×运距×单位毛重＋装卸费率×装卸次数×单位毛重＋杂费费率×单位毛重
　　　　　＝(运价率×运距＋装卸费率×装卸次数＋杂费费率)×单位毛重

(8-6)

(3)场外运输损耗指有些材料在正常的运输过程中发生的损耗。材料场外运输损耗率如表8-3所示。

表8-3 材料场外运输损耗率　　　　　　　　　　　　　　单位:%

材料名称		场外运输(包括一次装卸)	每增加一次装卸
块状沥青		0.5	0.2
碎石、碎砾石、砂砾、煤渣、工业废渣、煤		1.0	0.4
砖、瓦、桶装沥青、石灰、黏土		3.0	1.0
草皮		7.0	3.0
水泥(袋装、散装)		1.0	0.4
砂	一般地区	2.5	1.0
	风沙地区	5.0	2.0

注：汽车运水泥，当运距超过500 km时，袋装水泥损耗率增加0.5个百分点。

(4)采购及保管费：

①材料采购及保管费指在组织采购、保管过程中，所需的各项费用及工地仓库的材料储存损耗。

②材料采购及保管费,以材料的原价加运杂费及场外运输损耗的合计数为基数,乘以采购及保管费费率计算。

③钢材的采购及保管费费率为 0.75%,燃料、爆破材料为 3.26%,其余材料为 2.06%。商品水泥混凝土、沥青混合料和各类稳定土混合料、外购的构件、成品及半成品的预算价格计算方法与材料相同。商品水泥混凝土、沥青混合料和各类稳定土混合料不计采购及保管费,外购的构件、成品及半成品的采购及保管费费率为 0.42%。

【例 8-2】 接例 8-1,该二级公路乳化沥青稀浆封层施工项目,经调查乳化沥青原价为 3300 元/t,运距 200 km,运价率为 0.73 元/(t·km),装卸费率为 2.5 元/(t·次),杂费费率 2 元/t,试计算乳化沥青材料的预算单价。

解:依题意知,本材料为外购、长途运输材料,原价 3300 元/t。查表 8-2 得毛重系数为 1.17,则

单位运费=0.73×200×1.17=170.82(元/t)

单位装卸费=2.5×1.17≈2.93(元/t)

单位杂费=2×1.17=2.34(元/t)

单位运杂费=170.82+2.93+2.34=176.09(元/t)

又查表 8-3 知乳化沥青的场外损耗率为 3%,采购保管费率为 2.06%,则

乳化沥青预算单价=(3300+176.09)×(1+3%)×(1+2.06%)≈3654.13(元/t)

注:材料预算单价计算及填写方式详见 8.6 编制实例的"材料预算单价计算表(22 表)",并汇总至"人工、材料、施工机械台班单价汇总表(09 表)"。

【例 8-3】 接上例,按照【例 8-2】中的计算结果,试计算该乳化沥青稀浆封层的乳化沥青材料费和乳化沥青定额材料费。

解:①查预算定额[2-2-16-16],可知每 1000 m² 需要乳化沥青 1.476 t。

②工程数量=24×6000÷1000=144。

③根据【例 8-2】的计算结果,可知乳化沥青的预算单价为 3654.13 元/t。

④乳化沥青材料费=144×1.476×3654.13=776663.41(元)。

⑤查预算定额附录四,可知乳化沥青的定额单价为 3333.33 元/t,则

乳化沥青定额材料费=144×1.476×3333.33≈708479.29(元)。

注:材料费计算及填写方式详见 8.6 编制实例的"分项工程概预算表(21-2 表)"。

【例 8-4】 某公路施工现场距离河道较近,河道内有丰富的河砂,将采砂场设置在河道边上,距施工现场 500 m,生产砂和中(粗)砂两种材料。砂采用人工水中采集堆放的方式,中粗砂采用人工采集筛分堆放的方式(成品率为 51%~70%)。辅助生产间接费的费率按 3% 计列,试计算砂和中(粗)砂两种材料的料场价格。

解:依题意知砂和中(粗)砂两种材料为自采材料,材料料场价格应通过定额确定工料机消耗量计算得到。

自采材料料场价格(原价)=人工费×(1+3%)+材料费+机械使用费

(1)砂的料场价格。

由《公路工程预算定额》第八章[8-1-3-2]得知：采集堆放每100 m³的砂所需定额为人工 19.3 工日。故：

砂的料场价格＝105.89×19.3×(1+3％)/100≈21.05(元/m³)（人工费的3％为辅助生产间接费）

(2)中(粗)砂的料场价格。

由《公路工程预算定额》第八章[8-1-3-5]得知：采集筛分堆放每100 m³的中(粗)砂所需定额为人工 21.5 工日。故：

中(粗)砂的料场价格＝105.89×21.5×(1+3％)/100≈23.449 元/m³（人工费的3％为辅助生产间接费）

注：自采材料原价计算及填写方式详见任务8.6编制示例的"自采材料料场价格计算表(23-1表)"。

【例8-5】 接上例，按照例题8-4中的计算结果，若已知采砂场距离施工现场500 m 左右，采用1 t 以内机动翻斗车运输，1 t 以内机动翻斗车的单价为213.14元/台班，试确定砂和中(粗)砂两种材料的预算单价。

解：依题意知砂和中(粗)砂两种材料的运输为自办运输，材料的单位运杂费应通过定额确定工料机消耗量计算得到。

由《公路工程预算定额》第九章[9-1-3-1]得知：每100 m³砂或中(粗)砂运500 m 的定额为1 t 以内机动翻斗车 3.55 台班。则：

单位运杂费＝3.55×213.14/100≈7.566(元/m³)

又查表 8-3，可知砂或中(粗)砂的场外损耗率为 2.5％。已知采购保管费率为 2.06％。

砂的预算单价＝(20.437+7.566)×(1+2.5％)×(1+2.06％)＝29.94(元/m³)

中(粗)砂的预算单价＝(23.449+7.566)×(1+2.5％)×(1+2.06％)＝32.45(元/m³)

注：自采材料自办运输时运杂费计算及填写方式详见任务8.6编制示例的"材料自办运输单位运费计算表(23-2表)"。

3. 施工机械使用费

施工机械使用费指列入概算、预算定额的工程机械和工程仪器仪表台班数量，按相应的施工机械台班费用定额计算的费用等。

(1)工程机械使用费。机械台班预算价格应按现行《公路工程机械台班费用定额》(JTG/T 3833—2018)计算，机械台班单价由不变费用和可变费用组成。不变费用包括折旧费、检修费、维护费、安拆辅助费等；可变费用包括机上人员人工费、动力燃料费、车船税。可变费用中的人工工日数及动力燃料消耗量，应以机械台班费用定额中的数值为准。台班人工费工日单价同生产工人人工费单价。动力燃料费用则按材料费的计算规定计算。

(2)工程仪器仪表使用费指机电工程施工作业所发生的仪器仪表使用费,以施工仪器仪表台班耗用量乘以施工仪器仪表台班单价计算。

①工程仪器仪表台班预算价格应按现行《公路工程机械台班费用定额》(JTG/T 3833)计算。台班人工费工日单价同生产工人人工费单价。动力燃料费用则按材料费的计算规定计算。

②当工程用电为自行发电时,电动机械的单价可由下述公式计算:

$$A = 0.15 K/N \tag{8-7}$$

式中　A——单价,元/(kW·h);
　　　K——发电机组的台班单价,元;
　　　N——发电机组的总功率,kW。

机械使用费 = $\sum$ 工程数量×(定额×机械台班单价 + 小型机具使用费)

$$(8-8)$$

定额机械使用费 = $\sum$ 工程数量×(定额×机械定额台班单价 + 小型机具使用费)

$$(8-9)$$

机械台班单价 = 不变费用×调整系数 + 可变费用
　　　　　　 = 不变费用×调整系数 + 人工预算单价×人工定额消耗量 +
　　　　　　　 燃料预算单价×燃料定额消耗量 + 车船税

$$(8-10)$$

机械的定额台班单价可通过《公路工程机械台班费用定额》查到。

【例8-6】 以例题8-2中的乳化沥青稀浆封层施工项目为例,拟采用2.5～3.5 m稀浆封层机进行封层施工。已知该工程人工预算单价为105.89元/工日,柴油预算价格为7.5元/kg。

(1)试计算该项目中稀浆封层机的台班单价和定额台班单价;
(2)按预算定额计算该项目的机械使用费和定额机械使用费。

解:(1)计算稀浆封层机的台班单价和定额台班单价。

查《公路工程机械台班费用定额》可知2.5～3.5 m稀浆封层机(代号8003062)的不变费用为1979.33元;可变费用包括人工(2工日),柴油(103.54 kg)。因此

稀浆封层机台班单价 = 1979.33 + 2×105.89 + 103.54×7.5 = 2967.66(元/台班)

查《公路工程机械台班费用定额》可知稀浆封层机的定额台班单价为2962.33元/台班。

稀浆封层机定额台班单价 = 1979.33 + 2×106.28 + 103.54×7.44 = 2962.23(元/台班)

(2)计算机械使用费和定额机械使用费。

①稀浆封层工程数量。

$$6000 \times 24 / 1000 = 144$$

②确定 2.5～3.5 m 稀浆封层机台班消耗。

查《预算定额》第二章[2-2-16-16]，每 1000 m² 稀浆封层机定额为 2.5～3.5 m 稀浆封层机 0.29 个台班。

③计算该项目稀浆封层机的机械使用费。

$$机械使用费 = 0.29 \times 2967.66 \times 144 \approx 123929.48(元)$$

④计算该项目稀浆封层机的定额机械使用费。

$$定额机械使用费 = 0.29 \times 2962.23 \times 144 = 123702.72(元)$$

注：机械台班单价计算及填写方式详见任务 8.6 编制示例的"机械台班单价计算表（24 表）"。

综上所述，直接费为人工费、材料费和施工机械使用费之和。其各项费用的计算方法相同，不同点是单价计算方法不同，其中材料和施工机械台班的预算价格，是采用表格化的形式计算确定的，即概算、预算计算表格中的 21-1 表、21-2 表、22 表、23-1 表、23-2 表和 24 表。编制过程中，不得随意修改表格的形式和内容。

【例 8-7】 某二级公路，沥青混凝土道路长 6 km，宽 24 m，拟采用 ES-2 型乳化沥青稀浆封层厚 0.6 cm，稀浆封层的定额如表 8-4 所示。经调查，人工、主要材料和机械的预算单价和定额单价如表 8-5 所示。试计算该乳化沥青稀浆封层的直接费及定额直接费。

表 8-4 稀浆封层的定额

单位：1000 m³

顺序号	项目	单位	代号	层铺法封层				乳化沥青稀浆封层			同步碎石封层
				上封层		下封层		ES-1型	ES-2型	ES-3型	橡胶沥青
				石油沥青	乳化沥青	石油沥青	乳化沥青				
				11	12	13	14	15	16	17	18
1	人工	工日	1001001	4.6	4.6	2.7	2.7	4.5	4.9	5	8.3
2	石油沥青	t	3001001	1.082	—	1.185	—	—	—	—	—
3	橡胶沥青	t	3001004	—	—	—	—	—	—	—	1.98
4	乳化沥青	t	3001005	—	0.953	—	1.004	1.096	1.476	1.56	—
5	煤	t	3005001	0.21	—	0.23	—	—	—	—	—
6	砂	m³	5503004	—	—	—	—	0.38	0.6	0.67	—
7	矿粉	t	5503013	—	—	—	—	0.265	0.278	0.318	—
8	路面用石屑	m³	5503015	7.14	7.14	8.16	8.16	1.75	2.95	3.81	14.28

续表

顺序号	项目	单位	代号	层铺法封层				乳化沥青稀浆封层			同步碎石封层
				上封层		下封层		ES-1型	ES-2型	ES-3型	橡胶沥青
				石油沥青	乳化沥青	石油沥青	乳化沥青				
				11	12	13	14	15	16	17	18
9	其他材料费	元	7801001	20.5	—	21.5	—	—	—	—	25.5
10	设备摊销费	元	7901001	11.5	—	12.6	—	—	—	—	11.5
11	3.0 m³ 以内轮胎式装载机	台班	8001049	—	—	—	—	—	—	—	0.46
12	石屑撒布机	台班	8003030	0.02	0.02	—	0.02	—	—	—	—
13	4000 L 以内液态沥青运输车	台班	8003031	—	—	—	—	0.2	0.3	0.34	—
14	8000 L 以内沥青洒布车	台班	8003040	0.06	0.05	0.06	0.05	—	—	—	—
15	320 t/h 以内沥青混合料拌和设备	台班	8003053	—	—	—	—	—	—	—	0.02
16	2.5~3.5 m 稀浆封层机	台班	8003062	—	—	—	—	0.19	0.29	0.32	—
17	9~16 t 轮胎式压路机	台班	8003066	0.3	0.3	0.3	0.3	—	—	—	—
18	16~20 t 轮胎式压路机	台班	8003067	—	—	—	—	—	—	—	0.73
19	同步碎石封层车	台班	8003095	—	—	—	—	—	—	—	0.34
20	机动路面清扫机	台班	8003102	—	—	—	—	—	—	—	0.12
21	20 t 以内自卸汽车	台班	8007019	—	—	—	—	—	—	—	0.48
22	10000 L 以内洒水汽车	台班	8007043	—	—	—	—	0.14	0.22	0.24	0.51
23	12 m/min 以内机动空压机	台班	8017050	—	—	—	—	—	—	—	0.21
24	小型机具使用费	元	8099001	3.2	—	3.5	—	—	—	—	2.7
25	基价	元	9999001	6566	4679	6939	4756	5192	7075	7597	16250

注：粒料基层浇洒透层沥青后，不能及时铺筑面层并需开放施工车辆通行时，每 1000 m 增加粗砂 0.83 m³、12~15 t 光轮压路机 0.13 台班，沥青用量乘以系数 1.1。

项目 8
公路工程概算、预算文件编制

表 8-5 各类材料或机械的费用

项目名称	预算单价	定额单价
人工	105.89 元/工日	106.28 元/工日
乳化沥青	3654.12 元/t	3333.33 元/t
砂	29.94 元/m³	77.67 元/m³
矿粉	171.87 元/t	155.34 元/t
路面用石屑	130.14 元/m³	106.8 元/m³
4000 L 内液态沥青运输车	425.55 元/台班	424.44 元/台班
2.5~3.5 m 稀浆封层机	2967.66 元/台班	2962.23 元/台班
10000 L 以内洒水汽车	1110.50 元/台班	1104.87 元/台班

解：①乳化沥青封层的工程数量为 $6000 \times 24/1000 = 144$。

②人工、材料、机械的总消耗量如下。

人工：

$4.9 \times 144 = 705.6$(工日)。

材料：

乳化沥青 $1.476 \times 144 = 212.544$(t)。

砂 $0.6 \times 144 = 86.4$(m^3)。

矿粉 $0.278 \times 144 = 40.032$(t)。

路面用石屑 $2.95 \times 144 = 424.8$(m^3)。

机械：

4000 L 内液态沥青运输车 $0.3 \times 144 = 43.2$(台班)。

2.5~3.5 m 稀浆封层机 $0.29 \times 144 = 41.76$(台班)。

10000 L 以内洒水汽车 $0.22 \times 144 = 31.68$(台班)。

③计算人工费和定额人工费、材料费和定额材料费、机械费和定额机械费。

人工费 $= 705.6 \times 105.89 \approx 74715.98$(元)

定额人工费 $= 705.6 \times 106.28 \approx 74991.17$(元)

材料费 $= 212.544 \times 3654.12 + 86.4 \times 29.94 + 40.032 \times 171.87 + 424.8 \times 130.14$
≈ 841411.87(元)

定额材料费 $= 212.544 \times 3333.33 + 86.4 \times 77.67 + 40.032 \times 155.34 + 424.8 \times 106.8$
≈ 766777.19(元)

机械费 $= 43.2 \times 425.55 + 41.76 \times 2967.66 + 31.68 \times 1110.50 \approx 177493.88$(元)

定额机械费 $= 43.2 \times 424.44 + 41.76 \times 2962.23 + 31.68 \times 1104.87 \approx 177040.81$(元)

④计算直接费和定额直接费。

直接费 = 人工费 + 材料费 + 机械费 = 74715.98 + 841411.87 + 177493.88 = 1093621.73(元)

定额直接费 = 定额人工费 + 定额材料费 + 定额机械费 = 74991.17 + 766777.19 + 177040.81 = 1018809.17(元)

注：直接费和定额直接费计算及填写方式详见任务 8.6 编制示例的"分项工程概预算表(8-39 表)"。

二、设备购置费

设备购置费指为满足公路初期运营、管理需要购置的构成固定资产标准的设备和虽低于固定资产标准但属于设计明确列入设备清单的设备的费用，包括渡口设备，隧道照明、消防、通风的动力设备，公路收费、监控、通信、路网运行监测、供配电及照明设备等。

(1)设备购置费应列出计划购置的清单(包括设备的规格、型号、数量)，以设备预算价计入。

(2)设备购置费包括设备原价、运杂费、运输保险费、采购及保管费，各种税费按编制期有关部门规定计算。

(3)需要安装的设备，按建筑安装工程费的有关规定计算设备的安装工程费。设备与材料的划分标准见《公路工程建设项目概算、预算编制办法》附录 C。

【例 8-8】 陕西汉中某二级公路长 6 km，基于运营安全因素购置外场摄像机 3 套，每套 18000 元，运杂费按照设备原价的 0.8% 计列，运输保险按照设备原价的 1% 计列，采购及保管费按照设备原价的 1.2% 计列，试计算该工程的设备购置费。

解：① 设备单价＝设备原价＋运杂费(运输费＋装卸费＋搬动费)＋运输保险费＋采购及保管费＝18000×(1＋0.8%＋1%＋1.2%)＝18540(元)

② 设备购置费＝18540×3＝55620(元)

注：设备购置费计算及填写方式详见任务 8.6 编制示例的"设备费计算表(05 表)"。

三、措施费

(一)工程类别的划分

措施费是以工程项目的某项费用为基数，乘以规定的费率计算得到，而工程项目内容千差万别，无法单个制定费率标准。因此，计算时将性质相近的工程项目合并成若干类别来制定费率。《公路工程基本建设项目概算、预算编制办法》中工程类别划分如下，分为 10 类。各类工程综合费率的计算在 04 表完成。

(1)土方：指人工及机械施工的土方工程、路基掺灰、路基换填及台背回填。

(2)石方：指人工及机械施工的石方工程。

(3)运输：指用汽车、拖拉机、机动翻斗车、船舶等运送土石方、路面基层和面层混合料、水泥混凝土及预制构件、绿化苗木等工程。

(4)路面：指路面所有结构层工程、路面附属工程、便道以及特殊路基处理工程(不含特殊路基处理中的圬工构造物)。

(5)隧道：指隧道土建工程(不含隧道的钢材及钢结构)。

(6)构造物Ⅰ：指砍树挖根、拆除工程、排水、防护、特殊路基处理中的圬工构造物、涵洞、交通安全设施、拌和站(楼)安拆工程、便桥、便涵、临时电力和电信设施、临时轨道、临时码头、绿化工程等工程。

(7)构造物Ⅱ：指小桥、中桥、大桥、特大桥工程。

(8)构造物Ⅲ：指商品水泥混凝土的浇筑、商品沥青混合料和各类商品稳定土混合料的铺筑、外购混凝土构件、设备安装工程等。

(9)技术复杂大桥：指钢管拱桥、斜拉桥悬索桥、单孔跨径在 120 m 以上(含 120 m)和基础水深在 10 m 以上(含 10 m)的大桥主桥部分的基础、下部和上部工程(不含桥梁的钢材及钢结构)。

(10)钢材及钢结构：指所有工程的钢材及钢结构等工程。

(二)措施费的计算

措施费包括冬季施工增加费、雨季施工增加费、夜间施工增加费、特殊地区施工增加费、行车干扰施工增加费、施工辅助费、工地转移费。每种费用均是以已知的费用作为计算基数，乘以相应的费率得到的。购买的路基填料、绿化苗木、商品水泥混凝土、商品沥青混合料和各类稳定土混合料、外购混凝土构件不作为措施费及企业管理费的计算基数。

$$措施费=综合费用Ⅰ+综合费用Ⅱ=(定额人工费+定额机械使用费)\times 综合费率Ⅰ+定额直接费\times 综合费率Ⅱ$$

(8-11)

1. 冬季施工增加费

冬季施工增加费指按照公路工程施工及验收规范所规定的冬季施工要求，为保证工程质量和安全生产所需采取的防寒保温设施、工效降低和机械作业效率降低以及技术操作过程的改变等所增加的有关费用。

(1)冬季施工增加费的内容包括：

①因冬季施工所需增加的一切人工、机械与材料的支出。

②施工机械所需修建的暖棚(包括拆、移)，增加其他保温设备购置费用。

③因施工组织设计确定，需增加的一切保温、加温等有关支出。

④清除工作地点的冰雪等与冬季施工有关的其他各项费用。

(2)全国冬季施工气温区划分表见《公路工程基本建设项目概算、预算编制办法》附录D。

(3)冬季施工增加费的计算方法是根据各类工程的特点，规定各气温区的取费标准。为了简化计算手续，采用全年平均摊销的方法，即不论是否在冬季施工，均按规定的取费标准计取冬季施工增加费。

(4)一条路线穿过两个以上气温区时，可分段计算或按各区的工程量比例求得全线的平均增加率，计算冬季施工增加费。

(5)冬季施工增加费以各类工程的定额人工费和定额施工机械使用费之和为基数，按工程所在地的气温区选用表8-6的费率计算。

表8-6 冬季施工增加费费率表　　　　　　　　　单位:%

工程类别	冬季期平均温度对应的费率								准一区	准二区
	-1℃以上		-1~-4℃		-4~-7℃	-7~-10℃	-10~-14℃	-14℃以下		
	冬一区		冬二区		冬三区	冬四区	冬五区	冬六区		
	Ⅰ	Ⅱ	Ⅰ	Ⅱ						
土方	0.835	1.301	1.800	2.270	4.288	6.094	9.140	13.720	—	—
石方	0.164	0.266	0.368	0.429	0.859	1.248	1.861	2.801	—	—
运输	0.166	0.25	0.354	0.437	0.832	1.165	1.748	2.643	—	—
路面	0.566	0.842	1.181	1.371	2.449	3.273	4.909	7.364	0.073	0.198
隧道	0.203	0.385	0.548	0.710	1.175	1.52	2.269	3.425	—	—
构造物Ⅰ	0.652	0.940	1.265	1.438	2.607	3.527	5.291	7.936	0.115	0.288
构造物Ⅱ	0.868	1.240	1.675	1.902	3.452	4.693	7.028	10.542	0.165	0.393
构造物Ⅲ	1.616	2.296	3.114	3.523	6.403	8.680	13.020	19.520	0.292	0.721
技术复杂大桥	1.019	1.444	1.975	2.230	4.057	5.479	8.219	12.338	0.170	0.446
钢材及钢结构	0.04	0.101	0.141	0.181	0.301	0.381	0.581	0.861	—	—

注：绿化工程不计冬季施工增加费。

2. 雨季施工增加费

雨季施工增加费指雨季期间施工为保证工程质量和安全生产所需采取的防水、防潮和防护措施、工效降低和机械作业率降低以及技术操作过程的改变等，所需增加的有关费用。

(1)雨季施工增加费的内容包括：

①因雨季施工所需增加的工、料、机费用的支出，包括工作效率的降低及易被雨水冲毁的工程所增加的清理坍塌基坑和堵塞排水沟、填补路基边坡冲沟等工作内容。

②路基土方工程的开挖和运输，因雨季施工(非土壤中水影响)而引起的黏附工具、降低工效所增加的费用。

③因防止雨水必须采取的挖临时排水沟、防止基坑坍塌所需的支撑、挡板等防护措施费用。

④材料因受潮、受湿的耗损费用。

⑤增加防雨、防潮设备的费用。

⑥因河水高涨致使工作困难等其他有关雨季施工所需增加的费用。

(2)全国雨季施工雨量区及雨季期划分见《公路工程基本建设项目概算、预算编制办法》附录E。

(3)雨季施工增加费的计算方法,是将全国划分为若干雨量区和雨季期,并根据各类工程的特点规定各雨量区和雨季期的取费标准。为了简化计算手续,采用全年平均摊销的方法,即不论是否在雨季施工,均按规定的取费标准计取雨季施工增加费。

(4)一条路线通过不同的雨量区和雨季期时,应分别计算雨季施工增加费或按工程量比例求得平均的增加率,计算全线雨季施工增加费。

(5)雨季施工增加费以各类工程的定额人工费和定额施工机械使用费之和为基数,按工程所在地的雨量区、雨季期选用表8-7的费率计算。

3. 夜间施工增加费

夜间施工增加费指根据设计、施工技术规范和合理的施工组织要求,必须在夜间施工或必须昼夜连续施工而发生的夜班补助费、夜间施工降效、施工照明设备摊销及照明用电等费用。夜间施工增加费以夜间施工工程项目的定额人工费与定额施工机械使用费之和为基数,按表8-8的费率计算。

4. 特殊地区施工增加费

特殊地区施工增加费包括高原地区施工增加费、风沙地区施工增加费和沿海地区施工增加费三项。

(1)高原地区施工增加费。高原地区施工增加费指在海拔2000 m以上地区施工,由于受气候、气压的影响,致使人工、机械效率降低而增加的费用。

①一条路线通过两个以上(含两个)不同的海拔分区时,应分别计算高原地区施工增加费或按工程量比例求得平均的增加率,计算全线高原地区施工增加费。

②高原地区施工增加费以各类工程的定额人工费与定额施工机械使用费之和为基数,按表8-9的费率计算。

(2)风沙地区施工增加费。风沙地区施工增加费指在沙漠地区施工时,由于受风沙影响,按照施工及验收规范的要求,为保证工程质量和安全生产而增加的有关费用。内容包括防风、防沙及气候影响的措施费,人工、机械效率降低增加的费用以及积沙、风蚀的清理修复等费用。

①当地气象资料及自然特征与《公路工程基本建设项目概算、预算编制办法》附录F中的风沙地区划分有较大出入时,由项目所在地省级交通运输主管部门按当地气象资料和自然特征及上述划分标准确定工程所在地的风沙区划。

②一条路线穿过两个以上不同风沙区时,按路线长度经过不同的风沙区加权计算项目全线风沙地区施工增加费。

③风沙地区施工增加费以各类工程的定额人工费和定额施工机械使用费之和为基数,根据工程所在地的风沙区划及类别,按表8-10的费率计算。

表 8-7 雨季施工增加费费率表

单位：%

工程类别	雨季期(月数) / 雨量区																			
	1	1.5	2		2.5		3		3.5		4		4.5		5		6		7	8
	I	I	I	II	I	II	I	II	I	II	I	II	I	II	I	II	I	II	II	II
土方	0.140	0.175	0.245	0.385	0.315	0.455	0.385	0.525	0.455	0.595	0.525	0.700	0.595	0.805	0.665	0.939	0.764	1.114	1.289	1.499
石方	0.105	0.140	0.212	0.349	0.280	0.420	0.349	0.491	0.418	0.563	0.487	0.667	0.555	0.772	0.626	0.876	0.701	1.018	1.194	1.373
运输	0.142	0.178	0.249	0.391	0.320	0.462	0.391	0.568	0.462	0.675	0.533	0.781	0.604	0.888	0.675	0.959	0.781	1.136	1.314	1.527
路面	0.115	0.153	0.230	0.366	0.306	0.480	0.366	0.557	0.425	0.634	0.501	0.710	0.578	0.825	0.654	0.940	0.749	1.093	1.267	1.459
隧道	—	—	—	—	—	—	—	—	—	—	—	—	—	—	—	—	—	—	—	—
构造物 I	0.098	0.131	0.164	0.262	0.196	0.295	0.229	0.360	0.262	0.426	0.327	0.491	0.393	0.557	0.458	0.622	0.524	0.753	0.884	1.015
构造物 II	0.106	0.141	0.177	0.282	0.247	0.353	0.282	0.424	0.318	0.494	0.388	0.565	0.459	0.636	0.530	0.742	0.600	0.883	1.059	1.201
构造物 III	0.200	0.266	0.366	0.565	0.465	0.699	0.565	0.832	0.665	0.998	0.765	1.164	0.898	1.331	1.031	1.497	1.164	1.730	1.996	2.295
技术复杂大桥	0.109	0.181	0.254	0.363	0.290	0.435	0.363	0.508	0.435	0.580	0.508	0.689	0.580	0.798	0.653	0.907	0.725	1.052	1.233	1.414
钢材及钢结构	—	—	—	—	—	—	—	—	—	—	—	—	—	—	—	—	—	—	—	—

注：室内和隧道内工程及设备安装工程不计雨季施工增加费。

表 8-8 夜间施工增加费费率表

单位:%

工程类别	费率	工程类别	费率
构造物Ⅱ	0.903	构造物Ⅲ	1.702
技术复杂大桥	0.928	钢材及钢结构	0.874

注:设备安装工程及金属标志牌、防撞钢护栏、防眩板(网)、隔离栅、防护网等不计夜间施工增加费。

表 8-9 高原地区施工增加费费率表

单位:%

工程类别	海拔高度/m						
	2001~2500	2501~3000	3001~3500	3501~4000	4001~4500	4501~5000	5000以上
土方	13.295	19.709	27.455	38.875	53.102	70.162	91.853
石方	13.711	20.358	29.025	41.435	56.875	75.358	100.223
运输	13.288	19.666	26.575	37.205	50.493	66.438	85.040
路面	14.572	21.618	30.689	45.032	59.615	79.500	102.640
隧道	13.364	19.850	28.490	40.767	56.037	74.302	99.259
构造物Ⅰ	12.799	19.051	27.989	40.356	55.723	74.098	95.521
构造物Ⅱ	13.622	20.244	29.082	41.617	57.214	75.874	101.408
构造物Ⅲ	12.786	18.985	27.054	38.616	53.004	70.217	93.371
技术复杂大桥	13.912	20.645	29.257	41.670	57.134	75.640	100.205
钢材及钢结构	13.204	19.622	28.269	40.492	55.699	73.891	98.930

表 8-10 风沙地区施工增加费费率表

单位:%

工程类别	沙漠类型								
	风沙一区			风沙二区			风沙三区		
	固定	半固定	流动	固定	半固定	流动	固定	半固定	流动
土方	4.558	8.056	13.674	5.618	12.614	23.426	8.056	17.331	27.507
石方	0.745	1.490	2.981	1.014	2.236	3.959	1.490	3.726	5.216
运输	4.304	8.608	13.988	5.38	12.912	19.368	8.608	18.292	27.976
路面	1.364	2.727	4.932	2.205	4.932	7.567	3.365	7.137	11.025
隧道	0.261	0.522	1.043	0.355	0.783	1.386	0.522	1.304	1.826
构造物Ⅰ	3.968	6.944	11.904	4.96	10.912	16.864	6.944	15.872	23.808
构造物Ⅱ	3.254	5.694	9.761	4.067	8.948	13.828	5.694	13.015	19.523
构造物Ⅲ	2.976	5.208	8.928	3.720	8.184	12.648	5.208	11.904	17.226
技术复杂大桥	2.778	4.861	8.333	3.472	7.638	11.805	8.861	11.110	16.077
钢材及钢结构	1.035	2.07	4.14	1.409	3.105	5.498	2.07	5.175	7.245

(3)沿海地区施工增加费指工程项目在沿海地区施工受海风、海浪和潮汐的影响,致使人工、机械效率降低等所需增加的费用。本项费用,由沿海各省份省级交通运输主管部门制定具体的适用范围(地区)。沿海地区施工增加费以各类工程的定额人工费和定额施工机械使用费之和为基数,按表8-11的费率计算。

表8-11 沿海地区施工增加费费率表

单位:%

工程类别	费率	工程类别	费率
构造物Ⅱ	0.207	构造物Ⅲ	0.195
技术复杂大桥	0.212	钢材及钢结构	0.200

注:1. 表中的构造物Ⅲ指桥梁工程所用的商品水泥混凝土浇筑及混凝土构件、钢构件的安装。
2. 表中的钢材及钢结构指桥梁工程所用的钢材及钢结构。

5. 行车干扰施工增加费

行车干扰施工增加费指由于边施工边维持通车,受行车干扰的影响,致使人工、机械效率降低而增加的费用。该费用以受行车影响部分的工程项目的定额人工费和定额施工机械使用费之和为基数,按表8-12的费率计算。

表8-12 行车干扰施工增加费费率表

单位:%

工程类别	施工期间平均每昼夜双向行车次数(机动车、非机动车合计)							
	51~100	101~500	501~1000	1001~2000	2001~3000	3001~4000	4001~5000	5000以上
土方	1.499	2.343	3.194	4.118	4.775	5.314	5.885	6.468
石方	1.279	1.881	2.618	3.479	4.035	4.492	4.973	5.462
运输	1.451	2.230	3.041	4.001	4.641	5.164	5.719	6.285
路面	1.390	2.098	2.802	3.487	4.046	4.496	4.987	5.475
隧道	—	—	—	—	—	—	—	—
构造物Ⅰ	0.924	1.386	1.858	2.320	2.693	2.988	3.313	3.647
构造物Ⅱ	1.007	1.516	2.014	2.512	2.915	3.244	3.593	3.943
构造物Ⅲ	0.948	1.417	1.896	2.365	2.745	3.044	3.373	3.713
技术复杂大桥	—	—	—	—	—	—	—	—
钢材及钢结构	—	—	—	—	—	—	—	—

注:新建工程,中断交通进行封闭施工或为保证交通正常通行而修建保通便道的改(扩)建工程,不计行车干扰施工增加费。

6. 施工辅助费

施工辅助费包括生产工具用具使用费、检验试验费和工程定位复测、工程点交、场地清理等费用。施工辅助费以各类工程的定额直接费为基数，按表8-13的费率计算。

表8-13 施工辅助费费率表

单位：%

工程类别	费率	工程类别	费率
土方	0.521	构造物Ⅰ	1.201
石方	0.470	构造物Ⅱ	1.537
运输	0.154	构造物Ⅲ	2.729
路面	0.818	技术复杂大桥	1.677
隧道	1.195	钢材及钢结构	0.564

(1)生产工具用具使用费指施工所需不属于固定资产的生产工具、检验、试验用具及仪器、仪表等的购置、摊销和维修费，以及支付给生产工人自备工具的补贴费。

(2)检验试验费指施工企业对建筑材料、构件和建筑安装工程进行一般鉴定、检查所发生的费用，包括自设试验室进行试验所耗用的材料和化学药品的费用，以及技术革新和研究试验费，不包括新结构、新材料的试验费和建设单位要求对具有出厂合格证明的材料进行检验、对构件破坏性试验及其他特殊要求检验的费用。

(3)高填方和软基沉降监测、高边坡稳定监测、桥梁施工监测、隧道施工监控量测、超前地质预报等施工监控费含在施工辅助费中，不得另行计算。

7. 工地转移费

工地转移费指施工企业迁至新工地的搬迁费用。

(1)工地转移费包括：

①施工单位职工及随职工迁移的家属向新工地转移的车费、家具行李运费、途中住宿费、行程补助费、杂费等。

②公物、工具、施工设备器材、施工机械的运杂费，以及外租机械的往返费及施工机械、设备、公物、工具的转移费等。

③非固定工人进退场的费用。

(2)工地转移费以各类工程的定额人工费和定额施工机械使用费之和为基数按表8-14的费率计算。

(3)高速公路、一级公路及独立大桥、独立隧道项目转移距离按省级人民政府所在城市至工地的里程计算；二级及二级以下公路项目转移距离按地级城市所在地至工地的里程计算。

(4)工地转移里程数在表列里程之间时，费率可内插计算。工地转移距离在50 km以内的工程按50 km计算。

表 8-14 工地转移费费率表

单位:%

工程类别	不同工地转移距离对应的转移费费率					
	50 km	100 km	300 km	500 km	1000 km	每增加 100 km
土方	0.224	0.301	0.470	0.614	0.815	0.036
石方	0.176	0.212	0.363	0.476	0.628	0.030
运输	0.157	0.203	0.315	0.416	0.543	0.025
路面	0.321	0.435	0.682	0.891	1.191	0.062
隧道	0.257	0.351	0.549	0.717	0.959	0.049
构造物Ⅰ	0.262	0.351	0.552	0.720	0.963	0.051
构造物Ⅱ	0.333	0.449	0.706	0.923	1.236	0.066
构造物Ⅲ	0.622	0.841	1.316	1.720	2.304	0.119
技术复杂大桥	0.389	0.523	0.818	1.067	1.430	0.073
钢材及钢结构	0.351	0.473	0.737	0.961	1.288	0.063

8. 辅助生产间接费

辅助生产间接费指由施工单位自行开采加工的砂、石等自采材料及施工单位自办的人工、机械装卸和运输的间接费。

(1)辅助生产间接费按定额人工费的3%计,该项费用并入材料预算单价内构成材料费,不直接出现在概(预)算中。

(2)高原地区施工单位的辅助生产,可按高原地区施工增加费费率,以定额人工费与施工机械费之和为基数计算高原地区施工增加费(其中:人工采集、加工材料、人工装卸运输材料按土方费率计算,机械采集、加工材料按石方费率计算,机械装、运输材料按运输费率计算)。辅助生产高原地区施工增加费不作为辅助生产间接费的计算基数。

【例 8-9】 如例 8-7,某二级沥青混凝土公路路面进行乳化沥青稀浆封层施工,项目所在地为陕西省宝鸡市,工地转移距离 35 km,试计算该沥青混凝土路面工程的措施费。

解:① 由《公路工程建设项目概算、预算编制办法》附录 D、附录 E 可知:陕西市冬季施工气温区划为冬一Ⅰ区;雨季施工雨量区为Ⅰ,雨季期为 2 个月。

② 工程稀浆封层施工的工程类别为路面工程。

③ 分别查表 8-6、表 8-7、表 8-14 中规定的相应费率,可知:冬季施工增加费费率=0.566%,雨季施工增加费费率=0.230%,工地转移费费率=0.321%,则

措施费综合费率Ⅰ＝0.566％＋0.230％＋0.321％＝1.117％

注：工地转移距离为35 km，按50 km计算。

查表8-13可知施工辅助费费率，即措施费综合费率Ⅱ＝0.818％。

④由例8-7计算结果可得

定额人工费74991.17元，定额施工机械使用费177040.81元，定额材料费766777.19元。

综合费用Ⅰ＝（定额人工费＋定额施工机械使用费）×综合费率Ⅰ＝（74991.17＋177040.81）×1.117％≈2815.20（元）

综合费用Ⅱ＝定额直接费×综合费率Ⅱ＝（定额人工费＋定额材料费＋定额施工机械使用费）×综合费率Ⅱ＝（74991.17＋766777.19＋177040.81）×0.818％≈8333.86（元）

措施费＝综合费用Ⅰ＋综合费用Ⅱ＝2815.20＋8333.86＝11149.06（元）

注：措施费费率填写方式详见任务8.6编制示例的"综合费率计算表（04表）"，措施费计算及填写方式详见该示例的"分项工程概预算表（21-2表）"。

四、企业管理费

企业管理费由基本费用、主副食运费补贴、职工探亲路费、职工取暖补贴和财务费用五项组成。

$$企业管理费＝定额直接费×企业管理费综合费率 \quad (8-12)$$

1. 基本费用

企业管理基本费用指建筑安装企业组织施工生产和经营管理所需的费用。

（1）基本费用包括：

①管理人员工资：管理人员的基本工资、绩效工资、津贴补贴及特殊情况下支付工资以及缴纳的养老、医疗、失业、工伤保险费和住房公积金等。

②办公费：企业管理办公用的文具、纸张、账表、印刷、通信、网络、书报、办公软件、会议、水电、烧水和集体取暖降温（包括现场临时宿舍取暖降温）用煤（电、气）等费用。

③差旅交通费：职工因公出差、调动工作的差旅费、住勤补助费，市内交通费和误餐补助费，劳动力招募费，职工退休、退职一次性路费，工伤人员就医路费以及管理部门使用的交通工具的油料、燃料等费用。

④固定资产使用费：管理部门及附属生产单位使用的属于固定资产的房屋、设备等的折旧、大修、维修或租赁费。

⑤工具用具使用费：企业管理使用的不属于固定资产的工具、器具、家具、交通工具和检验、试验、测绘、消防用具等的购置、维修和摊销费。

⑥劳动保险费：企业支付的离退休职工的易地安家补助费、职工退职金、6个月以

上的病假人员工资、职工死亡丧葬补助费、抚恤费、按规定支付给离休干部的各项经费。

⑦职工福利费：按国家规定标准计提的职工福利费。

⑧劳动保护费：企业按国家有关部门规定标准发放的劳动保护用品的购置费及修理费、防暑降温费、在有碍身体健康环境中施工的保健费用等。

⑨工会经费：企业根据《中华人民共和国工会法》的规定按全部职工工资总额比例计提的工会经费。

⑩职工教育经费：按职工工资总额的规定比例计提，企业为职工进行专业技术和职业技能培训，专业技术人员继续教育、职工职业技能鉴定、职业资格认定以及根据需要对职工进行各类文化教育所发生的费用，不含职工安全教育、培训费用。

⑪保险费：企业财产保险、管理用及生产用车辆等保险费用及人身意外伤害险的费用。

⑫工程排污费：施工现场按规定缴纳的排污费用。

⑬税金：企业按规定缴纳的城市维护建设税、教育费附加、地方教育附加、房产税、车船使用税、土地使用税、印花税等。

⑭其他：上述项目以外的其他必要的费用支出，包括技术转让费、技术开发费竣（交）工文件编制费、招投标费、业务招待费、绿化费、广告费、公证费、定额测定费、法律顾问费、审计费、咨询费以及施工标准化、规范化、精细化管理等费用。

（2）基本费用以各类工程的定额直接费为基数，按表8-15的费率计算。

表8-15　基本费用费率表

单位：%

工程类别	费率	工程类别	费率
土方	2.747	构造物Ⅰ	3.587
石方	2.792	构造物Ⅱ	4.726
运输	1.374	构造物Ⅲ	5.976
路面	2.427	技术复杂大桥	4.143
隧道	3.569	钢材及钢结构	2.242

2. 主副食运费补贴

主副食运费补贴指施工企业在远离城镇及乡村的野外施工购买生活必需品所需增加的费用。该费用以各类工程的定额直接费为基数，按表8-16的费率计算。

表 8-16 主副食运费补贴费率表

单位:%

工程类别	不同综合里程对应的主副食运费补贴费率										
	3 km	5 km	8 km	10 km	15 km	20 km	25 km	30 km	40 km	50 km	每增加10 km
土方	0.122	0.131	0.164	0.191	0.235	0.284	0.322	0.377	0.444	0.519	0.07
石方	0.108	0.117	0.149	0.175	0.218	0.261	0.293	0.346	0.405	0.473	0.063
运输	0.118	0.13	0.166	0.192	0.233	0.285	0.322	0.379	0.447	0.519	0.073
路面	0.066	0.088	0.119	0.13	0.165	0.194	0.224	0.259	0.308	0.356	0.051
隧道	0.096	0.104	0.13	0.152	0.185	0.229	0.26	0.304	0.359	0.418	0.054
构造物Ⅰ	0.114	0.12	0.145	0.167	0.207	0.254	0.285	0.338	0.394	0.463	0.062
构造物Ⅱ	0.126	0.14	0.168	0.196	0.242	0.292	0.338	0.394	0.467	0.54	0.073
构造物Ⅲ	0.225	0.248	0.303	0.352	0.435	0.528	0.599	0.705	0.831	0.969	0.132
技术复杂大桥	0.101	0.115	0.143	0.165	0.205	0.245	0.28	0.325	0.389	0.452	0.063
钢材及钢结构	0.104	0.113	0.146	0.168	0.207	0.247	0.281	0.331	0.387	0.449	0.062

注：综合里程＝粮食运距×0.06＋燃料运距×0.09＋蔬菜运距×0.15＋水运距×0.70。粮食、燃料、蔬菜、水的运距均为全线平均运距；当综合里程数在表列里程之间时，费率可内插；综合里程在 3 km以内的工程，按 3 km计取本项费用。

3. 职工探亲路费

职工探亲路费指按照有关规定发放给施工企业职工在探亲期间发生的往返交通费和途中住宿费等费用。该费用以各类工程的定额直接费为基数，按表 8-17 的费率计算。

表 8-17 职工探亲路费费率表

单位:%

工程类别	费率	工程类别	费率
土方	0.192	构造物Ⅰ	0.274
石方	0.204	构造物Ⅱ	0.348
运输	0.132	构造物Ⅲ	0.551
路面	0.159	技术复杂大桥	0.208
隧道	0.266	钢材及钢结构	0.164

4. 职工取暖补贴

职工取暖补贴指按规定发放给施工企业职工的冬季取暖费和为职工在施工现场设置的临时取暖设施的费用。该费用以各类工程的定额直接费为基数，按工程所在地的气温区（见《公路工程建设项目概算、预算编制办法》附录 D）选用表 8-18 的费率计算。

表 8-18 职工取暖补贴费率表

单位:%

工程类别	气温区						
	准二区	冬一区	冬二区	冬三区	冬四区	冬五区	冬六区
土方	0.060	0.130	0.221	0.331	0.436	0.554	0.663
石方	0.054	0.118	0.183	0.279	0.373	0.472	0.569
运输	0.065	0.130	0.228	0.336	0.444	0.552	0.671
路面	0.049	0.086	0.155	0.229	0.302	0.376	0.456
隧道	0.045	0.091	0.158	0.249	0.318	0.409	0.488
构造物Ⅰ	0.065	0.130	0.206	0.304	0.390	0.499	0.607
构造物Ⅱ	0.070	0.153	0.234	0.352	0.481	0.598	0.727
构造物Ⅲ	0.126	0.264	0.425	0.643	0.849	1.067	1.297
技术复杂大桥	0.059	0.120	0.203	0.310	0.406	0.501	0.609
钢材及钢结构	0.047	0.082	0.141	0.222	0.293	0.363	0.433

5. 财务费用

财务费用指施工企业为筹集资金提供投标担保、预付款担保、履约担保、职工工资支付担保等所发生的各种费用,包括企业经营期间发生的短期贷款利息净支出、汇兑净损失、调剂外汇手续费、金融机构手续费,以及企业筹集资金发生的其他财务费用。财务费用以各类工程的定额直接费为基数,按表 8-19 的费率计算。

表 8-19 财务费用费率表

单位:%

工程类别	费率	工程类别	费率
土方	0.271	构造物Ⅰ	0.466
石方	0.259	构造物Ⅱ	0.545
运输	0.264	构造物Ⅲ	1.094
路面	0.404	技术复杂大桥	0.637
隧道	0.513	钢材及钢结构	0.653

五、规费

规费指按法律、法规、规章、规程规定施工企业必须缴纳的费用。

1. 规费的组成

(1)养老保险费。施工企业按规定标准为职工缴纳的基本养老保险费。

(2)失业保险费。施工企业按规定标准为职工缴纳的失业保险费。

(3)医疗保险费。施工企业按规定标准为职工缴纳的医疗保险费(含生育保险费)。

(4)工伤保险费。施工企业按规定标准为职工缴纳的工伤保险费。

(5)住房公积金。施工企业按规定标准为职工缴纳的住房公积金。

2. 规费的计算方法

各项规费以各类工程的人工费之和为基数,按国家或工程所在地法律、法规、规章、规程规定的标准计算。

$$规费=(人工费+机械人工费)\times 规费费率 \quad (8-13)$$

六、利润

利润指施工企业完成所承包工程获得的盈利,按定额直接费及措施费、企业管理费之和的 7.42% 计算。

$$利润=(定额直接费+措施费+企业管理费)\times 7.42\% \quad (8-14)$$

七、税金

税金指国家税法规定应计入建筑安装工程造价的增值税销项税额。

$$税金=(直接费+设备购置费+措施费+企业管理费+规费+利润)\times 增值税税率$$
$$(8-15)$$

【例 8-10】 接例 8-7 某二级沥青混凝土公路路面进行乳化沥青稀浆封层施工,主副食运费补贴综合里程为 5 km,规费按陕西省补充定额费率 33.36% 计算。试计算该工程的企业管理费、规费、利润、税金。

解:①由例 8-7 得到该稀浆封层的直接费为 1093621.73 元,定额直接费为 1018809.17 元。

② 稀浆封层工程类别为路面工程。

③ 分别查表 8-15、表 8-16、表 8-17、表 8-18、表 8-19 中规定的相应费率,可知:企业管理费基本费用的费率=2.427%,主副食运费补贴的费率=0.088%,职工探亲费费率=0.159%,职工取暖补贴费率=0.086%,财务费用的费率=0.404%,则

企业管理费综合费率=2.427%+0.088%+0.159%+0.086%+0.404%=3.164%

企业管理费=1018809.17×3.164%=32235.12(元)

④规费的基数是各类人工费之和,即包含人工费和机械工费用两个部分。

人工费=74715.98+(0.3×1+0.29×2+0.22×1)×144×105.89≈91488.96(元)

规费=91488.96×33.36%≈30520.72(元)

⑤利润。

$$利润=(定额直接费+措施费+企业管理费)\times 7.42\%$$
$$=(1018809.17+11149.05+32235.12)\times 7.42\% \approx 78814.75(元)$$

⑥税金＝(直接费＋设备购置费＋措施费＋企业管理费＋规费＋利润)×9%
　　　＝(1093621.73＋0＋11149.05＋32235.12＋30520.72＋78814.75)×9%
　　　≈112170.72(元)

注：企业管理费和规费费率填写方式详见任务 8.6 编制示例的"综合费率计算表(04 表)"，企业管理费、规费、利润和税金的计算及填写方式详见该示例的"分项工程概预算表(21-2 表)"。

八、专项费用

专项费用包括施工场地建设费和安全生产费。

1. 施工场地建设费

(1)按照工地建设标准化要求进行承包人驻地、工地试验室建设，钢筋集中加工、混合料集中拌制、构件集中预制等所需的办公、生活居住房屋(包括职工家属房屋及探亲房屋)，公用房屋(如广播室、文体活动室、医疗室等)和生产用房屋(如仓库、加工厂、加工棚、发电站、变电站、空压机站、停机棚、值班室等)等费用。

(2)包括场区平整(山岭重丘区的土石方工程除外)、场地硬化、排水、绿化、标志、污水处理设施、围墙隔离设施等的费用，不包括钢筋加工的机械设备、混合料拌和设备及安拆，预制构件台座、预应力张拉设备、起重及养护设备，以及概算、预算定额中临时工程的费用。

(3)包括以上范围内的各种临时工作便道(包括汽车、人力车道)、人行便道，工地临时用水、用电的水管支线和电线支线，临时构筑物(如水井、水塔等)、其他小型临时设施等的搭设或租赁、维修、拆除、清理的费用；但不包括红线范围内贯通便道、进出场的临时道路、保通便道。

(4)工地试验室所发生的属于固定资产的试验设备和仪器等折旧、维修或租赁费用。

(5)施工扬尘污染防治措施费：裸露的施工场地覆盖防尘网、施工便道和施工场地洒水或喷洒抑尘剂，运输车辆的苫盖和冲洗、环境敏感区设置围挡，防尘标识设置，环境监控与检测等所需要的费用。

(6)文明施工，职工健康生活的费用。

施工场地建设费以施工场地计费基数，按表 8-20 的费率，以累进方法计算。施工场地计费基数为定额建筑安装工程费减去专项费用。

2. 安全生产费

安全生产费包括完善、改造和维护安全设施设备费用，配备、维护、保养应急救援器材、设备费用，开展重大危险源和事故隐患评估和整改费用，安全生产检查、评价、咨询费用，配备和更新现场作业人员安全防护用品支出，安全生产宣传、教育、培训费用，安全设施及特种设备检测检验费用，施工安全风险评估、应急演练等有关工作及其他与安全生产直接相关的费用。

表 8-20 施工场地建设费费率表

施工场地 计费基数/ 万元	费率/ %	算例/万元	
		施工场地 计费基数	施工场地 建设费
500 及以下	5.338	500	500×5.338%=26.69
500～1000	4.228	1000	26.69+(1000-500)×4.228%=47.83
1000～5000	2.665	5000	47.83+(5000-1000)×2.665%=154.43
5000～10000	2.222	10000	154.43+(10000-5000)×2.222%=265.53
10000～30000	1.785	30000	265.53+(30000-10000)×1.785%=622.53
30000～50000	1.694	50000	622.53+(50000-30000)×1.694%=961.33
50000～100000	1.579	100000	961.33+(100000-50000)×1.579%=1750.83
100000～150000	1.498	150000	1750.83+(150000-100000)×1.498%=2499.83
150000～200000	1.415	200000	2499.83+(200000-150000)×1.415%=3207.33
200000～300000	1.348	300000	3207.33+(300000-200000)×1.348%=4555.33
300000～400000	1.289	400000	4555.33+(400000-300000)×1.289%=5844.33
400000～600000	1.235	600000	5844.33+(600000-400000)×1.235%=8314.33
600000～800000	1.188	800000	8314.33+(800000-600000)×1.188%=10690.33
800000～1000000	1.149	1000000	10690.33+(1000000-800000)×1.149%=12988.33
1000000 以上	1.118	1200000	12988.33+(1200000-1000000)×1.118%=15224.33

安全生产费按建筑安装工程费(不含安全生产费本身)乘以安全生产费费率计算,费率按不少于1.5%计取。

安全生产费=建筑安装工程费(不含安全生产费本身)×安全生产费费率　　(8-16)

【例 8-11】 已知某公路工程定额直接费为21143449元,直接费为24798479元,设备购置费为55620元,措施费为210875元,企业管理费为675323元,规费为186330元,利润为1634599元,全部税金为2398503元(如果不含外场监控设备,则其税金为2393497元),试计算该项目的专项费用。

解：①施工场地建设费。

施工场地建设费的计算基数=定额直接费+措施费+企业管理费+规费+利润+税金(不含设备费的税金)=21143449+210875+675323+186330+1634599+2393497=26244073(元)

查表8-20,按照累进方法计算,

施工场地建设费=47.83万元+(2624.4073-1000)万元×2.665%≈911205元

②安全生产费。

安全生产费=建筑安装工程费(不含安全生产费本身)×安全生产费费率=(直接费+设备购置费+措施费+企业管理费+规费+利润+税金)×1.5%

= (24798479+55620+210875+675323+186330+1634599+2398503)×1.5%
≈449396(元)

③专项费用。

专项费用＝施工场地建设费＋安全生产费＝911205＋449396＝1360601(元)

注：专项费用的计算及填写方式详见任务 8.6 编制示例的"专项费用计算表(06 表)"，建筑安装工程费的计算及填写方式详见该示例的"建筑安装工程费计算表(03 表)"。

任务检验

一、填空题

1. 建筑安装工程费包括_____、_____、_____、_____、规费、利润、税金和专项费用。

2. 直接费包括_____、_____和_____。

3. 材料预算单价由_____、_____、_____、_____四部分组成。

4. 某机械的台班不变费用为 562.48 元，可变费用中包括人工 3 工日，柴油 64.21 kg，已知人工单价为 105.89 元/工日，柴油 7.65 元/kg，则该机械的台班单价为_____。

5. 专项费用包括_____和_____。

二、选择题

1. 已知某路基土方工程项目人工定额消耗量为 5 工日/1000 m^3，土方工程量为 30000 m^3，人工预算单价为 105.89 元/工日，人工定额单价为 106.28 元/工日。则该项目的人工费为(　　)，定额人工费为(　　)。

   A. 150 元　　　　　　　　　　　　B. 15883.5 元
   C. 15942 元　　　　　　　　　　　D. 150000 元

2. 已知某品牌桶装沥青材料的供应价格为 4300 元，运距为 100 km，运价率为 0.62 元/(t·km)，装卸费率为 8.0 元/(t·次)，杂费费率为 4.0 元/t，则该沥青材料运至工地后的预算单价为(　　)。

   A. 4362 元/t　　　　　　　　　　　B. 4374 元/t
   C. 4386.58 元/t　　　　　　　　　D. 4611.25 元/t

3. 以下哪个费用不属于措施费？(　　)

   A. 雨季施工增加费　　　　　　　　B. 高原地区施工增加费
   C. 施工辅助费　　　　　　　　　　D. 建设期贷款利息

4. 冬季施工增加费的计算基数是(　　)。

   A. 定额人工费　　　　　　　　　　B. 定额机械费
   C. 定额人工费和定额机械费之和　　D. 定额直接费

5. 已知某项目的定额人工费为4521元，定额材料费为82435元，定额机械费为9526元，措施费综合费率Ⅰ为3.152%，综合费率Ⅱ为1.563%，则该项目的措施费为(　　)。

A. 1951元　　　　　　　　　　B. 1508元

C. 4549元　　　　　　　　　　D. 1387元

6. 计算措施费时，基层材料的拌和应按照(　　)的工程类别选择相应费率。

A. 路基　　　　　　　　　　　B. 路面

C. 构造物Ⅰ　　　　　　　　　D. 运输

7. 企业管理费的计算基数是(　　)。

A. 定额人工费　　　　　　　　B. 定额机械费

C. 定额建安费　　　　　　　　D. 定额直接费

8. 建筑安装工程费中计算的税金为(　　)。

A. 增值税　　　　　　　　　　B. 增值税的销项税

C. 增值税的进项税　　　　　　D. 营业税

任务 8.3　土地使用及拆迁补偿费的计算

 任务描述

土地使用及拆迁补偿费是概（预）算总金额的第二部分，本任务单元要求学生了解土地使用及拆迁补偿费的组成和计算方法。学生动手完成计算任务的同时，体会造价工作对精确度的严格要求，养成细致严谨、求真务实的工作态度，同时在小组合作的过程中培养沟通协调、团队合作的能力。

 案例引入

本任务单元中沿用某二级公路路面工程施工图预算文件的编制任务为教学案例，案例内容详见后文，要求结合案例内容，详细分析施工图预算中土地使用及拆迁补偿费的计算方法，完成费用的计算，填写相关计算表格，实现学习任务目标。

 知识储备

一、土地使用及拆迁补偿费

土地使用及拆迁补偿费包含永久占地费、临时占地费、拆迁补偿费、水土保持补偿费、其他费用。

1. 永久占地费

永久占地费包括土地补偿费、征用耕地安置补助费、耕地开垦费、森林植被恢复费、失地农民养老保险费。

(1) 土地补偿费包括征地补偿费、被征用土地上的青苗补偿费，征用城市郊区的菜地等缴纳的菜地开发建设基金，耕地占用税，用地图编制费及勘界费等。

(2) 征用耕地安置补助费指征用耕地需要安置农业人口的补助费。

(3) 耕地开垦费指公路建设项目占用耕地的，应由建设项目法人（业主）负责补充耕地所发生的费用；没有条件开垦或者开垦的耕地不符合要求的，按规定缴纳的耕地开垦费。

(4) 公路建设项目发生跨省域补充耕地国家统筹的，应执行国务院办公厅印发的《跨省域补充耕地国家统筹管理办法》和《城乡建设用地增减挂钩节余指标跨省域调剂管理办法》(国办发〔2018〕16号)的规定；发生省内跨区域补充耕地的，执行本省相关规定。

(5) 森林植被恢复费指公路建设项目需要占用、征用林地的，经县级以上林业主管部门审核同意或批准，建设项目法人（业主）单位按照省级人民政府有关规定向县级以上林业主管部门预缴的森林植被恢复费。

(6) 失地农民养老保险费指根据国家规定为保障依法被征地农民养老而交纳的保险费用。失地农民养老保险费按项目所在地省级人民政府的相关规定进行计算。

2. 临时占地费

临时占地费包括临时征地使用费、复耕费。

(1) 临时征地使用费指为满足施工所需的承包人驻地、预制场、拌和场、仓库、加工厂（棚）、堆料场、取弃土场、进出场便道、便桥等所有的临时用地及其附着物的补偿费用。

(2) 复耕费指临时占用的耕地、鱼塘等，在工程交工后将其恢复到原有标准所发生的费用。

3. 拆迁补偿费

拆迁补偿费指被征用或占用土地地上、地下的房屋及附属构筑物、公用设施、文物等的拆除、发掘及迁建补偿费，拆迁管理费等。

4. 水土保持补偿费

根据国家相关法律、法规规定缴纳。

5. 其他费用

其他费用指国务院行政主管部门及省级人民政府规定的与征地拆迁相关的费用。

二、土地使用及拆迁补偿费计算方法

土地使用及拆迁补偿费应根据设计文件确定的建设工程用地和临时用地面积及其附着物的情况，以及实际发生的费用项目，按国家有关规定及工程所在地的省（自治区、直辖市)颁布的有关规定和标准计算。

森林植被恢复费应根据审批单位批准的建设工程占用林地的类型及面积，按国家有关规定及工程所在地的省(自治区、直辖市)颁布的有关规定和标准计算。

当与原有的电力电信设施、管线、水利工程、铁路及铁路设施互相干扰时，应与有关部门联系，商定合理的解决方案和补偿金额，也可由这些部门按规定编制费用以确定补偿金额。

水土保持补偿费按各省(自治区、直辖市)制定的水土保持补偿费收费标准进行计算。

任务 8.4　工程建设其他费用的计算

任务描述

公路工程建设其他费用是概(预)算总金额的第三部分，通过完成该任务，掌握工程建设其他费用的各项内容，熟悉建设项目管理费的内容和计算方法，了解建设单位管理费的累进计算方法。完成该任务应明确各部委及各省、自治区、直辖市有关工程建设其他费用的各项规定；其次应熟悉各项费用的有关费率标准；最后完成工程建设其他费用的计算。采用任务驱动的方式开展教学，学生动手完成计算任务的同时，体会造价工作对精确度的严格要求，养成细致严谨、求真务实的工作态度，同时在小组合作的过程中培养沟通协调、团队合作的能力。

案例引入

本任务单元中沿用某二级公路路面工程施工图预算文件的编制任务为教学案例，案例内容详见后文，要求学生结合案例内容，详细分析施工图预算中工程建设其他费用的计算方法，并完成各项费用的计算，填写相关计算表格，实现学习任务目标。

知识储备

公路工程建设其他费用是公路工程概(预)算费用的第三部分费用，包括建设项目管理费、研究试验费、建设项目前期工作费、专项评价(估)费、联合试运转费、生产准备费、工程保通管理费、工程保险费、其他相关费用。

一、建设项目管理费

建设项目管理费包括建设单位(业主)管理费、建设项目信息化费、工程监理费、设计文件审查费、竣(交)工验收试验检测费。其中建设单位(业主)管理费、建设项目信息化费和工程监理费均为实施建设项目管理的费用，可根据建设单位(业主)、施工、监理单位所实际承担的工作内容和工作量统筹使用。

• 219 •

(一)建设单位(业主)管理费

建设单位(业主)管理费指建设单位(业主)为进行建设项目的立项、筹建、建设、竣(交)工验收、总结等工作所发生的费用。

费用包括工作人员的工资、工资性津贴、施工现场津贴,社会保险费用(基本养老、基本医疗,失业、工伤保险)、住房公积金、职工福利费、工会经费、劳动保护费,办公费、会议费、差旅交通费、固定资产使用费(包括办公及生活房屋折旧、维修或租赁费,车辆折旧、维修、使用或租赁费、通信设备购置、使用费、测量、试验设备仪器折旧、维修或租赁费,其他设备折旧、维修或租赁费等)、零星固定资产购置费、招募生产工人费、技术图书资料费、职工教育培训经费、招标管理费、合同契约公证费、法律顾问费、咨询费、建设单位的临时设施费、完工清理费、竣(交)工验收费[含其他行业或部门要求的竣工验收费用、建设单位负责的竣(交)工文件编制费]、各种税费(包括房产税、车船使用税、印花税等),对建设项目前期工作、项目实施及竣工决算等全过程进行审计所发生的审计费用,境内外融资费用(不含建设期贷款利息)、业务招待费及工程质量、安全生产管理费和其他管理性开支。

建设单位(业主)管理费以定额建筑安装工程费为基数,按表8-21的费率,以累进方法计算。

表 8-21 建设单位(业主)管理费费率表

定额建筑安装工程费/万元	费率/%	算例/万元	
		定额建筑安装工程费	建设单位(业主)管理费
500 及以下	4.858	500	$500 \times 4.858\% = 24.29$
500~1000	3.813	1000	$24.29 + (1000 - 500) \times 3.813\% = 43.355$
1000~5000	3.049	5000	$43.355 + (5000 - 1000) \times 3.049\% = 165.315$
5000~10000	2.562	10000	$165.315 + (10000 - 5000) \times 2.562\% = 293.415$
10000~30000	2.125	30000	$293.415 + (30000 - 10000) \times 2.125\% = 718.415$
30000~50000	1.773	50000	$718.415 + (50000 - 30000) \times 1.773\% = 1073.015$
50000~100000	1.312	100000	$1073.015 + (100000 - 50000) \times 1.312\% = 1729.015$
100000~150000	1.057	150000	$1729.015 + (150000 - 100000) \times 1.057\% = 2257.515$
150000~200000	0.826	200000	$2257.515 + (200000 - 150000) \times 0.826\% = 2670.515$
200000~300000	0.595	300000	$2670.515 + (300000 - 200000) \times 0.595\% = 3265.515$
300000~400000	0.498	400000	$3265.515 + (400000 - 300000) \times 0.498\% = 3763.515$
400000~600000	0.450	600000	$3763.515 + (600000 - 400000) \times 0.45\% = 4663.515$
600000~800000	0.400	800000	$4663.515 + (800000 - 600000) \times 0.4\% = 5463.515$
800000~1000000	0.375	1000000	$5463.515 + (1000000 - 800000) \times 0.375\% = 6213.515$
1000000 以上	0.350	1200000	$6213.515 + (1200000 - 1000000) \times 0.35\% = 6913.515$

双洞长度超过 5000 m 的独立隧道，水深大于 15 m。跨径大于或等于 400 m 的斜拉桥和跨径大于或等于 800 m 的悬索桥等独立特大型桥梁工程的建设单位（业主）管理费，按表 8-21 中的费率乘以系数 1.3 计算；海上工程[指由于风浪影响，工程施工期（不包括封冻期）全年月平均工作日少于 15 d 的工程]建设单位（业主）管理费，按表 8-21 中的费率乘以系数 1.2 计算。

（二）建设项目信息化费

建设项目信息化费指建设单位（业主）和各参建单位用于建设项目的质量、安全进度、费用等方面的信息化建设、运维及各种税费等费用，包括建设项目全寿命周期的建筑信息模型（building information modeling）等相关费用。建设项目信息化费以定额建筑安装工程费为基数，按表 8-22 的费率，以累进方法计算。

表 8-22 建设项目信息化费费率表

定额建筑安装工程费/万元	费率/%	算例/万元	
		定额建筑安装工程费	建设项目信息化费
500 及以下	0.600	500	500×0.6％=3
500～1000	0.452	1000	3+(1000-500)×0.452％=5.26
1000～5000	0.356	5000	5.26+(5000-1000)×0.356％=19.5
5000～10000	0.285	10000	19.5+(10000-5000)×0.285％=33.75
10000～30000	0.252	30000	33.75+(30000-10000)×0.252％=84.15
30000～50000	0.224	50000	84.15+(50000-30000)×0.224％=128.95
50000～100000	0.202	100000	128.95+(100000-50000)×0.202％=229.95
100000～150000	0.171	150000	229.95+(150000-100000)×0.171％=315.45
150000～200000	0.160	200000	315.45+(200000-150000)×0.16％=395.45
200000～300000	0.142	300000	395.45+(300000-200000)×0.142％=537.45
300000～400000	0.135	400000	537.45+(400000-300000)×0.135％=672.45
400000～600000	0.131	600000	672.45+(600000-400000)×0.131％=934.45
600000～800000	0.127	800000	934.45+(800000-600000)×0.127％=1188.45
800000～1000000	0.125	1000000	1188.45+(1000000-800000)×0.125％=1438.45
1000000 以上	0.122	1200000	1438.45+(1200000-1000000)×0.122％=1682.45

（三）工程监理费

工程监理费指建设单位（业主）委托具有监理资格的单位，按施工监理规范进行全面的监督和管理所发生的费用。

费用内容包括工作人员的工资、工资性津贴、施工现场津贴、社会保险费用(基本养老、基本医疗、失业、工伤保险)、住房公积金、职工福利费、工会经费、劳动保护费,办公费、会议费、差旅交通费,办公、试验固定资产使用费(包括办公及生活房屋折旧、维修或租赁费,车辆折旧、维修、使用或租赁费,通信设备购置、使用费,测量、试验、检测设备仪器折旧、维修或租赁费,其他设备折旧、维修或租赁费等)、零星固定资产购置费、招募生产工人费、技术图书资料费、职工教育经费、投标费用、合同契约公证费、法律顾问费、咨询费、业务招待费、财务费用、监理单位的临时设施费、完工清理费、竣(交)工验收费、各种税费、安全生产管理费和其他管理性开支。

工程监理费以定额建筑安装工程费为基数,按表8-23的费率,以累进方法计算。

表8-23 工程监理费费率表

定额建筑安装工程费/万元	费率/%	算例/万元	
		定额建筑安装工程费	工程监理费
500及以下	3.00	500	500×3‰=15
500~1000	2.40	1000	15+(1000-500)×2.4‰=27
1000~5000	2.10	5000	27+(5000-1000)×2.1‰=111
5000~10000	1.94	10000	111+(10000-5000)×1.94‰=208
10000~30000	1.87	30000	208+(30000-10000)×1.87‰=582
30000~50000	1.83	50000	582+(50000-30000)×1.83‰=948
50000~100000	1.78	100000	948+(100000-50000)×1.78‰=1838
100000~150000	1.72	150000	1838+(150000-100000)×1.72‰=2698
150000~200000	1.64	200000	2698+(200000-150000)×1.64‰=3518
200000~300000	1.55	300000	3518+(300000-200000)×1.55‰=5068
300000~400000	1.49	400000	5068+(400000-300000)×1.49‰=6558
400000~600000	1.45	600000	6558+(600000-400000)×1.45‰=9458
600000~800000	1.42	800000	9458+(800000-600000)×1.42‰=12298
800000~1000000	1.37	1000000	12298+(1000000-800000)×1.37‰=15038
1000000以上	1.33	1200000	15038+(1200000-1000000)×1.33‰=17698

(四)设计文件审查费

设计文件审查费指在项目审批前,建设单位(业主)为保证勘察设计工作的质量,组织有关专家或委托有资质的单位,对提交的建设项目可行性研究报告和勘察设计文件进行审查所需要的相关费用。设计文件审查费以定额建筑安装工程费为基数，按8-24的费率，以累进方法计算。

建设项目若有地质勘查监理，费用在此项目开支。

建设项目若有设计咨询(或称设计监理、设计双院制)，其费用在此项目内开支。

表8-24 设计文件审查费费率表

定额建筑安装工程费/万元	费率/%	算例/万元	
		定额建筑安装工程费	设计文件审查费
5000以下	0.077	5000	$5000×0.077\%=3.85$
5000～10000	0.072	10000	$3.85+(10000-5000)×0.072\%=7.45$
10000～30000	0.069	30000	$7.45+(30000-10000)×0.069\%=21.25$
30000～50000	0.066	50000	$21.25+(50000-30000)×0.066\%=34.45$
50000～100000	0.065	100000	$34.45+(100000-50000)×0.065\%=66.95$
100000～150000	0.061	150000	$66.95+(150000-100000)×0.061\%=97.45$
150000～200000	0.059	200000	$97.45+(200000-150000)×0.059\%=126.95$
200000～300000	0.057	300000	$126.95+(300000-200000)×0.057\%=183.95$
300000～400000	0.055	400000	$183.95+(400000-300000)×0.055\%=238.95$
400000～600000	0.053	600000	$238.95+(600000-400000)×0.053\%=344.95$
600000～800000	0.052	800000	$344.95+(800000-600000)×0.052\%=448.95$
800000～1000000	0.051	1000000	$448.95+(800000-600000)×0.051\%=550.95$
1000000以上	0.050	1200000	$550.95+(800000-600000)×0.050\%=650.95$

(五)竣(交)工验收试验检测费

竣(交)工验收试验检测费指在公路建设项目竣(交)工验收前，由建设单位(业主)或工程质量监督机构委托有资质的公路工程质量检测单位按照有关规定对建设项目的工程质量进行检测并出具检测试验意见，以及进行桥梁动(静)载试验或其他特殊检测等所需的费用。

竣(交)工验收试验检测费按表8-25规定的费率计算。道路工程按主线路基长度计算，桥梁工程以主线桥梁、分离式立交、匝道桥的长度之和进行计算，隧道按单洞长度计算。

道路工程，高速公路一级公路按四车道计算，二级及二级以下公路按两车道计算，每增加1个车道，按表8-25的费用增加10%桥梁和隧道按双向四车道计算，每增加1个车道费用增加15%。二级及二级以下公路的桥隧工程，按表8-25费用的40%计算。

表 8-25 竣(交)工验收试验检测费

检测项目		竣(交)工验收试验检测费	备注
道路工程/(元/km)	高速公路	23500	包括路基、路面、涵洞、通道、路段安全设施和机电、房建、绿化、环境保护及其他工程
	一级公路	17000	
	二级公路	11500	
	三级及三级以下公路	5750	
桥梁工程	一般桥梁/(元/延米) —	40	包括桥梁范围内的所有土建、安全设施和机电、声屏障等环境保护工程及必要的动(静)载试验
	技术复杂桥梁/(元/延米) 钢管拱	750	
	连续刚构	500	
	斜拉桥	600	
	悬索桥	560	
隧道工程/(元/延米)	单洞	80	包括隧道范围内的所有土建、安全设施、机电、消防设施等

二、研究试验费

研究试验费指按项目特点和有关规定，在建设过程中必须进行的研究和试验所需的费用，以及支付科技成果、专利、先进技术的一次性技术转让费。

1. 研究试验费不包括以下费用

(1)应由前期工作费(为建设项目提供或验证设计数据、资料等专题研究)开支的项目。

(2)应由科技三项费用(即新产品试制费、中间试验费和重要科学研究补助费)开支的项目。

(3)应由施工辅助费开支的施工企业对建筑材料、构件和建筑物进行一般鉴定，检查所发生的费用及技术革新研究试验费。

2. 计算方法

按设计提出的研究试验内容和要求进行编制。

三、建设项目前期工作费

建设项目前期工作费指委托勘察设计单位、咨询单位对建设项目进行可行性研究、工程勘察设计，以及设计、监理、施工招标文件及招标标底或造价控制值文件编制时，

项目 8
公路工程概算、预算文件编制

按规定应支付的费用。

建设项目前期工作费包括：

(1)编制项目建议书(或预可行性研究报告)、可行性研究报告、投资估算，以及相应的勘察、设计等所需的费用。

(2)通过风洞试验、地震动参数、索塔足尺模型试验、桥墩局部冲刷试验、桩基承载力试验等为建设项目提供或验证设计数据所需的专题研究费用。

(3)初步设计和施工图设计的勘察费、设计费、概(预)算编制及调整概算编制费用等。

(4)设计、监理、施工招标及招标标底(或造价控制值或清单预算)文件编制费等。

建设项目前期工作费以定额建筑安装工程费为基数，按表8-26的费率，以累进方法计算。

表 8-26 建设项目前期工作费费率表

定额建筑安装工程费/万元	费率/%	算例/万元	
		定额建筑安装工程费	建设项目前期工作费
500 及以下	3.00	500	500×3.00%＝15
500～1000	2.70	1000	15＋(1000－500)×2.70%＝28.5
1000～5000	2.55	5000	28.5＋(5000－1000)×2.55%＝130.5
5000～10000	2.46	10000	130.5＋(10000－5000)×2.46%＝253.5
10000～30000	2.39	30000	253.5＋(30000－10000)×2.39%＝731.5
30000～50000	2.34	50000	731.5＋(50000－30000)×2.34%＝1199.5
50000～100000	2.27	100000	1199.5＋(100000－50000)×2.27%＝2334.5
100000～150000	2.19	150000	2334.5＋(150000－100000)×2.19%＝3429.5
150000～200000	2.08	200000	3429.5＋(200000－150000)×2.08%＝4469.5
200000～300000	1.99	300000	4469.5＋(300000－200000)×1.99%＝6459.5
300000～400000	1.94	400000	6459.5＋(400000－300000)×1.94%＝8399.5
400000～600000	1.86	600000	8399.5＋(600000－400000)×1.86%＝12119.5
600000～800000	1.80	800000	12119.5＋(800000－600000)×1.80%＝15719.5
800000～1000000	1.76	1000000	15719.5＋(1000000－800000)×1.76%＝19239.5
1000000 以上	1.72	1200000	19239.5＋(1200000－1000000)×1.72%＝22679.5

四、专项评价(估)费

专项评价(估)费指依据国家法律、法规规定进行评价(评估)咨询,按规定应支付的费用。

专项评价(估)费包括环境影响评价费、水土保持评估费、地震安全性评价费、地质灾害危险性评价费、压覆重要矿床评估费、文物勘察费、通航论证费、行洪论证(评估)费、使用林地可行性研究报告编制费、用地预审报告编制费、项目风险评估费、节能评估费和社会风险评估费、放射性影响评估费、规划选址意见书编制费等费用。依据委托合同,或参照类似工程已发生的费用进行计列。

五、联合试运转费

联合试运转费指建设项目的机电工程,按照有关规定标准,需要进行整套设备带负荷联合试运转所需的全部费用,不包括应由设备安装工程费中开支的调试费用。

联合试运转费用包括联合试运转期间所需的材料、燃料和动力的消耗,机械和检测设备使用费,工具用具和低值易耗品费,参加联合试运转的人员工资及其他费用等。联合试运转费以定额建筑安装工程费为基数,按 0.04% 费率计算。

六、生产准备费

生产准备费指为保证新建、改(扩)建项目交付使用后满足正常的运行、管理发生的工器具购置、办公和生活用家具购置、生产人员培训、应急保通设备购置等费用。

(一)工器具购置费

工器具购置费指建设项目交付使用后为满足初期正常运营必须购置的第一套不构成固定资产的设备、仪器、仪表、工卡模具、器具、工作台(框、架、柜)等的费用,不包括构成固定资产的设备、工器具和备品、备件,及已列入设备费中的专用工具和备品、备件。工器具购置费由设计单位列出计划购置清单(包括规格、型号、数量),计算方法同设备购置费。

(二)办公和生活用家具购置费

办公和生活用家具购置费指新建、改(扩)建工程项目,为保证初期正常生产、使用和管理所购置的办公和生活用家具、用具的费用,包括行政、生产部门的办公室、会议室、资料档案室、阅览室、宿舍及生活福利设施等的家具、用具。办公和生活用家具购置费按表 8-27 的规定计算。

表 8-27　办公和生活用家具购置费标准表

工程所在地	路线/(元/公路公里)				单独管理或单独收费的桥梁、隧道/(元/座)		
	高速公路	一级公路	二级公路	三、四级公路	特大、大桥		特长隧道
					一般桥梁	技术复杂大桥	
内蒙古、黑龙江、青海、新疆、西藏	21500	15600	7800	4000	24000	60000	78000
其他省、自治区、直辖市	17500	14600	5800	2900	19800	49000	63700

注：改(扩)建工程按表列费用的70%计。

(三) 生产人员培训费

生产人员培训费指为保证生产的正常运行，在工程交工验收交付使用前对运营部门生产人员和管理人员进行培训所需的费用，包括培训人员的工资、工资性津贴、职工福利费、差旅交通费、劳动保护费、培训及教学实习费等。该费用按设计定员和3000元/人的标准计算。

(四) 应急保通设备购置费

应急保通设备购置费指新建、改(扩)建工程项目，为满足初期正常营运，购置保障抢修保通、应急处置，且构成固定资产的设备所需的费用。该费用由设计单位列出计划购置清单，计算方法同设备购置费。

七、工程保通管理费

工程保通管理费指新建或改(扩)建工程需边施工边维持通车或通航的建设项目，为保证公(铁)路运营安全、船舶航行安全及施工安全而进行交通(公路、航道、铁路)管制、交通(铁路)与船舶疏导所需的和媒体、公告等宣传费用及协管人员经费等。工程保通管理费应按设计需要进行列支。涉水项目施工期通航安全保障费用计算方法按《公路工程建设项目概算、预算编制办法》附录G执行。

八、工程保险费

工程保险费指在合同执行期内，施工企业按合同条款要求办理保险的费用，包括建筑工程一切险和第三方责任险。

建筑工程一切险是为永久工程、临时工程和设备及已运至施工工地用于永久工程的材料和设备所投的保险。

第三方责任险是对因实施合同工程而造成的财产(本工程除外)损失或损害,或人员(业主和承包人雇员除外)的死亡或伤残所负责进行的保险。

工程保险费以建筑安装工程费(不含设备费)为基数,按 0.4% 费率计算。

九、其他相关费用

其他相关费用指国务院行政主管部门及省级人民政府规定的其他与公路建设相关的费用,按其相关规定计算。

【例 8-12】 接续例题 8-11,已知此二级工程定额直接费为 21143449 元,定额设备购置费为 51282 元,措施费为 210875 元,企业管理费为 675323 元,规费为 186330 元,利润为 1634599 元,税金为 2398503 元,专项费用为 1360601 元。试计算该项目的工程建设其他费。

解:(1)计算定额建筑安装工程费。

定额建筑安装工程费=定额直接费+定额设备购置费×40%+措施费+企业管理费+规费+利润+税金+专项费用=21143449+51282×40%+210875+675323+186330+1634599+2398503+1360601≈27630193(元)

(2)计算建设项目管理费。

建设项目管理费=建设单位(业主)管理费+建设项目信息化费+工程监理费+设计文件审查费+竣(交)工验收试验检测费

①建设单位(业主)管理费=43.355+(2763.0193-1000)×3.049%≈97.1095(万元)

②建设项目信息化费=5.26+(2763.0193-1000)×0.356%≈11.5363(万元)

③工程质量监理费=27+(2763.0193-1000)×2.1%≈64.0234(万元)

④设计文件审查费=2763.0193×0.077%≈2.1275(万元)

⑤竣(交)工验收试验检测费=6公里×11500元/公里=6.9万元

建设项目管理费=97.1095+11.5363+64.0234+2.1275+6.9=181.6967(万元)

(3)计算建设项目前期工作费。

建设项目前期工作费=28.5+(2763.0193-1000)×2.55%≈73.4570(万元)

(4)计算联合试运转费。

联合试运转费按 0.04% 计,即:2763.0193×0.04%≈1.1052(万元)

注:工程建设其他费的计算及填写方式详见任务 8.6 编制示例的"工程建设其他费计算表(08 表)"。

任务检验

一、选择题

1. 以下哪个费用不属于工程建设其他费用?( )

A. 建设项目管理费　　　　　　　　B. 土地使用及拆迁补偿费
C. 生产准备费　　　　　　　　　　D. 建设项目前期工作费
2. 以下哪个费用不属于建设项目管理费？（　　）
A. 建设单位管理费　　　　　　　　B. 工程监理费
C. 设计文件审查费　　　　　　　　D. 研究试验费
3. 已知某项目的定额建安费为 2.3 亿元，则其建设项目信息化费为（　　）。
A. 32.76 万元　　　　　　　　　　B. 66.51 万元
C. 33.75 万元　　　　　　　　　　D. 57.96 万元
4. 工程监理费以（　　）为计算基数。
A. 建设安装工程费　　　　　　　　B. 直接费
C. 定额建筑安装工程费　　　　　　D. 建设项目管理费

任务 8.5　预备费及建设期贷款利息

任务描述

预备费和建设期贷款利息分别是概（预）算总金额的第四、五部分，本任务单元要求了解预备费的构成和计算方法，以及了解建设期贷款利息的组成和计算方法。学生动手完成计算任务的同时，体会造价工作对精确度的严格要求，养成细致严谨、求真务实的工作态度，同时在小组合作的过程中培养沟通协调、团队合作的能力。

案例引入

本任务单元中选用某二级公路路面工程施工图预算文件的编制任务为教学案例，案例内容详见后文，要求结合案例内容，详细分析施工图预算中预备费和建设期贷款利息的计算方法，并完成各项费用的计算，填写相关计算表格，实现学习任务目标。

知识储备

一、预备费

预备费由基本预备费和价差预备费两部分构成。在公路工程建设期限内，凡需动用预备费时，属于公路交通部门投资的项目，需经建设单位提出，按建设项目隶属关系，报交通运输部或交通厅（局、委）基建主管部门核定批准；属于其他部门投资的建设项目，按其隶属关系报有关部门核定批准。

(一)基本预备费

基本预备费是指在初步设计和概算、施工图设计和施工图预算中难以预料的工程费用。

基本预备费包括：

(1)在进行技术设计、施工图设计和施工过程中，在批准的初步设计和概算范围内所增加的工程费用。

(2)在设备订货时，由于规格、型号改变的价差，材料货源变更、运输距离或方式的改变以及因规格不同而代换使用等原因发生的价差。

(3)在项目主管部门组织竣(交)工验收时，验收委员会(或小组)为鉴定工程质量必须开挖和修复隐蔽工程的费用。

基本预备费以建筑安装工程费、土地使用及拆迁补偿费、工程建设其他费之和为基数，按下列费率计算：①设计概算按5％计列。②修正概算按4％计列。③施工图预算按3％计列。

(二)价差预备费

价差预备费指设计文件编制年至工程交工年期间，建筑安装工程费中的人工费、材料费、设备费、施工机械使用费、措施费、企业管理费等由于政策、价格变化可能发生上浮而预留的费用及外资贷款汇率变动部分的费用。

价差预备费以建筑安装工程费总额为基数，按设计文件编制年始至建设项目工程交工年终的年数和年工程造价增长率计算，计算公式如式(8-17)所示。

$$价差预备费 = P \times [(1+i)^{n-1} - 1] \qquad (8-17)$$

式中　P——建筑安装工程费总额，元；

　　　i——年工程造价增长率，％，按有关部门公布的工程投资价格指数计算；

　　　n——设计文件编制年至建设项目开工年＋建设项目建设期限，年。

设计文件编制至工程交工在1年以内的工程，不列此项费用。

二、建设期贷款利息

建设期贷款利息指工程项目使用的贷款部分在建设期内应计取的贷款利息，包括各种金融机构贷款、建设债券和外汇贷款等的利息。

利息计算方法：根据不同的资金来源分年度投资计算所需支付的利息。计算公式如式(8-18)所示。

项目 8
公路工程概算、预算文件编制

建设期贷款利息 $= \sum$（上年末付息贷款本息累计 + 本年度付息贷款额 $\div 2$）$\times$ 贷款基准年利率

(8-18)

即：
$$S = \sum_{n=1}^{N} (F_{n-1} + b_n \div 2) \times i$$

式中　S ——建设期贷款利息；

　　　N ——项目建设期(年)；

　　　n ——施工年度；

　　　F_{n-1} ——建设期第 $n-1$ 年末需付息贷款本息累计；

　　　b_n ——建设期第 n 年度付息贷款额；

　　　i ——中国人民银行公布的贷款基准年利率。

【例 8-13】　某二级公路建安费为 30409125 元，土地使用及拆迁补偿费是 11100000 元，工程建设其他费是 2857412 元，该工程 2015 年编制施工图预算，建设期两年，2017 年开工，2019 年底建成。经预测工程造价增长率约为 5%，试计算其预备费。

解：价差预留费 = 30409125 × [(1+5%)$^{(4-1)}$ -1] ≈ 4793238(元)

基本预备费 = (30409125+11100000+2857412) × 3% ≈ 1330996(元)

预备费 = 4793238+1330996 = 6124234(元)

【例 8-14】　某工程贷款 40091115 元，建设期 3 年，第一、三年均贷款 10022779 元，第二年贷款 20045558 元，贷款利率为 8%，求其贷款利息。

解：由计算公式得

①第 1 年贷款利息 = (0+10022779÷2)×8% ≈ 400911(元)

②第 2 年贷款利息 = (10022779+400911+20045558÷2)×8% ≈ 1635718(元)

③第 3 年贷款利息 = (10022779+400911+20045558+1635718+10022779÷2)× 8% ≈ 2969308(元)

④三年总贷款利息 = 400911+1635718+2969308 = 5005937(元)

任务检验

一、填空题

1. 预备费包括_____和_____。

2. 价差预备费的计算基数是_____。

3. _____指工程项目使用的贷款部分在建设期内应计取的贷款利息。

任务8.6　概算、预算文件编制实例

任务描述

本工作任务是学习公路工程概算、预算费用计算和文件编制的流程。通过完成该任务，熟悉公路工程概算、预算各项费用的计算程序及方法，掌握公路工程概算、预算各项费用的计算公式，熟悉公路工程概算、预算文件的编制步骤，明确公路工程概算、预算文件编制时的注意事项。

案例引入

本任务单元中选用某二级公路路面工程施工图预算文件的编制任务为教学案例，要求学生结合案例内容，详细分析施工图预算文件的编制步骤，以及各项费用的计算程序，并完成施工图预算文件的编制与整理，实现学习任务目标。

知识储备

概算、预算文件编制是一项严肃而复杂的工作，设计概算金额是国家控制工程建设投资的最高限额，施工图预算金额是衡量设计方案经济性和投标报价合理性的重要依据。为确保概算、预算编制质量，必须依据国家和行业相应规定，按照一定步骤有序地进行。

一、工程概算、预算编制程序

1. 熟悉设计图纸和资料

编制概算、预算文件前，应对相应设计阶段的设计内容进行检查和整理，认真阅读和核对设计图纸及有关表格，若图纸中所用材料规格或要求不清时，要核对查实。概算、预算资料包括概算、预算表格，定额和有关文件及现场调查的一系列数据等。

2. 分析外业调查资料及施工方案

概算、预算资料的调查工作一般与公路外业勘察同时进行。调查的内容很广，原则上凡对施工生产有影响的一切因素都必须调查，主要是筑路材料的来源（沿线料场及有无自采材料）、材料运输方式及运距、运费标准、占用土地的补偿费、安置费及拆迁补偿费、沿线可利用房屋及劳动力供应情况等。对这些调查资料应进行分析，若有不明确或不全的部分，应另行调查，以保证概算、预算的准确和合理。

因为施工方案将直接影响概算、预算金额的高低和定额的查用。所以对施工组织

设计文件(尤其是施工方案)应认真分析其可行性、合理性和经济性。

3. 分项，计算工程量，初填 21－2 表

公路工程概算、预算是以分项工程概算、预算表为基础计算和汇总而来的。根据工程设计，参照概算、预算项目表，结合定额的分析，将工程项、目、节、细目列出；根据施工组织设计，为各分项工程选用定额，逐目在 21－2 表中填列编制范围、工程名称、工程细目、定额单位、工程数量、定额表号以及各工程细目所用定额中所列的工、料、机名称；逐项核对工程数量并填入项目表的相应栏内计算得到分项工程的工料机消耗量，对设计文件中缺少或未列的工程量进行补充计算。初填"分项工程概算、预算表"(21－2 表)。

4. 工料机单价计算，填写 22、23－1、23－2、24 表，汇总到 09 表

根据 21－2 表进行材料分析，将工程中所需的材料按照外购、地方性、自采加工类型顺序填 22 表计算，其中自采材料的料场原价应首先添加在 23－1 表计算，自办运输的运杂费应在 23－2 表计算，再返回 22 表计算材料预算单价；根据 21－2 表进行施工机械分析，将工程所需机械依次填入 24 表计算；将 22、24 表中计算结果汇总到"工料机预算单价汇总表"(09 表)。

5. 选用措施费、企业管理费、规费的综合费率，填写 04 表

根据工程的自然条件、施工条件的具体情况和费率相关调查资料，按工程类别，将措施费、企业管理费、规费的综合费率计算出来，编制"综合费率计算表"(04 表)。

6. 计算分项工程的建安工程费，复填 21－2 表

根据 09 表的工料机预算单价和 04 表的综合费率，在 21－2 表中计算各分项工程的直接费、措施费、企业管理费、规费、利润、税金、专项费用，汇总得到分项工程的建安工程费。

7. 汇总建安工程费，填写 03 表

汇总 21－2 表中的各分项建安工程费，累加得到本项目的建安工程费，编制"建筑安装工程费计算表"(03 表)，得到概算、预算第一部分费用。

8. 计算土地使用及拆迁补偿费，填写 07 表

根据"概算、预算项目表"的项目编号列出土地使用及拆迁补偿费各项费用并计算，编制"土地使用及拆迁补偿费计算表"(07 表)，得到概算、预算第二部分费用。

9. 计算工程建设其他费用，填写 08 表

根据"概算、预算项目表"的项目编号列出工程建设其他费用，结合施工组织设计和外业调查资料(包括协议书)以及有关的政策性文件规定计算各项费用，编制"工程建设其他费用计算表"(08 表)，得到概算、预算第三部分费用。

10. 计算概算、预算总金额，编制 01 表及 01-1 表

根据经过复核的 03 表、07 表、08 表即可汇编"总概（预）算表"（01 表）。

若工程是分段编制概（预）算时，尚应根据各"×××段总概（预）算表"汇编成"总概（预）算表"（01-1 表）。至此，概（预）算总费用金额已得出结果。

11. 统计自采材料的工料机消耗数量，填写 25 表

应根据 23-1 表所列的自采材料规格和名称及其他辅助生产项目，按所用定额编制"辅助生产工、料、机械台班单位数量表"（25 表），以供 02 表计算辅助生产工料机数量之用。

12. 统计工料机消耗数量，填写 02 表及 02-1 表

首先根据 25 表计算的辅助生产材料消耗的工料机数量，汇总 21-2 表分项工程消耗、辅助生产消耗及其他增工数得到整个项目的工料机消耗量，编制"人工、主要材料、机械台班数量汇总表"（02 表）。

若分段编制概（预）算时，尚应根据各"××段人工、主要材料、机械台班数量汇总表"，汇总编制"全概（预）算人工、主要材料、机械台班数量汇总表"（02-1 表）。为施工组织设计提供基础数据。

13. 编写"编制说明"，完成装订

当概算、预算各表格全部编制完成后，应根据编制过程和内容，写出概算、预算表格编制的依据，完成概（预）算的"编制说明"。并进一步全面复核，确认无误并签字后，按规定对甲组文件印刷规定份数，并对甲、乙组文件分别装订成册，上报待批。

二、概算、预算表格填写流程

概算、预算费用计算过程实际是填写概算、预算计算表格过程。各种表格的计算顺序和相互关系如图 8-3 所示。

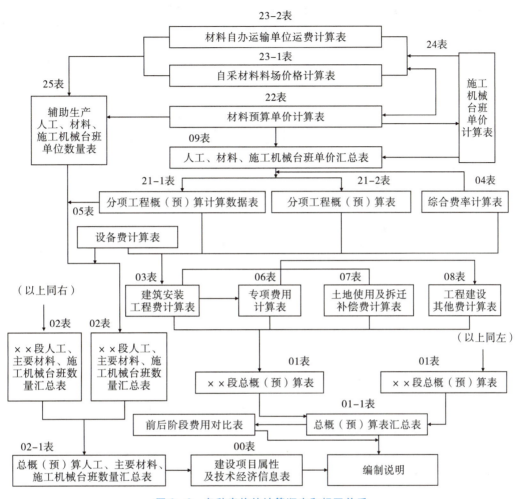

图 8-3 各种表格的计算顺序和相互关系

三、概算、预算各项费用计算程序及方法

公路工程概算、预算总金额由五部分费用组成,即建筑安装工程费、土地使用及拆迁补偿费、工程建设其他费用、预备费、建设期贷款利息。在各项费用中,每项费用都有其具体的费用内容和计算方法,并按照一定的规则和程序进行。各项费用的计算程序及方法如表 8-28 所示。

表 8-28　公路工程建设各项费用的计算程序及计算方式

序号	项　目	说明及计算式
（一）	定额直接费	$\sum$ 人工消耗量×人工基价＋$\sum$（材料消耗量×材料基价＋机械台班消耗量×机械台班基价）
（二）	定额设备购置费	$\sum$ 设备购置数量×设备基价
（三）	直接费	$\sum$ 人工消耗量×人工单价＋$\sum$（材料消耗量×材料预算单价＋机械台班消耗量×机械台班预算单价）
（四）	设备购置费	$\sum$ 设备购置数量×预算单价
（五）	措施费	（一）×施工辅助费费率＋定额人工费和定额施工机械使用费之和×其余措施费综合率
（六）	企业管理费	（一）×企业管理费综合费率
（七）	规费	各类工程人工费(含施工机械人工费)×规费综合费率
（八）	利润	[（一）＋（五）＋（六）]×利润率
（九）	税金	[（三）＋（四）＋（五）＋（六）＋（七）＋（八）]×10％
（十）	专项费用	
	施工场地建设费	[（一）＋（五）＋（六）＋（七）＋（八）＋（九）]×累进费率
	安全生产费	建筑安装工程费(不含安全生产费本身)×(21.5％)
（十一）	定额建筑安装工程费	（一）＋（二）×40％＋（五）＋（六）＋（七）＋（八）＋（九）＋（十）
（十二）	建筑安装工程费	（三）＋（四）＋（五）＋（六）＋（七）＋（八）＋（九）＋（十）
（十三）	土地使用及拆迁补偿费	按规定计算
（十四）	工程建设其他费	
	建设项目管理费	
	建设单位(业主)管理费	（十一）×累进费率
	建设项目信息化费	（十一）×累进费率
	工程监理费	（十一）×累进费率
	设计文件审查费	（十一）×累进费率
	竣(交)工验收试验检测费	按规定计算
	研究试验费	
	建设项目前期工作费	（十一）×累进费率
	专项评价(估)费	按规定计算
	联合试运转费	（十一）×费率

续表

序号	项 目	说明及计算式
（十四）	生产准备费	
	工器具购置费	按规定计算
	办公和生活用家具购置费	按规定计算
	生产人员培训费	按规定计算
	应急保通设备购置费	
	工程保通管理费	按规定计算
	工程保险费	[（十二）－（四）]×费率
	其他相关费用	
（十五）	预备费	
	基本预备费	[（十二）＋（十三）＋（十四）]×费率
	价差预备费	（十二）×费率
（十六）	建设期贷款利息	按实际货款额度及利率计算
（十七）	公路基本造价	（十二）＋（十三）＋（十四）＋（十五）＋（十六）

四、概算、预算文件编制示例

（一）概算、预算文件编制资料

（1）项目基本情况。××二级公路，位于陕西省宝鸡市境内，路段长度为 6 km，路面宽度为 24 m，面层结构为 4 cm SMA 沥青玛蹄脂碎石混合料＋5 cm 中粒式沥青混凝土＋7 cm 粗粒式沥青混凝土，下设乳化沥青稀浆封层，路面各结构层沥青混合料均采用厂拌法施工，采用 240 t/h 的厂拌设备拌和，8 t 自卸汽车运输，综合运输距离为 3 km。

（2）材料供应。沥青、改性沥青、水泥、型钢、钢板和纤维稳定剂等外购材料采用业主指定品牌，供应单价按照合同规定；石屑、碎石等地方性材料选取就近的厂家供应，供应单价按当地材料的平均物价水平确定，其运距详见表 8-29。由于工地靠近河流，河道内有充足的砂石，因此决定本项目中的砂、中（粗）砂两种材料采取自采加工方式和自办运输的方式。各种材料的原价、运输方式及运距见表 8-29。

（3）该项目运营前安排 30 名路政管理人员进行岗前培训。该项目为营运购买一套视频监控系统，需要安装，设备的原价为 18 万元，运距为 150 km；为养护购置洒水汽车三台，每台 15 万元，运距为 60 km；另外该项目运营后日常养护过程中需要配备若干试验设备，包括台式电脑 3 台、电子天平 4 套、恒温水箱 2 套等。

（4）该项目永久性占用耕地 70 亩，修建拌和站等临时征用土地 20 亩，拆迁房屋面积为 1500 m²。

(5)该工程贷款总额为 40091115 元，计息年 3 年，第 1 年贷款额 10022779 元，第 2 年贷款额 20045558 元，第 3 年贷款额 10022779 元，贷款利率 8%。

(6)该工程 2016 年完成施工图预算，2017 年开始施工，建设期三年，经预测工程造价增长率约为 5%。

表 8-29 材料运输方式及计算参数

序号	材料名称	单位	材料原价/元	运输方式，比重，运距	单位毛重或毛重系数	运价率/[元/t·km]	装卸费率[元/t·次]	杂费费率/(元/t)
1	型钢	t	3700	汽车, 1.00, 60 km	1.00	0.65		
2	组合钢模板	t	5800	汽车, 1.00, 60 km	1.00	0.65		
3	铁件	kg	4.4	汽车, 1.00, 60 km	0.0011	0.65		
4	石油沥青	t	4800	汽车, 1.00, 200 km	1.170	0.73		
5	橡胶沥青	t	4600	汽车, 1.00, 200 km	1.17	0.73		
6	乳化沥青	t	3300	汽车, 1.00, 200 km	1.17	0.73		
7	锯材	m³	1350	汽车, 1.00, 60 km	0.65	0.65		
8	砂	m³	自采材料	自办运输, 1.00, 500 m	1.50			
9	中(粗)砂	m³	自采材料	自办运输, 1.00, 500 m	1.50		2.5	2.0
10	路面用机制砂	m³	55	汽车, 1.00, 15 km	1.50	0.6		
11	矿粉	t	150	汽车, 1.00, 15 km	1.00	0.6		
12	路面用石屑	m³	106	汽车, 1.00, 15 km	1.50	0.6		
13	片石	m³	0	汽车, 1.00, 15 km	1.60	0.6		
14	碎石(4 cm)	m³	55	汽车, 1.00, 15 km	1.50	0.6		
15	路面用碎石(1.5 cm)	m³	95	汽车, 1.00, 15 km	1.50	0.6		
16	路面用碎石(2.5 cm)	m³	93	汽车, 1.00, 15 km	1.50	0.6		
17	路面用碎石(3.5 cm)	m³	91	汽车, 1.00, 15 km	1.50	0.6		
18	块石	m³	85	汽车, 1.00, 15 km	1.85	0.6		
19	32.5 级水泥	t	350	汽车, 1.00, 60 km	1.01	0.65		

(二)施工图预算文件计算表格

施工图预算文件计算表格如表 8-30～表 8-44 所示。

项目 8

公路工程概算、预算文件编制

建设项目名称：××公路路面工程

编制范围：K0+000～K6+000

表 8-30 总预算表

第 1 页 共 2 页 01 表

分项编号	工程或费用名称	单位	数量	金额/元	技术经济指标	各项费用比例/%	备注
1	第一部分 建筑安装工程费	公路公里	6.000	30409125.00	5068187.50	55.32	
103	路面工程	km		29043441		52.84	
LM01	沥青混凝土路面			29043441		52.84	
LM0104	透层、黏层，封层	m²		1358513		2.47	
LM010405	稀浆封层	m²	144000.000	1358513	9.43	2.47	
LM0105	沥青混凝土面层	m²		27684928		50.37	
LM010501	粗粒式沥青混凝土面层	m²	144000.000	10799699	75.00	19.65	
LM010502	中粒式沥青混凝土面层	m²	144000.000	8015066	55.66	14.58	
LM010505	沥青玛蹄脂碎石混合料面层	m²	144000.000	8870163	61.60	16.14	
107	交通工程及沿线设施	公路公里		60626		0.11	
10703	监控系统	公路公里		60626		0.11	
1070302	外场监控	公路公里		60626		0.11	
107030202	外场监控设备费	公路公里				0.00	
108	绿化及环境保护工程	公路公里	6.000			0.00	
109	其他工程	公路公里	6.000			0.00	
110	专项费用	元		1362248		2.48	
11001	施工场地建设费	元		912007		1.66	
11002	安全生产费	元		450241		0.82	
2	第二部分 土地使用及拆迁补偿费	公路公里	6.000	11100000	1850000.00	20.19	
201	土地使用费	亩		3600000		6.55	
20101	永久征用土地	亩		3500000		6.37	
20102	临时用地	亩		100000		0.18	

编制：×××　　复核：×××

续表

建设项目名称：××公路路面工程
编制范围：K0+000～K6+000

第 2 页 共 2 页 01 表

分项编号	工程或费用名称	单位	数量	金额/元	技术经济指标	各项费用比例/%	备注
202	拆迁补偿费	公路公里	6.000	7500000	1250000.00	13.64	
3	第三部分 工程建设其他费	公路公里	6.000	2857412	579820.50	5.20	
301	建设项目管理费	公路公里	6.000	1816967	406386.00	3.31	
303	建设项目前期工作费	公路公里	6.000	734570.00	122454.83	1.34	
304	专项评价（估）费	公路公里	6.000	30000	5000.00	0.05	
305	联合试运转费	公路公里	6.000	11052.00	1842.50	0.02	
306	生产准备费	公路公里	6.000	143200	23866.67	0.26	
30601	工器具购置费	公路公里	6.000	18400	3066.67	0.03	
30602	办公和生活用家具购置费	公路公里	6.000	34800	5800.00	0.06	
30603	生产人员培训费	公路公里	6.000	90000	15000.00	0.16	
308	工程保险费	公路公里	6.000	121623	20270.50	0.22	
4	第四部分 预备费	公路公里	6.000	6124234	1025601.67	11.14	
401	基本预备费	公路公里	6.000	1330996	225226.17	2.42	
402	价差预备费	公路公里	6.000	4793238	800375.50	8.72	
5	第一至四部分合计	公路公里	6.000	50490771	8415128.5	91.86	30466315＋11100000＋3478923＋6153610
6	建设期贷款利息	公路公里		4475025	745837.50	8.14	贷款总额：35839194元，计息3年，第1年贷款额8959799元，第2年贷款额17919597元，第3年贷款额8959799元，利率8%
7	公路基本造价	公路公里	6.000	54965796	9278978.83	100.00	51130394＋4475025＋0

编制：××× 复核：×××

表8-31 人工、主要材料、施工机械台班数量汇总表

建设项目名称：××公路路面工程

编制范围：K0+000～K6+000

第 1 页 共 2 页 02 表

代号	规格名称	单位	单价/元	总数量	分项统计 路面工程	场外运输损耗 %	场外运输损耗 数量
1001001	人工	工日	105.89	3915.684	3734.168		
1051001	机械工	工日	105.89	1570.901	1540.608		
2003004	型钢	t	3771.58	0.069	0.069		
2003026	组合钢模板	t	5868.04	0.148	0.148		
2009028	铁件	kg	4.54	103.900	103.900		
3001001	石油沥青	t	5230.95	1950.361	1893.554	3.00	56.807
3001004	橡胶沥青	t	5020.71	933.395	906.209	3.00	27.186
3001005	乳化沥青	t	3654.12	218.920	212.544	3.00	6.376
3003001	重油	kg	4.00	401288.303	401288.303		
3003002	汽油	kg	8.50	1727.832	1727.832		
3003003	柴油	kg	7.50	65055.264	64782.627		
3005002	电	kW·h	0.85	151432.737	151432.737		
3005004	水	m³	2.50	1382.000	1382.000		
4003002	锯材	m³	1406.67	0.020	0.020		
5503004	砂	m³	29.94	88.560	86.400	2.50	2.160
5503005	中（粗）砂	m³	32.45	764.763	746.110	2.50	18.653
5503006	路面用机制砂	m³	78.72	1353.433	1320.422	2.50	33.011
5503013	矿粉	t	171.87	3300.544	3204.412	3.00	96.132
5503015	路面用石屑	m³	130.14	7141.075	7070.371	1.00	70.704
5505005	片石	m³	83.28	774.130	774.130		
5505013	碎石（4cm）	m³	103.34	139.410	138.030	1.00	1.380
5505017	路面用碎石（1.5cm）	m³	118.80	16932.954	16765.301	1.00	167.653

编制：×××　　复核：×××

续表

建设项目名称：××公路路面工程
编制范围：K0+000～K6+000

第 2 页 共 2 页 02 表

代号	规格名称	单位	单价/元	总数量	分项统计 路面工程	场外运输损耗 %	场外运输损耗 数量
5505018	路面用碎石(2.5 cm)	m³	116.74	8734.938	8648.453	1.00	86.485
5505019	路面用碎石(3.5 cm)	m³	114.68	749.816	742.392	1.00	7.424
5505025	块石	m³	112.24	1060.230	1060.230		
5509001	32.5级水泥	t	406.07	218.116	215.956	1.00	2.160
7801001	其他材料费	元	1.00	5459.764	5459.764		
7901001	设备摊销费	元	1.00	85027.088	85027.088		
8001025	0.6 m³以内履带式液压单斗挖掘机	台班	833.92	15.030	15.030		
8001047	2.0 m³以内轮胎式装载机	台班	993.92	124.906	124.906		
8003031	4000 L以内液态沥青运输车	台班	425.55	43.200	43.200		
8003052	240 t/h内沥青混合料拌和设备	台班	51002.29	38.808	38.808		
8003060	12.5 m 沥青混合料摊铺机	台班	3807.43	45.922	45.922		
8003062	2.5～3.5 m 稀浆封层机	台班	2967.66	41.760	41.760		
8003065	15 t 以内振动压路机（双钢轮）	台班	1644.01	155.462	155.462		
8003067	16～20 t 轮胎式压路机	台班	767.67	72.000	72.000		
8003068	20～25 t 轮胎式压路机	台班	956.37	44.381	44.381		
8005002	250 L以内强制式混凝土搅拌机	台班	177.47	5.020	5.020		
8007012	5 t 以内自卸汽车	台班	584.03	41.227	41.227		
8007014	8 t 以内自卸汽车	台班	684.90	393.293	393.293		
8007024	20 t 以内平板拖车组	台班	958.99	8.600	8.600		
8007043	10000 L以内汽车洒水车	台班	1110.50	43.488	43.488		
8009027	12 t 以内汽车式起重机	台班	854.06	3.090	3.090		
8009032	40 t 以内汽车式起重机	台班	2238.15	18.450	18.450		

编制：×××　复核：×××

项目 8 公路工程概算、预算文件编制

表 8-32 建筑安装工程费计算表

建设项目名称：××公路路面工程
编制范围：K0+000～K6+000

第 1 页 共 1 页　03 表

序号	分项编号	工程名称	单位	工程量	定额直接费/元	定额设备购置费/元	直接费/元 人工费	材料费	施工机械使用费	合计	设备购置费/元	措施费/元	企业管理费/元	规费/元	利润/元（费率7.42%）	税金/元（税率9%）	金额合计/元 合计	单价/元
1	2	3	4	5	6	7	8	9	10	11	12	13	14	15	16	17	18	19
1	103	路面工程	km														29043441	
	LM01	沥青混凝土路面															29043441	
2	LM0104	透层、黏层、封层	m²														1358513	
3	LM010405	稀浆封层	m²	144000.000	1018809		74716	841412	177494	1093622		11149	32235	30521	78815	112171	1358513	9.43
4	LM0105	沥青混凝土面层	m²														27684928	
5	LM010501	粗粒式沥青混凝土面层	m²	144000.000	7742503		45577	7686389	1225534	8957500		75324	243646	33350	598160	891719	10799699	75.00
6	LM010502	中粒式沥青混凝土面层	m²	144000.000	5749801		32631	5743634	872410	6648675		55569	180976	23864	444187	661795	8015066	55.66
7	LM010505	沥青玛蹄脂碎石混合料面层	m²	144000.000	6632336		242487	6029221	966726	7238434		68833	218466	98595	513437	732398	8870163	61.60
8	107	交通工程及沿线设施	公路公里														60626	
9	10703	监控系统	公路公里														60626	
10	1070302	外场监控	公路公里														60626	
11	107030202	外场监控设备费	公路公里			51282					55620					5006	60626	
12	110	专项费用	元														1360601	
13	11001	施工场地建设费	元														912005	
14	11002	安全生产费	元						912005								912005	
15										450241							449396	
		合计			21143449	51282	395411	20300656	3242164	24798479	55620	210875	675323	186330	1634599	2398503	30409125	5068187.5

编制：×××　复核：×××

表 8-33 综合费率计算表

建设项目名称：××公路路面工程
编制范围：K0+000～K6+000
第 1 页 共 1 页 04 表

序号	工程类别	措施费/%									综合费率		企业管理费/%					综合费率	规费/%				综合费率
		冬季施工增加费费率	雨季施工增加费费率	夜间施工增加费费率	高原地区施工增加费费率	风沙地区施工增加费费率	沿海地区施工增加费费率	行车干扰施工增加费费率	施工辅助费费率	工地转移费费率	Ⅰ	Ⅱ	基本费用费率	主副食运费补贴费率	职工探亲路费费率	职工取暖补贴费率	财务费用费率		养老保险费费率	失业保险费费率	医疗保险费费率	工伤保险费费率	住房公积金费率	
1	2	3	4	5	6	7	8	9	10	11	12	13	14	15	16	17	18	19	20	21	22	23	24	25
1	土方	0.835	0.245						0.521	0.224	1.304	0.521	2.747	0.131	0.192	0.130	0.271	3.471	16.000	0.700	7.250	0.910	8.500	33.360
2	石方	0.164	0.212						0.470	0.176	0.552	0.470	2.792	0.117	0.204	0.118	0.259	3.490	16.000	0.700	7.250	0.910	8.500	33.360
3	运输	0.166	0.249						0.154	0.157	0.572	0.154	1.374	0.130	0.132	0.130	0.264	2.030	16.000	0.700	7.250	0.910	8.500	33.360
4	路面	0.566	0.230						0.818	0.321	1.117	0.818	2.427	0.088	0.159	0.086	0.404	3.164	16.000	0.700	7.250	0.910	8.500	33.360
5	隧道	0.203							1.195	0.257	0.460	1.195	3.569	0.104	0.266	0.091	0.513	4.543	16.000	0.700	7.250	0.910	8.500	33.360
6	构造物Ⅰ	0.652	0.164						1.201	0.262	1.078	1.201	3.587	0.120	0.274	0.130	0.466	4.577	16.000	0.700	7.250	0.910	8.500	33.360
7	构造物Ⅰ（不计冬）		0.164						1.201	0.262	0.426	1.201	3.587	0.120	0.274	0.130	0.466	4.577	16.000	0.700	7.250	0.910	8.500	33.360
8	构造物Ⅱ	0.868	0.177						1.537	0.333	1.378	1.537	4.726	0.140	0.348	0.153	0.545	5.912	16.000	0.700	7.250	0.910	8.500	33.360
9	构造物Ⅲ	1.616	0.366						2.729	0.622	2.604	2.729	5.976	0.248	0.551	0.264	1.094	8.133	16.000	0.700	7.250	0.910	8.500	33.360
10	构造物Ⅲ（不计雨夜）	1.616							2.729	0.622	2.238	2.729	5.976	0.248	0.551	0.264	1.094	8.133	16.000	0.700	7.250	0.910	8.500	33.360
11	技术复杂大桥	1.019	0.254						1.677	0.389	1.662	1.677	4.143	0.115	0.208	0.120	0.637	5.223	16.000	0.700	7.250	0.910	8.500	33.360
12	钢材及钢结构	0.040							0.564	0.351	0.391	0.564	2.242	0.113	0.164	0.082	0.653	3.254	16.000	0.700	7.250	0.910	8.500	33.360
13	钢材及钢结构（不计夜）	0.040							0.564	0.351	0.391	0.564	2.242	0.113	0.164	0.082	0.653	3.254	16.000	0.700	7.250	0.910	8.500	33.360
14	费率为0																							

编制：×××　　　复核：×××

项目 8
公路工程概算、预算文件编制

表 8-34 设备费计算表

建设项目名称：××公路路面工程　　　　　　　　　　　　　　　　　　　　　　　　第 1 页 共 1 页　05 表
编制范围：K0+000～K6+000

代号	设备名称	规格型号	单位	数量	基价/元	定额设备购置费/元	单价/元	设备购置费/元	税金/元	定额设备费/元	设备费/元
7505040	外场摄像机		套	3.00	17094.02	51282	18000.00	55620	5006	56288	60626
		合计				51282		55620	5006	56288	60626

编制：×××　　　　　　　　　　　　　　　　　　　　　　　　　　　　　　　　复核：××××

表 8-35 专项费用计算表

建设项目名称：×××公路路面工程
编制范围：K0+000～K6+000

第 1 页 共 1 页　　06 表

序号	工程或费用名称	说明及计算式	金额/元	备注
11001	施工场地建设费		912005	
11002	安全生产费	(建安费(不含安全生产费))*1.5%	450241	30016074*1.5%

编制：××××　　　复核：××××

表 8-36 土地使用及拆迁补偿费计算表

建设项目名称：×××公路路面工程
编制范围：K0+000～K6+000
第 1 页 共 1 页 07 表

序号	费用名称	单位	数量	单价/元	金额/元	说明及计算式	备注
201	土地使用费	亩			3600000		
20101	永久征用土地	亩			3500000		
20102	临时用地	亩			100000		
202	拆迁补偿费	公路公里	6.000	1250000.00	7500000		
203	其他补偿费	公路公里	6.000				

编制：×××   复核：×××

表8-37 工程建设其他费计算表

建设项目名称：××公路路面工程
编制范围：K0+000～K6+000

第1页 共2页 08表

序号	费用名称及项目	说明及计算式	金额/元	备注
3	第三部分 工程建设其他费		2857412	
301	建设项目管理费		1816967	
30101	建设单位（业主）管理费	〈建设单位（业主）管理费〉	971095	
30102	建设项目信息化费	〈建设项目信息化费〉	115363	
30103	工程监理费	〈工程监理费〉	640234	
30104	设计文件审查费	〈设计文件审查费〉	21275	
30105	竣（交）工验收试验检测费	6.000（公路公里）×115000.00（元/公路公里）	69000	
302	研究试验费		734570	
303	建设项目前期工作费	〈建设项目前期工作费〉	30000	
304	专项评价（估）费	1.000（总额）×30000.00（元/总额）	30000	
	环境影响评价费		11052	
305	联合试运转费	〈定额建安费（含定额设备购置费*40%）〉*0.04%	143200	
306	生产准备费		18400	
30601	工器具购置费		15000	
	台式电脑	3.000（个）×5000（元/个）	1400	
	电子天平	4.000（个）×350（元/个）	2000	
	恒温水箱	2.000（个）×1000（元/个）	34800	
30602	办公和生活用家具购置费		34800	
	生产用家具	6.000（组）×5800（元/组）	90000	
30603	生产人员培训费		90000	
30604	路政管理员	30.000（个）×3000（元/个）		
307	应急保通设备购置费			
308	工程保险费	〈建安费（不含设备费）〉*0.4%	121623	
309	工程保通管理费			
×××	其他相关费用			

编制：××× 复核：×××

项目 8 公路工程概算、预算文件编制

表 8-38 人工、材料、施工机械台班单价汇总表

建设项目名称：××公路路面工程

编制范围：K0+000～K6+000

表 09 第 1 页 共 1 页

序号	名称	单位	代号	预算单价/元	备注
1	人工	工日	1001001	105.89	
2	机械工	工日	1051001	105.89	
3	型钢	t	2003004	3771.58	
4	组合钢模板	t	2003026	5868.04	
5	铁件	kg	2009028	4.54	
6	石油沥青	t	3001001	5230.95	
7	橡胶沥青	t	3001004	5020.71	
8	乳化沥青	t	3001005	3654.12	
9	重油	kg	3003001	4.00	
10	汽油	kg	3003002	8.50	
11	柴油	kg	3003003	7.50	
12	电	kW·h	3005002	0.85	
13	水	m³	3005004	2.50	
14	锯材	m³	4003002	1406.67	
15	砂	m³	5503004	29.94	
16	中(粗)砂	m³	5503005	32.45	
17	路面用机制砂	m³	5503006	78.72	
18	矿粉	t	5503013	171.87	
19	路面用石屑	m³	5503015	130.14	
20	片石	m³	5505005	83.28	
21	碎石(4cm)	m³	5505013	103.34	
22	路面用碎石(1.5cm)	m³	5505017	118.80	
23	路面用碎石(2.5cm)	m³	5505018	116.74	
24	路面用碎石(3.5cm)	m³	5505019	114.68	
25	块石	m³	5505025	112.24	
26	32.5级水泥	t	5509001	406.07	
27	其他材料费	元	7801001	1.00	
28	设备摊销费	元	7901001	1.00	
29	0.6 m³ 以内履带式液压单斗挖掘机	台班	8001025	833.92	
30	2.0 m³ 以内轮胎式装载机	台班	8001047	993.92	
31	4000 L 以内轮胎式液态沥青运输车	台班	8003031	425.55	
32	240 t/h 以内沥青混合料拌和设备	台班	8003052	51002.29	
33	12.5 m 以内沥青混合料摊铺机	台班	8003060	3807.43	
34	2.5~3.5 m 稀浆封层机	台班	8003062	2967.66	
35	15 t 以内振动压路机(双钢轮)	台班	8003065	1644.01	
36	16~20 t 轮胎式压路机	台班	8003067	767.67	
37	20~25 t 轮胎式压路机	台班	8003068	956.37	
38	250 L 以内强制式混凝土搅拌机	台班	8005002	177.47	
39	5 t 以内自卸汽车	台班	8007012	584.03	
40	8 t 以内自卸汽车	台班	8007014	684.90	
41	20 t 以内平板拖车组	台班	8007024	958.99	
42	10000 L 以内洒水汽车	台班	8007043	1110.50	
43	1 t 以内机动翻斗车	台班	8007046	213.14	
44	12 t 以内汽车式起重机	台班	8009027	854.06	
45	40 t 以内汽车式起重机	台班	8009032	2238.15	
46	75 t 以内汽车式起重机	台班	8009034	3503.57	
47	小型机具使用费	元	8099001	1.00	

编制：×××　　复核：×××

表8-39 分项工程预算表

编制范围：K0+000～K6+000　　工程名称：稀浆封层　　　　　单位：m²　　　　　数量：144000　　　　单价：9.43元　　　　　第1页 共12页 21-2表

分项编号：LM010405

代号	工程项目	工程细目	定额单位	工程数量	定额表号	工、料、机名称	单位	单价/元	定额	数量	金额/元	定额	数量	金额/元	定额	数量	金额/元	合计 数量	合计 金额/元
		透层、黏层、封层																	
	稀浆封层	乳化沥青稀浆封层ES-2型	1000 m²	144.000	2～2～16～16														
1						人工	工日	105.89	4.900	705.600	74716							705.600	74716
2						乳化沥青	t	3654.12	1.476	212.544	776661							212.544	776661
3						砂	m³	29.94	0.600	86.400	2587							86.400	2587
4						矿粉	t	171.87	0.278	40.032	6880							40.032	6880
5						路面用石屑	m³	130.14	2.950	424.800	55283							424.800	55283
6						4000 L内液态沥青运输车	台班	425.55	0.300	43.200	18384							43.200	18384
7						2.5～3.5 m稀浆封层机	台班	2967.66	0.290	41.760	123929							41.760	123929
8						10000 L以内洒水汽车	台班	1110.50	0.220	31.680	35181							31.680	35181
9						基价	元	1.00	7075.000	1018809.000	1018809							1018800.000	1018800
						直接费	元				1093622								1093622
						措施费 Ⅰ	元			1.117%	2815								2815
						措施费 Ⅱ	元			0.818%	8334								8334
						企业管理费	元			3.164%	32235								32235
						规费	元			33.360%	30521								30521
						利润	元			7.42%	78815								78815
						税金	元			9%	112171								112171
						金额合计	元				1358513								1358513

编制：×××　　　　　　　　　　　　　　　　　　　　　　　　　　　复核：×××

续表

编制范围：K0+000～K6+000　工程名称：粗粒式沥青混凝土面层　单位：m²　数量：144000　单价：75元

分项编号：LM010501

第 2 页　共 12 页　21-2 表

代号	工、料、机名称	单位	单价/元	工程项目 工程细目：240 t/h 以内拌和粗粒式沥青混凝土混合料 定额单位：1000 m³ 路面实体 工程数量：10.080 定额表号：2~2~11~5 Ⅰ．粗粒式		沥青混合料运输 8 t 以内自卸车运输沥青混合料 3 km 1000 m³ 10.080 2~2~13~1 改			沥青混合料路面铺筑 机械摊铺粗粒式沥青混凝土混合料（240 t/h 以内） 1000 m³ 路面实体 10.080 2~2~14~46			合计	
				定额	数量	金额/元	定额	数量	金额/元	定额	数量	金额/元	数量	金额/元
1	人工	工日	105.89	24.800	249.984	26471				17.900	180.432	19106	430.416	45577
2	石油沥青	t	5230.95	106.394	1072.452	5609940							1072.452	5609940
3	矿粉	t	171.87	105.700	1065.456	183120							1065.456	183120
4	路面用石屑	m³	130.14	390.690	3938.155	512512							3938.155	512512
5	路面用碎石(1.5 cm)	m³	118.80	518.200	5223.456	620547							5223.456	620547
6	路面用碎石(2.5 cm)	m³	116.74	553.010	5574.341	650749							5574.341	650749
7	路面用碎石(3.5 cm)	m³	114.68	73.650	742.392	85138							742.392	85138
8	其他材料费	元	1.00	186.100	1875.888	1876							1875.888	1876
9	设备摊销费	元	1.00	2233.000	22508.640	22509							22508.640	22509
10	2.0 m³ 以内轮胎式装载机	台班	993.92	5.210	52.517	52197							52.517	52197
11	240 t/h 以内沥青混合料拌和设备	台班	51002.29	1.620	16.330	832847							16.330	832847
12	12.5 m 以内沥青混合料摊铺机（双钢轮）	台班	3807.43							1.910	19.253	73304	19.253	73304
13	15 t 以内振动式压路机	台班	1644.01							5.340	53.827	88492	53.827	88492
14	16~20 t 轮胎式压路机	台班	767.67							2.680	27.014	20738	27.014	20738
15	20~25 t 轮胎式压路机	台班	956.37							2.560	25.805	24679	25.805	24679
16	5 t 以内自卸汽车	台班	584.03	1.670	16.834	9831							16.834	9831
17	8 t 以内自卸汽车	台班	684.90				17.070	172.066	117848				172.066	117848
18	10000 L 以内洒水汽车	台班	1110.50							0.500	5.040	5597	5.040	5597
19	单价	元	1.00	733531.000	7393992.480	7393992	11611.000	117038.880	117039	22964.000	231477.120	231477	7742508.480	7742508

编制：×××　复核：×××

续表

编制范围：K0+000~K6+000　　工程名称：粗粒式沥青混凝土面层　　单位：m²

分项编号：LM010501　　数量：144000　　单价：75元

第 3 页 共 12 页　21-2 表

代号	工、料、机名称	单位	单价/元	Ⅰ. 粗粒式 240 t/h 以内拌和粗粒式沥青混凝土混合料 1000 m³ 路面实体 10.080 定额表号 2-2-11~5		沥青混合料运输 8 t 以内自卸车运输沥青混合料 3 km 1000 m³ 10.080 改 定额表号 2-2-13~1		沥青混合料路面铺筑 机械摊铺粗粒式沥青混凝土混合料(240 t/h 以内) 1000 m³ 路面实体 10.080 定额表号 2-2-14~46		合计
				定额数量	金额/元	定额数量	金额/元	定额数量	金额/元	金额/元
	直接费	元			8607736		117848		231916	8957500
措施费	Ⅰ	元		1.117%	9513	0.572%	669	1.117%	2586	12768
	Ⅱ	元		0.818%	60483	0.154%	180	0.818%	1893	62556
	企业管理费	元		3.164%	233946	2.030%	2376	3.164%	7324	243646
	规费	元		33.360%	13011	33.360%	6078	33.360%	14261	33350
	利润	元		7.42%	571186	7.42%	8923	7.42%	18051	598160
	税金	元		9%	854629	9%	12247	9%	24843	891719
	金额合计	元			10350504		148321		300874	10799699

编制：×××　　复核：×××

项目 8 公路工程概算、预算文件编制

表 8-40 材料预算单价计算表

建设项目名称：××公路路面工程
编制范围：K0+000～K6+000

第 1 页 共 1 页 22 表

代号	规格名称	单位	原价/元	供应地点	运输方式比重及运距	毛质量或系数或单位毛质量	运杂费构成说明或计算式	单位运费/元	原价运费合计/元	场外运输损耗 费率/%	场外运输损耗 金额/元	采购及保管费 费率/%	采购及保管费 金额/元	预算单价/元
1	型钢	t	3700.000	宝鸡—工地	汽车,1.0,60 km	1.000000	0.650×60+2.500+2.000	43.500	3743.50			0.750	28.076	3771.580
2	组合钢模板	kg	5800.000	宝鸡—工地	汽车,1.0,60 km	1.000000	0.650×60+2.500+2.000	43.500	5843.50			0.420	24.543	5868.040
3	铁件		4.400	宝鸡—工地	汽车,1.0,60 km	0.001100	(0.650×60+2.500+2.000)×0.0011	0.048	4.45			2.060	0.092	4.540
4	石油沥青	t	4800.000	西安—工地	汽车,1.0,200 km	1.170000	(0.730×200+2.500+2.000)×1.17	176.085	4976.09	3.00	149.283	2.060	105.583	5230.950
5	橡胶沥青	t	4600.000	西安—工地	汽车,1.0,200 km	1.170000	(0.730×200+2.500+2.000)×1.17	176.085	4776.09	3.00	143.283	2.060	101.339	5020.710
6	乳化沥青	t	3300.000	西安—工地	汽车,1.0,200 km	1.170000	(0.650×60+2.500+2.000)×1.17	176.085	3476.09	3.00	104.283	2.060	73.756	3654.120
7	锯材	m³	1350.000	宝鸡—工地	汽车,1.0,60 km	0.650000	(0.650×60+2.500+2.000)×0.65	28.275	1378.28			2.060	28.393	1406.670
8	砂	m³	21.052	采砂场—工地	自办运输,1.0,500 m	1.500000	3.55×213.14×0.01	7.566	28.62	2.50	0.715	2.060	0.604	29.940
9	中(粗)砂	m³	23.449	采砂场—工地	自办运输,1.0,500 m	1.500000	3.55×213.14×0.01	7.566	31.02	2.50	0.775	2.060	0.655	32.450
10	路面用机制砂	m³	55.000	料场—工地	汽车,1.0,15 km	1.500000	(0.600×15+2.500+2.000)×1.5	20.250	75.25	2.50	1.881	2.060	1.589	78.720
11	矿粉	t	150.000	料场—工地	汽车,1.0,15 km	1.000000	(0.600×15+2.500+2.000)	13.500	163.50	3.00	4.905	2.060	3.469	171.870
12	路面用石屑	m³	106.000	料场—工地	汽车,1.0,15 km	1.600000	(0.600×15+2.500+2.000)×1.6	21.600	126.25	1.00	1.263	2.060	2.627	130.140
13	片石	m³	60.000	料场—工地	汽车,1.0,15 km	1.500000	(0.600×15+2.500+2.000)×1.5	20.250	81.60			2.060	1.681	83.280
14	碎石(4 cm)	m³	80.000	料场—工地	汽车,1.0,15 km	1.500000	(0.600×15+2.500+2.000)×1.5	20.250	100.25	1.00	1.003	2.060	2.086	103.340
15	路面用碎石(1.5 cm)	m³	95.000	料场—工地	汽车,1.0,15 km	1.500000	(0.600×15+2.500+2.000)×1.5	20.250	115.25	1.00	1.153	2.060	2.398	118.800
16	路面用碎石(2.5 cm)	m³	93.000	料场—工地	汽车,1.0,15 km	1.500000	(0.600×15+2.500+2.000)×1.5	20.250	113.25	1.00	1.133	2.060	2.356	116.740
17	路面用碎石(3.5 cm)	m³	91.000	料场—工地	汽车,1.0,15 km	1.500000	(0.600×15+2.500+2.000)×1.5	20.250	111.25	1.00	1.113	2.060	2.315	114.680
18	块石	m³	85.000	料场—工地	汽车,1.0,15 km	1.850000	(0.600×15+2.500+2.000)×1.85	24.975	109.98			2.060	2.266	112.240
19	32.5级水泥	t	350.000	宝鸡—工地	汽车,1.0,60 km	1.010000	(0.650×60+2.500+2.000)×1.01	43.935	393.94	1.00	3.939	2.060	8.196	406.070

编制：×××　　复核：×××

表 8-41 自采材料料场价格计算表

(a) 表一

编制范围：××公路路面工程
自采材料名称：砂　　单位：m³　　数量：88.560　　料场价格：21.05元　　第1页 共2页　表23-1

代号	工、料、机名称	单位	定额	单价/元	工程项目 I.人工采筛 工程细目 人工水中采堆 定额单位 100 m³ 堆方 工程数量 0.010 定额表号 8-1-3-2 数量	金额/元	定额	数量	金额/元	定额	数量	金额/元	合计 数量	合计 金额/元
1	人工	工日	19.300	105.89	0.193	20.437							0.193	20.437
2	基价	元	2051.000	1.00	20.510	20.510							20.510	20.510
	直接费	元				20.437								20.437
	辅助生产间接费	元			3.000%	0.615								0.615
	高原取费	元												
	金额合计	元				21.052								21.052

编制：×××　　　　　　　　　　　　　　　　　　　　　　　　　　　　　复核：×××

(b)表二

编制范围：×××公路路面工程　　自采材料名称：中（粗）砂　　单位：m³　　数量：764.763　　料场价格：23.45元　　第2页 共2页　　23-1表

代号	工程项目 工程细目 定额单位 工程数量 定额表号	工、料、机名称	单位	单价/元	定额	数量	金额/元	定额	数量	金额/元	定额	数量	金额/元	合计数量	合计金额/元
	人工采筛 人工采筛堆成品率51%~70% 100 m³堆方 0.010 8-1-3-5														
1		人工	工日	105.89	21.500	0.215	22.766							0.215	22.766
2		基价	元	1.00	2285.000	22.850	22.850							22.850	22.850
		直接费	元				22.766								22.766
		辅助生产间接费	元			3.000%	0.683								0.686
		高原取费	元												
		金额合计	元				23.449								23.452

编制：×××　　复核：×××

表8-42　材料自办运输单位运费计算表

编制范围：K0+000～K6+000　　自采材料名称：砂　　单位：m³　　数量：88.560　　单位运费：7.57元　　第1页　共2页　　表23-2表

代号	工料、机名称	单位	单价/元	工程项目 机动翻斗车运输(配合人工装车)			工程细目 机械翻斗车运输、砂、石屑500 m			定额单位 100 m³			工程数量 0.010			定额表号 9-1-3-1
				定额	数量	金额/元	定额	数量	金额/元	定额	数量	金额/元	定额	数量	金额/元	
1	1 t以内机动翻斗车	台班	213.14	3.550	0.036	7.566					0.036	7.566				
2	基价	元	1.00	757.000		7.570						7.570			7.570	
	直接费	元													7.566	
	辅助生产间接费	元					3.000%									
	高原取费	元														
	金额合计	元													7.566	

编制：×××　　　　　　复核：×××

续表

编制范围：K0+000~K6+000　　单位：m³　　数量：764.763　　单位运费：7.57元　　第2页 共2页　23-2表

自采材料名称：中(粗)砂

代号	工程项目	机动翻斗车运输（配合人工装车）								合计	
	工程细目	机械翻斗车运输土、砂、石屑 500 m									
	定额单位	100 m³									
	工程数量	0.010									
	定额表号	9-1-3-1									
	工、料、机名称	单位	单价/元	定额	数量	金额/元	定额	数量	金额/元	数量	金额/元
1	1t以内机动翻斗车	台班	213.14	3.550	0.036	7.566				0.036	7.566
2	基价	元	1.00	757.000	7.570					7.570	7.570
	直接费	元							7.566		7.566
	辅助生产间接费	元		3.000%							
	高原取费	元									
	金额合计	元							7.566		7.566

编制：×××　　　　　　　　　　　　　　　　　　　　　　　　　　　　复核：×××

表 8-43　施工机械台班单价计算表

建设项目名称：××公路路面工程　　　　　　　　　　　　　　　　　　　　　第1页　共1页

编制范围：K0+000~K6+000

序号	代号	规格名称	台班单价/元	不变费用/元			可变费用/元															合计
							人工 105.89 元工日		汽油 8.50元/kg		柴油 7.50元/kg		重油 4.00元/kg		煤 561.95元/t		电 0.85元/kW·h		水 2.50元/m³		木柴 0.71元/kg		车船税	
				定额	调整系数1	调整值	定额	金额	定额	金额	定额	金额	定额	金额	定额	金额	定额	金额	定额	金额	定额	金额		
1	8001025	0.6 m³ 以内履带式液压单斗挖掘机	833.92	341.26	1	341.26	2.00	211.78			37.45	280.88												492.66
2	8001047	2.0 m³ 以内轮胎式装载机	993.92	188.38	1	188.38	1.00	105.89			92.86	696.45											3.20	805.54
3	8003031	4000 L 以内液态沥青运输车	425.55	318.16	1	318.16	1.00	105.89															1.50	107.39
4	8003052	240 t/h 以内沥青混合料摊铺设备	51002.29	6012.39	1	6012.39	3.00	317.67					10340.35	41361.40			3895.09	3310.83						44989.90
5	8003060	12.5 m 以内沥青混合料摊铺机	3807.43	2468.03	1	2468.03	3.00	317.67			136.23	1021.73												1339.40
6	8003062	2.5~3.5 m 稀浆封层机	2967.66	1979.33	1	1979.33	2.00	211.78			103.54	776.55												988.33
7	8003065	15 t 以内振动压路机（双钢轮）	1644.01	826.23	1	826.23	2.00	211.78			80.80	606.00												817.78
8	8003067	16~20 t 轮胎式压路机	767.67	343.78	1	343.78	1.00	105.89			42.40	318.00												423.89
9	8003068	20~25 t 轮胎式压路机	956.37	472.48	1	472.48	1.00	105.89			50.40	378.00												483.89
10	8005002	250 L 以内强制式混凝土搅拌机	177.47	25.51	1	25.51	1.00	105.89									54.20	46.07						151.96
11	8007012	5 t 自卸汽车	584.03	120.53	1	120.53	1.00	105.89	41.91	356.24													1.37	463.50
12	8007014	8 t 自卸汽车	684.90	205.99	1	205.99	1.00	105.89			49.45	370.88											2.14	478.91
13	8007024	20 t 以内平板拖车组	958.99	400.45	1	400.45	2.00	211.78			45.26	339.45											7.31	558.54
14	8007043	10000 L 以内沥青洒水汽车	1110.50	605.76	1	605.76	1.00	105.89			52.80	396.00											2.85	504.74
15	8007046	1 t 以内机动翻斗车	213.14	39.48	1	39.48	1.00	105.89			9.00	67.50											0.27	173.66
16	8009027	12 t 以内汽车式起重机	854.06	408.05	1	408.05	2.00	211.78			30.59	229.43											4.80	446.01
17	8009032	40 t 以内汽车式起重机	2238.15	1650.99	1	1650.99	2.00	211.78			48.61	364.58											10.80	587.16
18	8009034	75 t 以内汽车式起重机	3503.57	2803.99	1	2803.99	2.00	211.78			62.44	468.30											19.50	699.58

编制：×××　　　　　　　　　　　　　　　　　　　　　　　　　　　　　复核：×××

表 8-44 辅助生产人工、材料、施工机械台班单位数量表

建设项目名称：×××公路路面工程
编制范围：K0+000～K6+000

第 1 页 共 1 页　　　　　　　　　　　　　　　　　　　　　　　　　　　　　　　　　　　25 表

序号	规格名称	单位	人工/工日	1 t 以内机动翻斗车/台班
1	砂	m³	0.193	0.036
2	中(粗)砂	m³	0.215	0.036

编制：×××　　　　　　　　　　　　　　　　　　　　　　　　　　　　　　　　　　　复核：×××

任务训练单

| 学习任务 8.6　施工图预算文件编制 | 姓名_____　班级_____ |

任务背景材料

1. 项目基本情况

某二级公路长度为 6 km，基层宽 24.60 m，厚度为 20 cm，基层材料为 5.5% 水泥稳定碎石，底基层宽 25.16 m，厚度为 32 cm，分层摊铺（16 cm＋16 cm），底基层材料为 4% 水泥稳定碎石。施工方案中采用 300 t/h 稳定土拌和设备集中拌和，15 t 自卸汽车运输，运距为 3 km。路面两侧设置 C30 水泥混凝土预制块路缘石。

2. 材料供应信息

水泥、型钢、组合钢模板等外购材料采用业主指定品牌，供应单价按照合同规定；片石、碎石等地方性材料选取就近的厂家供应，供应单价按当地材料的平均物价水平确定，由于工地靠近河流，河道内有充足的砂石，因此决定本项目中的中（粗）砂材料采取自采加工和自办运输的方式。各种材料的原价与运输方式如表 8-45 所示。

表 8-45　材料的原价与运输方式

序号	材料名称	单位	材料原价	运输方式，比重，运距	单位毛重或毛重系数	运价率/[元/(t·km)]	装卸费率/[元/(t·次)]	杂费费率/(元/t)
1	型钢	t	3700	汽车，1.00，60 km	1.00	0.65	2.5	2.0
2	组合钢模板	t	6000	汽车，1.00，60 km	1.00	0.65		
3	铁件	kg	4.4	汽车，1.00，60 km	0.0011	0.65		
4	锯材	m³	1380	汽车，1.00，60 km	0.65	0.65		
5	中（粗）砂	m³	自采材料	自办运输，1.00，0.5 km	1.50			
6	片石	m³	85	汽车，1.00，10 km	1.60	0.6		
7	碎石（4cm）	m³	55	汽车，1.00，10 km	1.50	0.6		
8	碎石	m³	50	汽车，1.00，10 km	1.50	0.6		
9	块石	m³	85	汽车，1.00，10 km	1.85	0.6		
10	32.5 级水泥	t	350	汽车，1.00，60 km	1.01	0.65		

	3. 项目其他情况 　　(1)已知该项目所在地人工单价按照陕西省相关文件执行，为 105.89 元/工日，柴油单价为 7.5 元/kg，电的单价为 0.85 元/(kW·h)，水的单价为 2.5 元/m³，车船税采用陕西省车船使用税标准。 　　(2)该项目为了运营安全因素，需购置外场摄像机 3 套，每套原价为 18000 元，运杂费按照设备原价的 0.8% 计列，运输保险按照设备原价的 1% 计列，采购及保管费按照设备原价的 1.2% 计列。 　　(3)措施费、企业管理费、利润和税金均按照编制办法中的规定进行计算，其中工地转移按 50 km 计算，主副食运费补贴按 5 km 计算，规费费率按照陕西省相关文件执行。 　　(4)该项目永久性占用耕地 70 亩，修建拌和站等临时征用土地 20 亩，拆迁民用房屋面积为 3000 m²，拆迁厂房 500 m²，补偿单价按与当地政府协商后确定的标准执行。 　　(5)该项目运营前安排 15 名路政管理人员进行岗前培训。 　　(6)该工程 2017 年完成施工图预算，2018 年开始施工，建设期二年，经预测工程造价增长率约为 5%。 　　(7)该工程贷款总额为 3000 万元，计息年 3 年，第 1 年贷款额 750 万元，第 2 年贷款额 1500 万元，第 3 年贷款额 750 万元，贷款利率 8%。
任务要求	试编制该项目的施工图预算文件，所有计算表格和相关参考文件的电子版可扫描下方二维码获取 概预算项目总表、路面工程项目分表、概预算表格

参考文献

[1] 交通运输部公路局. 高速公路施工标准化技术指南：第一分册工地建设[S]. 北京：人民交通出版社，2012.

[2] 交通运输部工程质量监督局. 公路水运工程施工安全标准化指南[S]. 北京：人民交通出版社，2013.

[3] 中华人民共和国住房和城乡建设部. 工程网络计划技术规程：JTJ/T 121—2015[S]. 北京：中国建筑工业出版社，2015.

[4] 中华人民共和国交通运输部. 公路工程建设项目概算预算编制办法：JTC 3830—2018[S]. 北京：人民交通出版社股份有限公司，2018.

[5] 中华人民共和国交通运输部. 公路工程概算定额：JTG/T 3831—2018[S]. 北京：人民交通出版社股份有限公司，2018.

[6] 中华人民共和国交通运输部. 公路工程预算定额：JTG/T 3832—2018[S]. 北京：人民交通出版社股份有限公司，2018.

[7] 中华人民共和国交通运输部. 公路工程机械台班费用定额：JTG/T 3833—2018[S]. 北京：人民交通出版社股份有限公司，2018.

[8] 王首绪，李晶晶，杨玉胜，等. 公路施工组织及概预算[M]. 4版. 北京：人民交通出版社股份有限公司，2020.

[9] 靳卫东，梁春雨. 公路施工组织与概预算[M]. 4版. 北京：人民交通出版社股份有限公司，2021.

[10] 李婷婷. 公路施工组织与概预算[M]. 1版. 北京：人民交通出版社股份有限公司，2020.

[11] 张起森. 公路施工及概预算[M]. 2版. 北京：人民交通出版社，2004.

[12] 李艳，周庆华. 公路工程造价[M]. 1版. 北京：人民交通出版社股份有限公司，2021.

[13] 梁世栋. 公路工程施工组织与概预算[M]. 1版. 北京：人民交通出版社，2008.

[14] 高峰，张求书，车广侠，等. 公路施工组织实训[M]. 1版. 北京：北京理工大学出版社，2010.

[15] 李维敦. 建筑工程施工组织设计实训[M]. 1版. 武汉：武汉大学出版社.